MUNDO)real

MEDIA edition

Student Book

2

Cover Photograph:

Telas peruanas. *"La artesanía de América Latina es considerada patrimonio cultural de sus pueblos y manifestación artística de sus vivencias y expresiones. Una amplia gama de productos elaborados en tela, cerámica, cuero, madera, vidrio, piedra o metal hacen de sus técnicas artesanales una muestra artística excepcional".* David Isa.

© Editorial Edinumen, 2016

Authors:
Eduardo Aparicio, Cecilia Bembibre, María Carmen Cabeza, Noemí Cámara, Francisca Fernández, Patricia Fontanals, Luisa Galán, Amelia Guerrero, Emilio José Marín, Celia Meana, Liliana Pereyra and Francisco Fidel Riva.
Coordination Team: David Isa, Celia Meana and Nazaret Puente.

ISBN - Student Book: 978-1-107-47337-9

First published 2016

20 19 18 17 16 15 14 13 12 11 10 9 8 7 6

Printed in the United States of America by Webcrafters

Editorial Coordination:
Mar Menéndez

Cover Design:
Juanjo López

Design and Layout:
Juanjo López, Analia García, Carlos Casado,
Carlos Yllana and Lucila Bembibre

Illustrations:
Carlos Casado

Photos:
See page 270

Cambridge University Press
One Liberty Plaza, 20th Floor, New York, NY 10006, USA

Editorial Edinumen
José Celestino Mutis, 4. 28028 Madrid. España
Telephone: (34) 91 308 51 42
Fax: (34) 91 319 93 09
e-mail: edinumen@edinumen.es
www.edinumen.es

UNIDAD 0 • EL DÍA A DÍA   18

Hablamos de... / Comunica
COMMUNICATION

- Talking about everyday activities and what you do in your free time
- Describing physical characteristics and personality traits
- Expressing likes and dislikes

Palabra por palabra
VOCABULARY

- El tiempo atmosférico
- Las partes del cuerpo
- La ropa
- Los números de 1 a 999

Gramática
GRAMMAR

- Present tense of regular and irregular verbs
- Infinitive expressions: *deber, hay que, tener que, ir a*

Destrezas
SKILLS

- N/A

Pronunciación
PRONUNCIATION

- N/A

Sabor hispano
CULTURE

- 24 horas en español

En resumen
SUMMARY

 Pair icon: indicates that the activity is designed to be done by students working in pairs.

 Group icon: indicates that the activity is designed to be done by students working in small groups or as a whole class.

 xx **Audio icon:** indicates recorded material either as part of an activity or a reading text.

 Language icon: provides additional language and grammar support in presentations and for activities.

 Regional variation icon: provides examples of regional variations in the language.

Recycling icon: provides a reminder of previously taught material that students will need to use in an activity.

UNIDAD 1 • LO PASÉ MUY BIEN — 34

Hablamos de... / Comunica
COMMUNICATION

- Talking about vacations
- Describing an event in the past

Palabra por palabra
VOCABULARY

- Antes de viajar
- Los viajes

Gramática
GRAMMAR

- Preterit of regular verbs
- Expressions used with the preterit

Destrezas
SKILLS

- Expresión e interacción orales
- Comprensión auditiva

Pronunciación
PRONUNCIATION

- Las palabras agudas

Sabor hispano
CULTURE

¡Vivan las vacaciones!

Relato
READING

- *La ruta del lobo perdido*

Evaluación
REVIEW

En resumen
SUMMARY

UNIDAD 2 • ESTUDIÉ MUCHO — 60

Hablamos de... / Comunica
COMMUNICATION

- Describing what you did
- Talking about where you went

Palabra por palabra
VOCABULARY

- Los medios de comunicación
- Las noticias de prensa

Gramática
GRAMMAR

- Preterit of irregular verbs
- Verbs with irregular preterit stems
- Long form possessives

Destrezas
SKILLS

- Comprensión auditiva 1 y 2

Pronunciación
PRONUNCIATION

- Las palabras llanas

Sabor hispano
CULTURE

La educación

Relato
READING

- *Mi vecino famoso*

Evaluación
REVIEW

En resumen
SUMMARY

AHORA COMPRUEBA • REPASO - 1 Y 2 — 86

UNIDAD 3 • ¿DÍGAME?   88

Hablamos de... / Comunica
COMMUNICATION

- Talking about stores and shopping for gifts
- Asking how much something costs
- Making emphatic statements

Palabra por palabra
VOCABULARY

- Las tiendas
- El lenguaje telefónico

Gramática
GRAMMAR

- The verbs *ser* and *estar*
- Adjectives with *ser* and *estar*
- Present progressive tense
- Informal commands

Destrezas
SKILLS

- Comprensión de lectura
- Expresión e interacción orales

Pronunciación
PRONUNCIATION

- Las palabras esdrújulas

Sabor hispano
CULTURE

¡Una región conectada!

Relato
READING

- *Las ventajas de Internet*

Evaluación
REVIEW

En resumen
SUMMARY

UNIDAD 4 • ERAN OTROS TIEMPOS   114

Hablamos de... / Comunica
COMMUNICATION

- Talking about the past
- Asking and giving opinions
- Asking and explaining why
- Expressing agreement and disagreement

Palabra por palabra
VOCABULARY

- Las características
- Las personalidades

Gramática
GRAMMAR

- The imperfect of regular verbs
- Time expressions with the imperfect
- The imperfect of irregular verbs

Destrezas
SKILLS

- Expresión e interacción escritas
- Expresión e interacción orales

Pronunciación
PRONUNCIATION

- Los diptongos

Sabor hispano
CULTURE

Encuentro de culturas: los españoles en el Nuevo Mundo

Relato
READING

- *Viaje en el tiempo*

Evaluación
REVIEW

En resumen
SUMMARY

AHORA COMPRUEBA • REPASO - 3 Y 4   140

UNIDAD 5 • HISTORIAS DE LA VIDA   142

Hablamos de... / Comunica
COMMUNICATION

- Talking about historical events
- Describing when actions occurred
- Talking about doing something again

Palabra por palabra
VOCABULARY

- Álbum de familia
- Momentos históricos

Gramática
GRAMMAR

- Preterit of regular verbs (review)
- Preterit of stem-changing verbs
- Preterit of irregular verbs (review)

Destrezas
SKILLS

- Expresión e interacción escritas
- Comprensión auditiva

Pronunciación
PRONUNCIATION

- Variedades del español

Sabor hispano
CULTURE

Encuentro de culturas: las culturas del mundo español

Relato
READING

- *El capitán Alatriste*
  (adapted from *Las aventuras del capitán Alatriste*, Arturo Pérez-Reverte)

Evaluación
REVIEW

En resumen
SUMMARY

UNIDAD 6 • ¡HA ESTADO GENIAL!   168

Hablamos de... / Comunica
COMMUNICATION

- Talking about recent activities
- Describing personal experiences
- Making comparisons

Palabra por palabra
VOCABULARY

- Actividades de tiempo libre
- En el hotel

Gramática
GRAMMAR

- The present perfect
- Direct and indirect object pronouns

Destrezas
SKILLS

- Comprensión de lectura
- Comprensión auditiva

Pronunciación
PRONUNCIATION

- Las letras *g* y *j*

Sabor hispano
CULTURE

El Día de San Valentín

Relato
READING

- *El Camino de Santiago*

Evaluación
REVIEW

En resumen
SUMMARY

AHORA COMPRUEBA • REPASO - 5 Y 6   194

UNIDAD 7 • ¡QUÉ CURIOSO! — 196

Hablamos de... / Comunica
COMMUNICATION

- Sharing what you know about pop culture and trivia
- Talking about interesting facts and information
- Describing personal experiences

Palabra por palabra
VOCABULARY

- Los jóvenes y el tiempo libre
- Actividades solidarias
- Curiosidades y otros juegos

Gramática
GRAMMAR

- Contrast of the preterit and the imperfect
- Indefinite pronouns and adjectives

Destrezas
SKILLS

- Expresión e interacción escritas
- Expresión e interacción orales

Pronunciación
PRONUNCIATION

- La entonación enunciativa e interrogativa

Sabor hispano
CULTURE

Historias maravillosas

Relato
READING

- *Colombia en moto*

Evaluación
REVIEW

En resumen
SUMMARY

UNIDAD 8 • HABÍA UNA VEZ... — 222

Hablamos de... / Comunica
COMMUNICATION

- Describing what happened
- Making apologies and excuses
- Accepting apologies

Palabra por palabra
VOCABULARY

- Los tipos de texto

Gramática
GRAMMAR

- Using the preterit, imperfect, and present perfect
- *Soler* + infinitive

Destrezas
SKILLS

- Comprensión auditiva
- Expresión e interacción escritas

Pronunciación
PRONUNCIATION

- La tilde en interrogativos y exclamativos

Sabor hispano
CULTURE

¡Viva la música latina!

Relato
READING

- *Abuelo, cuéntame...*

Evaluación
REVIEW

En resumen
SUMMARY

AHORA COMPRUEBA • REPASO - 7 Y 8 — 248

RESUMEN Y EXPANSIÓN GRAMATICAL — 252

TABLA DE VERBOS — 263

GLOSARIO — 266

ACKNOWLEDGMENTS

The authors and publisher would like to thank the following teachers for their insight and comments during the development of *Mundo Real Media Edition*. The experience and intuition of these educators was crucial in the development of this course.

Jeremy Aldrich - Harrisonburg City Public Schools (VA), **Susan Allen** - Eastern High School (NJ), **Marilu Alvarado** - Academia Margarita Muniz (MA), **Jose M. Aviña** - Sunset High School (TX), **Vicki S. Baggia** - Phillips Exeter Academy (NH), **David Barkley** - George C. Marshall High School (VA), **Vanda Baughman** - Cascade High School (OR), **Emily A. Berry** - Irvington Preparatory Academy (IN), **Candace Blatt** - Kokomo High School (IN), **Pilar Blazey** - Wilson High School (WA), **Patricia Boyarizo** - Ragsdale High School (NC), **Sonia Brandon** - Fork Union Military Academy (VA), **Ariel Bueno** - Lake Ridge High School (TX), **Maria L. Cabra** - Ronald W. Reagan / Doral Senior High School (FL), **Lilian M. Castillo de Hutchinson** - The Loomis Chaffee School (CT), **John S. Coco** - Cocalico School District (CO), **Pamela Conte** - Nordonia Hills City Schools (OH), **Rita Morales Cooley** - The Madeira School (VA), **Deb Dargay** - Bloomington Jefferson High School (MN), **Jesús López Díez** - Dana Hall School (MA), **Maria Elena Downes** - NYOS Charter School (NY), **Marsha Dragonetti** - Latin School of Chicago (IL), **Yvonne Easaw** - Richland School District Two (SC), **Cristina Escotto** - Fredericksburg Academy (VA), **Margaret K. Esten** - South Portland High School (OR), **Calvin Feehan** - Redwood High School (CA), **Scott L. Fisher** - McGavock High School (TN), **Mary Jo Flood** - Royal High School (CA), **Alejandra Fonseca** - Wyandanch Memorial High School (NY), **William Frank** - Pinkerton Academy (NH), **Coleen Garcia** - La Serna High School (CA), **Ramón García-Tamaran** - Bloomington High School South (IN), **Angela Giffin** - Stevens High School (SD), **Jeanne Gilbert** - The Hawbridge School (NC), **Robert Giosh** - The Latin School of Chicago (IL), **Xiomara Gonzalez** - Barbara Goleman Senior High School (FL), **Adriana Gonzalez-Novello** - Trinity School (NY), **Catherine A. Haney** - Loudoun County Public Schools (VA), **Ana Hermoso** - The Hotchkiss School (CT), **Wilson R. Hernández** - Hightstown High School (NJ), **Lesley Hinson** - Churchill High School (TX), **Efila Jzar-Simpson** - Ben Davis University High School (IN), **Anne Karakash, M.A.** - Franklin Academy (NC), **Nora L. Kinney** - Montini Catholic High School (IL), **Ivonete Kinson-Blackwelder** - North Pole High School (AK), **Heather Kissel** - TechBoston Academy (MA), **Dr. Jean Robert Lainé** - Putnam City Public Schools (OK), **William A. Leheny** - Garces Memorial High School (CA), **Jacqueline Liebold** - Groton Dunstable Regional High School (MA), **Patricio Lopez** - Harborfields High School (NY), **Adrianna Madril** - Martin Luther High School (CA), **Amanda Mancilla** - Union County Public Schools (NC), **Alice Nan Mannix** - Brown County High School (IN), **Nilma M. Martin Antonetti** - Richard Montgomery High School (MD), **Amanda Marvin** - The Barstow School (MO), **Rubenm Mascarenas** - Teacher Summit High School (TX), **Maritza Massopust** - Adelson Educational Campus (NV), **Justin Vanlee McClain** - Bishop McNamara High School (MD), **Marcelina McCool** - West Philadelphia High School (PA), **Darcie McGee** - Minnesota Online High School (MN), **Jennifer Mitchell** - The Hun School of Princeton (NJ), **Kathleen Monks** - Holley Central School (NY), **Yolanda Montague** - Stuarts Draft High School (VA), **Weston Moody** - Manhattan-Ogden School (NY), **Sydney Munson** - All Saints' Episcopal School (TX), **Sergio Navarro** - Redondo Union High School (CA), **Carmen Neale** - Watkinson School (CT), **Valerie Neri** - Park Center Senior High - International Baccalaureate World School (MN), **Andrew Noelle** - Central Magnet School (TN), **Marie G. Nuzzi** - Garden City High School (NY), **Santa Olmedo** - Foothill High School (CA), **Joseph A. Parodi** - Marianapolis Preparatory School (CT), **Olga A. Pietrantonio** - Blaine High School (WA), **Tim Pillsbury** - Trinity-Pawling School (NY), **Viviana Planine** - Newton South High School (MA), **Sofia Catalina Pollock** - John Champe High School (VA), **Andrew Poolman** - The Haverford School (PA), **Gregory Prais** - Detroit Catholic Central High School (MI), **Ashleigh Marsh Prendable** - Montgomery County Public Schools (MD), **Cecilia Remeta** - Palos Verdes High School (CA), **Mary Beth Ricci** - Olathe South High School (OK), **Gimara Richards, M.A.T.** - Stonewall Jackson High School (VA), **Myra M. Rios, M.A.** - Lower Merion High School (PA), **Alison Robinson** - Fort Worth Country Day School (TX), **Norman Sargen** - Agnes Irwin School (PA), **David M. Sawyer** - The Covenant School (VA), **Carl A. Seese** - Twin Lakes High School (IN), **Rosana Serna** - Seven Lakes High School (TX), **Bertha Sevilla** - Notre Dame Academy (CA), **Jonathan L. Sirois** - Tabor Academy (MA), **Ellen J. Spitalli** - Naperville Central High School (IL), **Maribel Squibb** - Sharyland High School (TX), **Tamara Tamez** - Nimitz High School (TX), **Yamila Tamny** - River Ridge High School (FL), **Susan Tawney** - Ragsdale High School (NC), **Candida Thompson** - Academy of Richmond County (GA), **Lisa Todd** - Colorado Academy (CO), **Delia Topping** - Central Magnet School (TN), **Yari Torres** - Douglass High School (TN), **Rachel Torrie** - Woodinville High School (WA), **Rosanna Tucci** - Miami Beach Senior High (FL), **Karen Twyford** - Highland High School (IL), **Maria Vazquez** - Mother Seton Regional High School (NJ), **Janice Ventresco** - Avon High School (OH), **Barbara A. Volkman** - Lanphier High School (IL), **Michelle Warner** - East Muskingum Schools (OH), **Rhonda L. Wells** - DeKalb County School District (GA), **Rand Wiseman** - Gig Harbor High School (WA).

ACTIVATING ELETECA

HOW TO ACCESS ELETECA

ELEteca is the Learning Management System that accompanies your *Mundo Real Media Edition* Student's Book.

To activate your ELEteca resources visit **https://cambridgespanish.edinumen.es**, and follow the instructions to create an account and activate your access code.

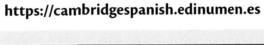

1.

2.

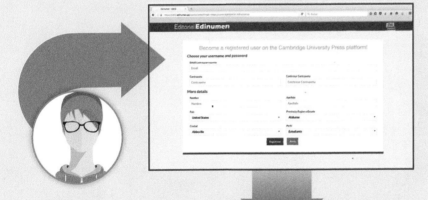

3.

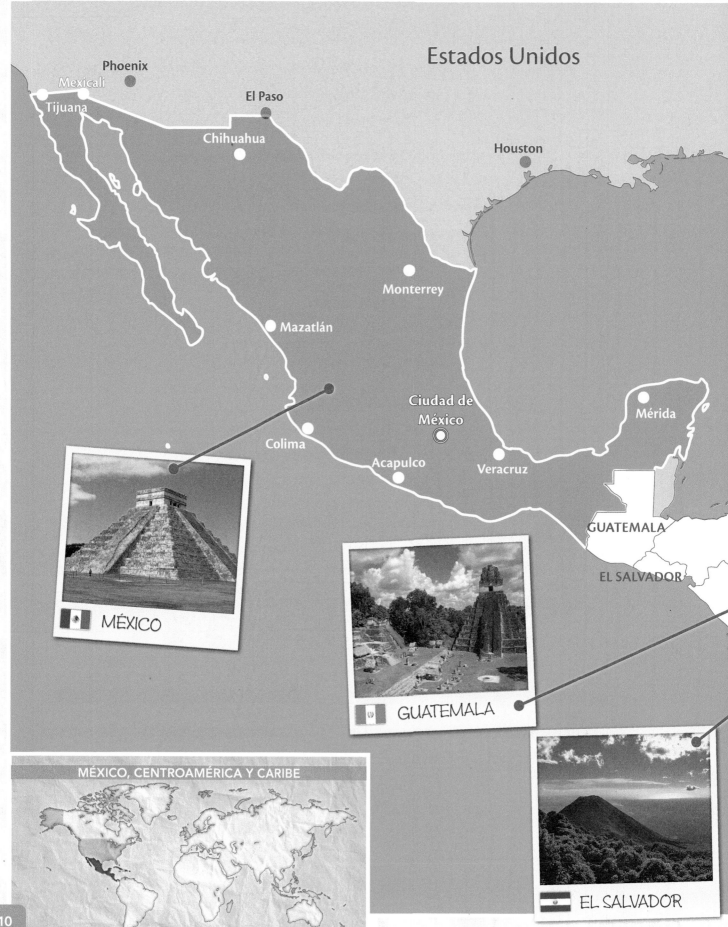

Estados Unidos

Phoenix

Mexicali

Tijuana

El Paso

Chihuahua

Houston

Monterrey

Mazatlán

Colima

Ciudad de México

Mérida

Acapulco

Veracruz

GUATEMALA

EL SALVADOR

MÉXICO

GUATEMALA

EL SALVADOR

MÉXICO, CENTROAMÉRICA Y CARIBE

Atlanta

CUBA

Miami

REPÚBLICA
DOMINICANA

PUERTO RICO

Bahamas

La Habana

Camagüey

Cienfuegos

Guantánamo

Santo
Domingo

San
Juan

MÉXICO

Santiago de Cuba

Haití

La Romana

Ponce

Belice

Ciudad de
Guatemala

San Pedro Sula

Tegucigalpa

San
Salvador

León

Managua

Granada

NICARAGUA

Antigua

San José

Colón

Puntarenas

Panamá

HONDURAS

COSTA RICA

PANAMÁ

Barranquilla
Caracas
Medellín
Bogotá
Cali
Islas Galápagos
Quito
Iquitos
Brasil
Trujillo
Lima
Cuzco
Arequipa
La Paz
Santa Cruz
Sucre
Asunción
Córdoba
Rosario
Santiago de Chile
Buenos Aires
Montevideo
Bahía Blanca
Comodoro Rivadavia
Río Gallegos
Punta Arenas

VENEZUELA
COLOMBIA
ECUADOR
PERÚ
PARAGUAY
URUGUAY
BOLIVIA
CHILE
ARGENTINA

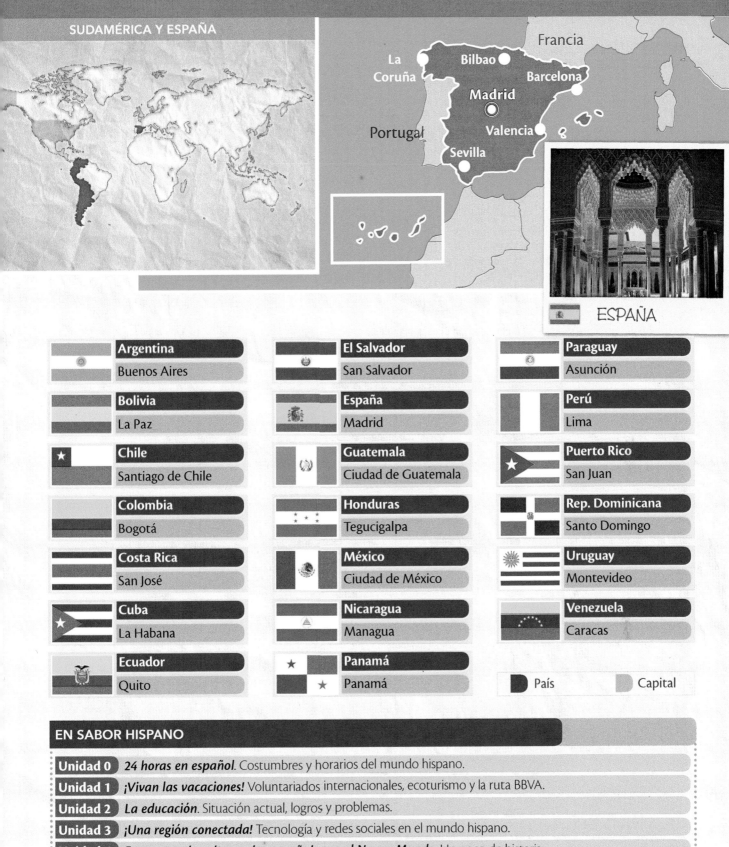

SUDAMÉRICA Y ESPAÑA

Francia

La Coruña
Bilbao
Barcelona
Madrid
Portugal
Valencia
Sevilla

ESPAÑA

| Argentina | El Salvador | Paraguay |
| Buenos Aires | San Salvador | Asunción |

| Bolivia | España | Perú |
| La Paz | Madrid | Lima |

| Chile | Guatemala | Puerto Rico |
| Santiago de Chile | Ciudad de Guatemala | San Juan |

| Colombia | Honduras | Rep. Dominicana |
| Bogotá | Tegucigalpa | Santo Domingo |

| Costa Rica | México | Uruguay |
| San José | Ciudad de México | Montevideo |

| Cuba | Nicaragua | Venezuela |
| La Habana | Managua | Caracas |

| Ecuador | Panamá | País   Capital |
| Quito | Panamá | |

EN SABOR HISPANO

Unidad 0 *24 horas en español*. Costumbres y horarios del mundo hispano.

Unidad 1 *¡Vivan las vacaciones!* Voluntariados internacionales, ecoturismo y la ruta BBVA.

Unidad 2 *La educación*. Situación actual, logros y problemas.

Unidad 3 *¡Una región conectada!* Tecnología y redes sociales en el mundo hispano.

Unidad 4 *Encuentro de culturas: los españoles en el Nuevo Mundo*. Un poco de historia.

Unidad 5 *Encuentro de culturas: las culturas del mundo español*. Una fuente de riqueza.

Unidad 6 *El día de San Valentín*. Algunas fiestas interesantes.

Unidad 7 *Historias maravillosas*. La concepción del mundo según las civilizaciones precolombinas.

Unidad 8 *¡Viva la música latina!* Raíces e influencias de la música latina.

CULTURE PHOTOS

Argentina *Glaciar Perito Moreno (Perito Moreno Glacier). Located in the Glacier National Park in Patagonia, Argentina, it is a place of spectacular beauty and great glaciological and geomorphic interest.

Bolivia **Salar de Uyuni.** Situated in the southwest of Bolivia, it is the largest continuous salt flat in the world, covering an area of 10,582 km² (4,085 square miles) and holds one of the biggest deposits of lithium in the world.

Chile **Desierto de Atacama** (Atacama Desert). Situated in the Norte Grande in Chile, it is the most arid desert on the planet and covers an area of approximately 105,000 km². It is considered to be one of the best places in the world for observing the skies and studying astronomy.

Colombia *Cartagena de Indias.** Located on the shores of the Caribbean Sea, the city was founded in 1533. It holds such historic sites as the San Felipe Castle, the Palace of the Inquisition, the Clock Tower, the city walls and the Colonial streets.

Costa Rica **Río Celeste.** Flowing through the Tenorio Volcano National Park, this river is famous for its sky blue color, an optical effect produced by the high concentration of aluminum silicates in its waters. According to a local legend, the river is this color because "when God finished painting the heavens, He washed his brushes in the waters of this river."

Cuba *La Habana (Havana). Havana is the capital of the Republic of Cuba and its largest city, main port and cultural and economic center. Founded in 1519, the historic center is famed for its decadent beauty and atmosphere.

Ecuador *Islas Galápagos (The Galapagos Islands). An archipelago in the Pacific Ocean, located 972 km off the coast of Ecuador. Apart from being a World Heritage Site, UNESCO declared the Galapagos Islands to be a Biosphere Reserve in 1985. The islands are the natural habitat of several species in danger of extinction, among them, the giant tortoises.

El Salvador **El volcán Izalco** (The Izalco Volcano). "Place in the dark sands" in the Nahuatl language, it is the youngest of the volcanoes in El Salvador and one of the youngest in the continent. The volcano erupted continuously for almost 200 years and the flames could be seen from the ocean – hence its nickname: *Lighthouse of the Pacific.*

España *La Alhambra (The Alhambra). Situated in Granada, in the south of Spain, it is an elaborate complex of palaces and fortress where the sultans of the Moorish Kingdom of Granada lived during the XIIIth – XVth centuries. The interior decoration is striking, in andalusi style, and the palace stands in an incomparable natural setting.

Guatemala *Tikal. Situated in the region of Petén, in what is today Guatemala, in the Tikal National Park, it is one of the largest archaeological sites and urban centers of the pre-Columbian Maya civilization.

Honduras *Ruinas de Copán (Copán Ruins). An archaeological site located in the west of Honduras. It is famous for its magnificent Maya ruins, considered now to be the Paris of the Central American Maya world.

México *Pirámide de Kukulkán (Kukulkán Pyramid). A pre-Hispanic building located in the Yucatan Peninsula, built in the XIIth century AD by the Mayas in the ancient city of Chichén Itzá. The Temple of Kukulkán shows the profound knowledge of mathematics, geometry, acoustics and astronomy of the Mayas.

Nicaragua **Granada.** Situated between Xalteva and Lake Nicaragua, it was founded in 1524 by the Spanish conquistador, Francisco Hernández de Córdoba. It is also known as *La Gran Sultana* because of its Andalusian Moorish appearance. The Colonial architecture of its historic center, as well as the surrounding natural setting, make it the main tourist destination in Nicaragua.

Panamá **El canal de Panamá** (The Panama Canal). It is an inter-oceanic channel between the Caribbean Sea and the Pacific Ocean, which cuts across the isthmus of Panama at its narrowest point. It opened in 1914 and had the effect of shortening maritime communications in distance and time between remote places of the world. The United States, China, Chile, Japan and South Korea are the five principal users of the canal.

Paraguay *Ruinas jesuíticas (Jesuit Ruins). The Jesuit missions formed a group of thirty missionary settlements founded in the XVIIth century by the Company of Jesus among the Guaraní Indians, for the purpose of evangelizing them. These missions saved more than 100,000 Indians from slavery. At present all that is left are the imposing ruins of these villages, such as Jesús, Trinidad and Santa Rosa.

Perú *Machu Picchu. A religious sanctuary and vacation residence of the Inca emperor Pachacútec, in the middle of the XVth century, it lies between the mountains of Machu Picchu and Huayna Picchu in the south of Peru. Machu Picchu is considered a masterpiece of both architecture and engineering. The site was recently declared one of the seven wonders of the modern-day world.

Puerto Rico *Castillo de San Felipe del Morro (San Felipe del Morro Castle). A Spanish fortification built at the northern end of San Juan, Puerto Rico, in the XVIth century. Its purpose was to protect Puerto Rico and the Bay of San Juan from any invasion that might turn the fort into an enemy base from which to invade and attack other Spanish towns and ships.

República Dominicana **Isla Salona** (Saona Island). Situated in the south east of the Dominican Republic, it forms part of the Este National Park and is one of the largest of its islands. Its endless beaches of fine white sand are lined with coconut palms. Here, numerous species of birds and marine animals live. The island is protected officially and therefore there are no buildings on its shores.

Uruguay **Punta del Este.** It is a peninsular city situated on the southern end of Uruguay and one of the most important spa cities in Latin America. *Los Dedos, La Mano, Monumento al ahogado* or *Hombre emergiendo a la vida* are famous sculptures on the Brava Beach, which has become one of the best-known places in Uruguay.

Venezuela *Parque Nacional de Canaima (Canaima National Park). Situated in the state of Bolívar, Venezuela, it stretches over 30,000 km2 as far as the border with Guyana and Brazil. Because of its size it is considered to be the sixth largest national park in the world. Almost 65% of the park is taken up with rock mesetas called *tepuyes*, a unique biological environment, of great interest to geologists. The steep cliffs and waterfalls are spectacular sights.

---

* All these places have been declared World Heritage Sites by UNESCO. **World Heritage Site** is the title granted by UNESCO (United Nations Educational, Scientific and Cultural Organization) to specific places on the planet (forests, mountains, lakes, caves, deserts, buildings, architectural complexes, cultural routes, cultural panoramas or cities) which have been proposed and confirmed for inclusion on this list. The aim of the program is to catalog, preserve and publicize places of exceptional cultural or natural interest for the common heritage of mankind.

UNESCO was founded on November 16, 1945, with the purpose of contributing to peace and safety in the world through education, science, culture and communications.

WHY STUDY SPANISH

WHY SPANISH?

Learning to communicate in Spanish can help you achieve a more vibrant and prosperous future, especially in today's globalizing world. As of 2014, **more than 450 million people speak Spanish** as a native language, making Spanish the second most common native language in the world. And according to a study by the Instituto Cervantes, **45 million people in the United States** speak Spanish as a first or second language. That's a Spanish-speaking community the size of the whole country of Spain!

Spanish is the most-spoken language in the Western Hemisphere, and the official language of the European Union, making it an important language for international business. By learning Spanish, you'll be joining 20 million other students worldwide who are learning to speak Spanish. You'll also be gaining a valuable professional skill on an increasingly bilingual continent. ¡Bienvenidos!

WHY COMMUNICATIVE EXPERIENTIAL LEARNING?

Mechanical learning doesn't work.

How did you learn to ride a bike? Did you sit in a chair while someone explained the fundamentals of bike riding to you, or did you go outside and give it a try yourself? Did you get better by memorizing a set of expert techniques, or did you suffer a few skinned knees until you improved?

If you're like most people, you learned by doing --and we don't think learning a language should be any different. When you learn out-of-context grammar and vocabulary skills, or complete exercises designed to perfect isolated language functions, it can be difficult to combine these skills when you want to express something new, or understand something that you've never heard before. Even more importantly, this kind of instruction can make us forget that Spanish is a living language that is spoken creatively and individually by people all over the world.

We need to feel, experience and reflect in order to learn.

When we learn by doing --by following our own initiative and self-direction-- we associate the things we learn with specific feelings and experiences, which helps us comprehend and retain new language. Activities that connect with our emotions awaken our curiosity, and help us remember what we've learned years later.

Communicative Experiential Learning is self-directed, and constructed according to the unique styles and needs of each individual. Differences in learning style and speed are allowed for and embraced in the experiential classroom.

Learning is more rewarding as part of a community.

Communicative Experiential Learning also creates a supportive peer environment, in which learners are truly part of a classroom community. Learning by doing naturally encourages cooperative learning strategies, and rewards an open exchange of ideas and experiences.

Spanish is a vital, living language --which can be surprisingly easy to forget when you're conjugating endless strings of AR verbs! Communicative Experiential Learning reminds us that the purpose of language is to connect with ourselves and with our communities, both locally and globally.

STUDENT RESOURCES

STUDENT'S BOOK

Mundo Real Media Edition uses lively and compelling content, images, and video to teach real-world language. The student book's experiential format encourages the development of strong communicative skills, which will increase your comfort level in real-world settings.

EBOOK

Mundo Real Media Edition eBooks are fully interactive and fully integrated with the Learning Management System ELEteca. Integrated audio and a seamless connection to online video content, as well as online and offline modes for Mac, PC, iOS, and Android, make using your eBook simple.

ONLINE WORBOOK

The *Mundo Real Media Edition* online workbook features a wide variety of activity types and exercises, and includes embedded video, a video note-taking feature, and speech recognition technology.

CUADERNO PARA HISPANOHABLANTES

The *Mundo Real Media Edition* Cuaderno para hispanohablantes is written exclusively for native speakers who have grown up speaking conversational Spanish, and includes sophisticated activities and lessons that expand on the Student's Book.

ELETECA

Mundo Real Media Edition features a wealth of digital resources designed to supplement and enhance the Student's Book. All are available in the rich, interactive world of *Mundo Real Media Edition* ELEteca—in one place, with one password.

Interactive Activities

Audio and Video

- **¡Acción!** Narrative video that complements the student book.

- **Voces Latinas** Cultural clips to introduce the Spanish-speaking world.

- **Grammar Tutorials** Short grammar presentations to reinforce tricky skills.

- **Casa del Español** Street interviews that model authentic language.

Gamification

"La Pasantía", a game that allows you to engage with the Spanish language in a fun context, as you compete to win a spot on the staff of a Spanish newspaper.

Online Workbook and eBook Integration

The *Mundo Real Media Edition* Online Workbook and eBook are accessible through ELEteca, so you can access all of your digital resources in one place, using one password.

UNIDAD 0

EL DÍA A DÍA

Sonia va a la escuela en autobús.

》》 ¿Cómo vas a la escuela por las mañanas?
¿Vas a pie, en carro o en transporte público?

》》 ¿Qué te gusta hacer en tu tiempo libre?

》》 ¿Qué planes tienes para el fin de semana?

18

In this unit, you will learn to:

- Talk about everyday activities and what you do in your free time
- Describe physical characteristics and personality traits
- Express likes and dislikes
- Talk about the weather, body parts, and clothes
- Express obligation
- Talk about what you and others are going to do

Reviewing

- Present tense of regular and irregular verbs
- Infinitive expressions: *deber*, *hay que*, *tener que*, *ir a*

Cultural Connections

- Connect information about the typical day to day of young people in Hispanic countries and compare similarities

SABOR HISPANO

- 24 horas en español

1 Look at the image of Raúl below and indicate if each sentence is true or false.

	T	F
a. Es estudiante.	☐	☐
b. Es serio.	☐	☐
c. Lleva una camisa de cuadros.	☐	☐
d. Lleva gafas.	☐	☐
e. Es bastante mayor.	☐	☐
f. Tiene el pelo largo.	☐	☐
g. Lleva una mochila.	☐	☐
h. Está delante de la escuela.	☐	☐

2 🎧 ¹ Listen to four descriptions and select the one for Raúl.

Descripción 1........ ☐   Descripción 2........ ☐   Descripción 3........ ☐   Descripción 4........ ☐

3 Fill in the blanks to complete Raúl's profile.

Raúl es (a) ...., tiene quince años. Es (b) ...., alto y delgado. Tiene el pelo
(c) .... y un poco rizado. Tiene los (d) .... verdes. Es muy (e) .... Siempre
(f) .... ropa moderna.

4 👥 Read the following text about a typical day for Raúl. Then, with a partner, indicate if each sentence is true or false. Correct the sentences that are false.

Hola, chicos, me llamo Raúl y tengo quince años. Vivo en Los Ángeles con mi familia
y estudio en la escuela secundaria. Todos los días me levanto a las seis y media de la
mañana, desayuno en casa y voy a clase a pie, porque la escuela está muy cerca. Las
clases empiezan a las siete y media y terminan a las dos y media. Vuelvo a casa a las tres
y como con mi abuela. Por la tarde, los lunes y los miércoles voy a mis clases de judo,
y los martes quedo con Carlos para jugar al tenis y charlar de nuestras cosas; me divierto
mucho con él. Nunca vuelvo a casa después de las siete, porque siempre tengo que
hacer la tarea.

	T	F
a. Raúl nunca toma el autobús para ir la escuela.	☐	☐
b. Todos los días va a clases de judo.	☐	☐
c. Queda con Carlos los sábados y los domingos.	☐	☐
d. Termina sus clases a las tres.	☐	☐
e. Vuelve a casa antes de las siete.	☐	☐

5 Work with a partner and list each highlighted verb form in Activity 4 in the appropriate column in the chart. Then write the corresponding infinitive in parenthesis. Which of the verbs have stem changes?

-AR	-ER	-IR
estudio (estudiar)		

Reflexivos	Irregulares

6 Write what the people in the following images are doing. Then check your answers with a partner and take turns saying what they will do next. ¡*Atención*! Some of the verbs have a stem change.

Divertirse

Modelo: Cati y sus amigos se divierten en la playa.
Después van a casa de Cati y cenan juntos.

Dormir

Luisa ....

Vestirse

Yo...

Ducharse

Tú ....

Jugar

Adrián y su padre.......................................

7 Write a similar description about a typical day in your life using Activity 4 as a model.

1 🎧 **2** **Listen to the descriptions and match them to the corresponding images.**

2 👥 **With a partner, classify the following adjectives according to the categories in the chart. Then write the opposite for each.**

> alto/a ○ antipático/a ○ divertido/a ○
> feo/a ○ fuerte ○ gordo/a ○ joven ○
> hablador/a ○ maleducado/a ○
> rubio/a ○ trabajador/a ○ tranquilo/a

Adjetivos de descripción física		Adjetivos de carácter	
Adjetivos	**Contrarios**	**Adjetivos**	**Contrarios**
alto/a	bajo/a	divertido/a	

3 👥 **Let's play. Think of a famous person. Without saying his or her name, provide the following information: age, physical description, personality traits, and other useful information about the person.**

Modelo:

E1: Tiene treinta y dos años. Es alta y morena. Tiene el pelo largo, rizado y un poco rubio. Es muy guapa y trabajadora. No es tímida. Canta muy bien. Tiene una hija pequeña. ¿Quién es?
E2: ¿Es Beyoncé?
E1: Sí.

1 🎧 ³ **Raúl is talking with Carlos about his weekend. Listen and fill in the blanks with the missing words. Then listen again to check your answers.**

Carlos: ¿Qué (a) .... los fines de semana, Raúl?

Raúl: A menudo voy (b) .... con mis padres. ¿Y tú?

Carlos: Sí, voy a veces, pero (c) .... por la tarde siempre voy a la bolera. ¿Tú también?

Raúl: Yo no, casi nunca. (d) .... jugar al fútbol.

Carlos: ¡Ah! ¡Qué bien! ¿Y dónde juegas?

Raúl: Casi siempre (e) .... en un campo deportivo en mi barrio.

Carlos: Pues yo nunca juego al fútbol, prefiero (f) ....

2 **Fill in the chart with the activities that Carlos and Raúl do in their free time according to how often they do them. Then match up the expressions of frequency with their meanings in English.**

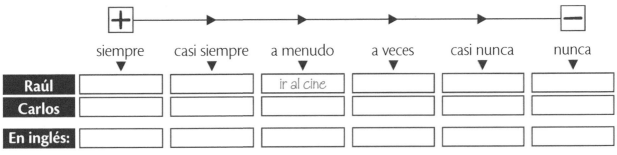

	siempre ▼	casi siempre ▼	a menudo ▼	a veces ▼	casi nunca ▼	nunca ▼
Raúl			ir al cine			
Carlos						
En inglés:						

almost always ○ almost never ○ always ○ frequently, often ○ never ○ sometimes

3 **Match each activity to the corresponding image.**

1. ○ entrar en Facebook

2. ○ escuchar música

3. ○ jugar a los videojuegos

4. ○ hacer deporte

4 👥 **Use the activities and expressions of frequency above to ask and answer questions about what you do on the weekends.**

Modelo: E1: ¿Vas al cine los fines de semana?

E2: Sí, a veces voy al cine.

1 🎧 ⁴ **Look at the images below and identify the seasons. Then fill in the blanks using words from the list to complete the weather descriptions. Listen to the audio to check your answers.**

> calor ○ cero ○ estamos ○ frío ○ llueve ○ nieva ○ nublado ○ tiempo ○ viento ○ sol

En ....

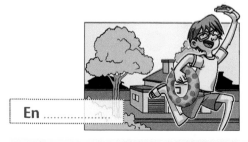

En ....

a. .... pero también hace buen .... Hace más .... que en invierno, pero menos que en verano.

b. Hace mucho calor, normalmente .... a más de 85 °F. Hace mucho ....

En ....

En ....

c. Hace .... y empieza a hacer frío. Algunos días llueve o está ....

d. Hace bastante ...., a menudo ...., con temperaturas bajo ....

2 👥 **Use the information and images below to ask your partner where these people go and how they get there.**

Modelo: E1: ¿Adónde van Betina y Jorge?
        E2: Van al cine.
        E1: ¿Cómo van?
        E2: Van en metro.

🚀 **¿Cómo?**

 ¿Quién?

 **¿Adónde?**

¿Quién?	¿Adónde?
• Betina y Jorge	• cine
• la familia Romero	• Puerto Rico
• tus amigos y tú	• ciudad
• tú	• parque de atracciones
• Liliana	• de excursión
• nosotros	• centro comercial
	• playa
	• montaña

EXPRESSING LIKES

A mí		me	encanta(n)	Ø
A ti		te		muchísimo
A usted/él/ella	(no)	le		mucho
A nosotros/as		nos	gusta(n)	bastante
A vosotros/as		os		un poco
A ustedes/ellos/ellas		les		(nada)

 ■ Remember:

- **gusta** + singular noun or infinitive:
  - – Me gusta **la lectura**. – Me gusta **escribir** cartas.

- **gustan** + plural noun:
  - – Me gustan **las novelas de aventuras**.

  Me **encantan** los libros de misterio. = Me **gustan mucho** los libros de misterio.

1 Isabel, who is twelve years old, has organized the following things in order of preference. Use the Modelo and the expressions above to describe how much (or how little) she likes these things.

a. el chocolate ➡ *A Isabel le encanta el chocolate.*

b. las Matemáticas ➡ ....

c. los gatos ➡ ....

d. la piscina ➡ ....

e. el queso ➡ ....

f. bailar ➡ ....

g. las verduras ➡ ....

h. los días de lluvia ➡ ....

i. el fútbol ➡ ....

2 Take turns describing Isabel's likes and dislikes to your partner based on the information in the following exchanges. Then tell your partner if you agree with her or not.

Me gustan los perros.
A mí, también.

No me gusta la tarea.
A mí, tampoco.

Me gusta el fútbol.
A mí, no.

No me gustan las verduras.
A mí, sí.

Modelo: A Isabel le gusta el chocolate y a mí, también.

A Isabel no le gusta el fútbol y a mí, tampoco.

3 **Look at the images and fill in the blanks with the clothes and colors they are wearing.**

El muchacho lleva:

• Unos ☐E☐☐S A☐☐☐☐☐J☐☐☐S
• Unos P☐☐☐☐☐☐☐ V☐☐☐☐☐
• Una C☐M☐☐☐T☐ N☐☐☐☐
• Una ☐☐M☐☐☐ de R☐☐☐☐
• Una G☐☐R☐ A☐☐☐☐☐☐

La muchacha lleva:

• Unas S☐☐D☐☐☐☐☐ ☐Z☐☐☐☐
• Una F☐☐☐☐ V☐☐☐☐
• Un C☐☐☐☐☐Ó☐ M☐☐☐☐☐
• Una C☐☐☐☐☐T☐ R☐☐☐

4 **Match the following articles of clothing to the body part most closely associated with it.**

1. las botas   a. el pecho y la espalda
2. los jeans   b. las piernas
3. la corbata   c. el cuello
4. el gorro   d. los pies
5. los guantes   e. la cabeza
6. la camisa   f. las manos

5 👥 **Take turns describing to your partner what you like and don't like to wear in the following contexts.**

Modelo: Cuando llueve...
     me gusta llevar impermeable y botas.
     no me gusta nada llevar paraguas.

a. En invierno para esquiar...
b. Para hacer deporte...
c. Para ir a la escuela cuando hace calor...
d. Me gustan mucho los/las (ropa y color)...
e. No me gustan nada los/las (ropa y color)...

1. *IR A* + INFINITIVE

■ The construction **ir a** + infinitive is used to talk about future plans and what you are going to do.

*Esta tarde **voy a salir** con mis amigos. This afternoon, I am going to go out with my friends.*

1 **Read the e-mail Eugenia writes to her friend Carlos about all the plans she has for next weekend. Fill in the blanks with the correct form of *ir a* and the infinitive in parenthesis.**

Asunto: Fiesta sorpresa

De: Eugenia@gmail.com   Para: Carlos@gmail.com

¡Hola, Carlos!

¿Qué tal? Te escribo porque el próximo fin de semana (a) .... (organizar) una fiesta sorpresa para Eduardo en mi casa.

Esteban (b) .... (traer) la música y Sara y Rocío (c) ....(preparar) su famoso chile con queso. Yo (d) ....(decorar) la casa entera con tiras de colores y globos, y mi madre (e) ....(comprar) la tarta de cumpleaños favorita de Eduardo. Solo necesito platos y vasos de papel. ¿Los puedes comprar?

En total (f) ....(ser) veintidós personas. Bueno, creo que mañana (g) ....(hacer) buen tiempo. Ahora ya me (h) ....(acostar) porque es tarde.

Un beso,

Eugenia

---

2 **With a partner, talk about what you are going to do this coming weekend. Ask additional questions to learn more about his/her plans.**

| ir al cine o estudiar con... o ir de compras o ir a casa de... o ir de excursión o jugar |

Modelo: E1: Este fin de semana voy a ir al cine.

E2: ¡Qué bien! ¿Qué película vas a ver?

2. HAY QUE, TENER QUE AND DEBER + INFINITIVE

 ■ Remember:

- to express an obligation that is necessary for all, use **hay que** + infinitive.

  En la clase de español **hay que** *hablar español. In Spanish class, everyone needs to speak Spanish.*

- to express an obligation for a particular person, use **tener que** + infinitive.

  Para mis exámenes **tengo que** *estudiar mucho. I have to study a lot for my tests.*

- to make a recommendation or give someone advice, use **deber** + infinitive.

  Si estás muy cansado, **debes** *dormir más. If you are very tired, you should sleep more.*

3 **Fill in the blanks with the correct verb. ¡*Atención!* There may be more than one possibility.**

a. Estoy muy ocupada ahora, ... que cuidar a mis hermanos pequeños.

b. Si vas a esquiar, ... llevar un jersey de lana.

c. Me encanta ir al teatro. Pero, ¿cuánto .... que pagar?

d. Lo siento, ahora no puedo ir al gimnasio. .... que ir a trabajar.

e. Quiero jugar al golf, pero .... que ser miembro del club.

4 👥 **Check the tasks below that you regularly have to do at home. Then exchange information with a partner and add when you normally do these things.**

a. ⭕ guardar la ropa en el armario

b. ⭕ hacer la cama

c. ⭕ hacer la tarea

d. ⭕ lavar los platos, el carro

e. ⭕ lavar mi ropa

f. ⭕ limpiar el baño

g. ⭕ ordenar la habitación

h. ⭕ pasar la aspiradora

i. ⭕ pasear al perro

j. ⭕ sacar el reciclaje

Modelo: E1: Tengo que hacer la cama cada día. ¿Y tú?

E2: Yo no tengo que hacer la cama, pero tengo que ordenar mi habitación los sábados.

1 **Choose *ser* or *estar* according to the context of the sentence.**

a. Bogotá **es** / **está** la capital de Colombia.

b. El avión **es** / **está** más rápido que el tren.

c. **Soy** / **Estoy** muy contento porque este año voy de vacaciones a la playa.

d. En esta época del año siempre **es** / **está** nublado.

e. ¿**Eres** / **Estás** cansado?

f. Mi hermano **es** / **está** más alto que yo.

g. Los libros **son** / **están** encima de la mesa.

2 **Look at the images below and indicate if each sentence is true (T) or false (F). Then rewrite the sentences that are false to make them correct.**

	T	F
a. Cada tarde Pablo **nada** en la piscina de su gimnasio.	☐	☐
b. Por la mañana Rosa, Juan y Marga **van** en bicicleta juntos a la escuela.	☐	☐
c. Cada día estas tres amigas **comen** juntas en la cafetería de la escuela.	☐	☐
d. Todos los días ustedes **estudian** en la biblioteca.	☐	☐

3 **Complete the crossword puzzle with the *yo* form of the verbs listed below. What is the hidden word?**

1. ir

2. traer

3. creer

4. hacer

5. conocer

6. pedir

7. salir

8. pensar

9. poder

10. estar

24 HORAS EN ESPAÑOL

LOS TOP 5 DE...

LAS COSTUMBRES DE LA VIDA HISPANA

¿Cómo es un día en la vida de los muchachos españoles y latinoamericanos? ¡Te lo contamos!

«Nos vemos a la hora de comer», «Quedamos por la tarde» parecen *(they seem)* frases habituales, sin complicaciones. Pero... ¿qué pasa si «la hora de comer» o «la tarde» ocurren a horas diferentes, según *(depending on)* el país? Parece increíble pero los horarios no son universales. Estas son algunas costumbres de la vida hispana.

Menú en un restaurante del País Vasco, en España

✓ En España, la hora de comer es, tradicionalmente, entre las dos y las cuatro de la tarde. Los restaurantes ofrecen *(they offer)* su menú de mediodía en este horario.

✓ Tradicionalmente, en muchos países de habla hispana, la gente duerme la siesta después de la comida. Sin embargo, cada vez es una costumbre menos popular: hoy solo el 16% de los españoles duerme la siesta todos los días.

✓ En Venezuela, la merienda *(afternoon snack)* se toma a las cuatro de la tarde y marca una pausa entre la comida y la cena. La merienda de los días especiales son los churros con chocolate.

✓ Según *(According to)* un estudio reciente, los latinoamericanos duermen menos de seis horas cada noche. En promedio, duermen dos horas menos que en 1964.

✓ En Argentina dicen «las siete de la tarde» pero «las ocho de la noche». En España «Buenas noches» se dice después de las nueve, así que ellos, a diferencia de Argentina, dicen: «Son las ocho de la tarde». ¿Y en tu país qué dicen?

La siesta, una costumbre en desuso *(outmoded)*: más de la mitad de los españoles nunca duerme la siesta.

Buenos Aires, Argentina, a las ocho de la noche.

Churros con chocolate, la típica merienda venezolana de los días de fiesta.

¡Qué interesante! LOS HORARIOS ESPAÑOLES

Los horarios españoles son diferentes a los de otros países de habla hispana. En España, es habitual cenar a la diez de la noche. Y, aunque la cena en España es normalmente más ligera *(light)* que en países donde se cena temprano, hay personas que piensan que estos horarios son un problema.

«Los españoles duermen cincuenta y tres minutos menos que otros europeos», dice Ignacio Buqueras, presidente de Arhoe, una asociación para cambiar la hora. «Con los horarios actuales *(current)* los españoles no tienen una buena calidad de vida».

Una cena española

Mi experiencia

«Me llamo Gloria. La vida en Caracas, mi ciudad, está llena de sorpresas. Normalmente me despierto muy temprano, alrededor de las siete. Me ducho y desayuno un té con leche y una deliciosa arepa de queso.

A las ocho menos cuarto, tomo el autobús para ir a la escuela. En general, llevo una lonchera en la mochila y como con mis compañeros en el parque del Este, donde a veces visitamos el planetario.

Durante la semana estoy muy ocupada con las tareas y las clases de ballet, así que no tengo tiempo para quedar con mis amigas. Pero me mantengo en contacto con ellas a través de las redes sociales y llevo mi celular a todos lados. Nos encanta enviarnos mensajes en twitter».

Gloria usa las redes sociales para hablar con amigas.

Caracas, Venezuela

¿COMPRENDISTE?

Indicate whether the sentences are true (T), false (F) or unknown (U).

1. En España se come temprano. T ◯ F ◯ U ◯

2. Los latinoamericanos duermen menos que antes. T ◯ F ◯ U ◯

3. Arhoe quiere cambiar la hora porque afecta la calidad de vida. T ◯ F ◯ U ◯

4. A veces, Gloria cena en un restaurante. T ◯ F ◯ U ◯

5. Irineo Funes es un personaje del autor Jorge Luis Borges. T ◯ F ◯ U ◯

AHORA TÚ

What's it like for you? Answer these questions based on your experience. Discuss in class.

1. ¿Cuántas horas duermes en promedio *(on average)*? ¿Es igual que en los países hispanos?

2. ¿A qué hora haces la merienda? ¿Cuál es la merienda típica de EE. UU.?

3. ¿Existe la costumbre de hacer la siesta en EE. UU.? ¿Por qué crees que esta costumbre está en desuso en el mundo hispano?

4. ¿Se parece un día de tu vida al de Gloria? Encuentra algo similar y algo diferente.

5. Imagina que tienes la memoria de Irineo Funes. ¿Cuáles son las ventajas *(advantages)* y las desventajas de tener buena memoria?

El rincón de la literatura UNA MEMORIA INCREÍBLE

¿Te imaginas recordar cada *(every)* minuto de cada día? Irineo Funes es un joven uruguayo con una memoria increíble. Después de golpearse *(to hit)* la cabeza en un accidente, Irineo puede recordar cada segundo de su vida. Pero para recordar todo lo que ocurrió en un día... ¡necesita otro día completo! Jorge Luis Borges, escritor argentino, imaginó la historia de Irineo en su cuento *(short story)* Funes, el memorioso. Te lo recomendamos.

₳0,20

Yo, que me figuraba el Paraíso Bajo la especie de una biblioteca.

Jorge L. Borges 1899-1986

REPUBLICA ARGENTINA

Jorge Luis Borges, escritor argentino

Fuentes: *El País, ABC, Infobae, El Mundo. La opinión Coruña.*

Verbos

acostarse (o > ue) *to go to bed*
cenar *to have dinner*
comer *to eat*
comprar *to buy*
conocer (-zc) *to know, to be familiar with*
creer *to believe*
deber *should*
desayunar *to have breakfast*
divertirse (e > ie) *to have fun*
dormir (o > ue) *to sleep*
ducharse *to shower*
empezar (e > ie) *to begin*
encantar *to really love something*
estar *to be*
gustar *to like*
hacer *to do, to make*
hay *there is/are*
hay que *(everyone) needs to (do something)*
ir *to go*
ir a *going to (do something)*
jugar (u > ue) *to play*
lavar *to wash*
levantarse *to get up*
limpiar *to clean*
llamarse *to be called*
llevar *to wear, to take someone or something along*
nadar *to swim*

pedir (e > i) *to ask for*
pensar (e > ie) *to think*
poder (o > ue) *to be able to*
quedar *to meet up with*
salir (-go) *to go out*
tener (-go, e > ie) *to have*
tener que *to have to (do something)*
terminar *to end, to finish*
traer (-go) *to bring*
venir (-go, e > ie) *to come*

ver *to see*
vestirse (e > i) *to get dressed*
volver (o > ue) *to return*

Descripciones físicas

alto/a *tall (in height)*
corto/a *short (in length)*
delgado/a *thin*
feo/a *unattractive*
fuerte *strong*
gordo/a *fat, overweight*
grande *big*
joven *young*
largo *long (in length)*
liso *straight, smooth*
mayor *old*
moreno/a *brunette, dark-haired*
pequeño/a *small*
rizado *curly*
rubio/a *blonde, light-haired*

Descripciones de carácter

amable *nice, polite*
antipático/a *unpleasant*
desordenado/a *disorganized*
divertido/a *fun*
hablador/a *talkative*
maleducado/a *rude*
nervioso/a *nervous*
ordenado/a *organized*
perezoso/a *lazy*
simpático/a *amusing, nice*
tímido/a *shy, timid*
trabajador/a *hard-worker*
tranquilo/a *calm, relaxed*
vago/a *lazy*

El clima

está nublado *it's cloudy*
hace buen tiempo *it's nice weather*
hace calor *it's hot*
hace frío *it's cold*
hace mal tiempo *it's bad weather*
hace sol *it's sunny*
hace viento *it's windy*
el invierno *winter*
llueve *it's raining*

la lluvia *rain*
nieva *it's snowing*
el otoño *fall*
la primavera *spring*
el verano *summer*

La ropa

el abrigo *coat*
las botas *boots*
la bufanda *scarf*
los calcetines *socks*
la camisa *shirt*
la camiseta *t-shirt*
la chaqueta *jacket*
la corbata *tie*
la falda *skirt*
el gorro / la gorra *ski hat / baseball cap*
los guantes *gloves*
los jeans *jeans*
los pantalones (cortos) *pants (shorts)*
los tenis *sneakers, athletic shoes*
el vestido *dress*
los zapatos *shoes*

El cuerpo

la cabeza *head*
el cuello *neck*
la espalda *back*
las manos *hands*
los ojos *eyes*
el pecho *chest*
el pelo *hair*
las piernas *legs*
los pies *feet*

Los colores

amarillo *yellow*
anaranjado *orange*
azul *blue*
blanco *white*
gris *gray*
marrón *brown*
negro *black*
rojo *red*
rosa *pink*
verde *green*

STEM-CHANGING VERBS

	ENTENDER	VOLVER	PEDIR	JUGAR
	e > ie	o > ue	e > i	u > ue
yo	entiendo	vuelvo	pido	juego
tú	entiendes	vuelves	pides	juegas
usted/él/ella	entiende	vuelve	pide	juega
nosotros/as	entendemos	volvemos	pedimos	jugamos
vosotros/as	entendéis	volvéis	pedís	jugáis
ustedes/ellos/ellas	entienden	vuelven	piden	juegan

REFLEXIVE VERBS

LEVANTARSE			
yo	me levanto	nosotros/as	nos levantamos
tú	te levantas	vosotros/as	os levantáis
usted/él/ella	se levanta	ustedes/ellos/ellas	se levantan

THE VERBS *HACER, SALIR, TRAER* AND *VENIR*

	HACER	SALIR	TRAER	VENIR
yo	hago	salgo	traigo	vengo
tú	haces	sales	traes	vienes
usted/él/ella	hace	sale	trae	viene
nosotros/as	hacemos	salimos	traemos	venimos
vosotros/as	hacéis	salís	traéis	venís
ustedes/ellos/ellas	hacen	salen	traen	vienen

IRREGULAR VERBS

	IR	CONOCER
yo	voy	conozco
tú	vas	conoces
usted/él/ella	va	conoce
nosotros/as	vamos	conocemos
vosotros/as	vais	conocéis
ustedes/ellos/ellas	van	conocen

USES OF *SER* AND *ESTAR*

(See page 29)

SER	ESTAR

- Use **ser** to describe a characteristic of a person, place, or thing.

    *María **es** una chica muy divertida.*

    *Los leones **son** animales salvajes.*

- Use **estar** to describe a person's mood or feelings.

    *Hoy **estoy** muy cansado.*

    ***Estamos** nerviosos por el examen.*

LO PASÉ MUY BIEN

Esta familia lo pasa muy bien.

>> ¿Dónde está esta familia?

>> ¿Qué estación del año es en esta foto?

>> ¿Qué te gusta hacer en tus vacaciones?

In this unit, you will learn to:

- Talk about past vacations
- Express past experiences and when they took place
- Describe how you felt about past events

Using

- Preterit of regular verbs
- Expressions of time

Cultural Connections

- Share information about traditional stories and compare cultural similarities

¡ACCIÓN!

SABOR HISPANO

- ¡Vivan las vacaciones!

35

1 Look at the image below of Ramón, his sister, and their father. Then answer the questions based on what you see or can infer from the image.

a. ¿Qué tiempo hace?

b. ¿Dónde están?

c. ¿Qué hacen?

d. ¿Qué ropa llevan?

e. ¿Crees que lo pasan bien o mal?

f. ¿Quién crees que tomó la foto?

2 🎧 6 Read through the conversation between Ramón and Carolina to get the gist of what they are talking about. Then listen to the conversation and fill in the blanks with the missing words.

> comí ○ pasaste ○ visitamos ○ monté ○ visité ○ viajaste ○ conocí ○ jugué ○ nadé ○ pasé

Ramón: Mira esta foto.

Carolina: ¡Qué playa tan bonita! ¿Adónde (a) .... el verano pasado?

Ramón: Mis padres, mi hermana y yo (b) .... Ibiza.

Carolina: ¿Y qué tal lo (c) ....?

Ramón: Muy bien. (d) .... mucho tiempo en la playa y (e) .... en aguas cristalinas.

Carolina: ¿Y qué más?

Ramón: Pues (f) .... el casco antiguo, subí a un barco, (g) .... en una moto acuática, (h) .... mucho pescado, (i) .... al volley-playa y al ping-pong con mi hermana y mi padre. ¡Ah! también (j) .... a mucha gente. La verdad es que Ibiza es un lugar inolvidable (*unforgettable*).

Carolina: ¡Qué bien! Quiero ir el verano que viene.

Ramón: Pues, te lo vas a pasar fenomenal también.

3 🎧 **6** **Listen again to the conversation and check your answers from Activity 2. Then decide if the statements below are true (T) or false (F).**

	T	F
a. Ramón viajó a Ibiza con su familia el verano pasado.	☐	☐
b. Ramón no pasó unas buenas vacaciones.	☐	☐
c. No se bañó en el mar.	☐	☐
d. Practicó deportes como el volley-playa y el ping-pong.	☐	☐
e. A Ramón no le gustó Ibiza.	☐	☐

4 **What vacation activities does Ramón mention in his conversation? Write the correct sentences under each image. Then guess at the infinitive of the verb in each of the sentences.**

a. Visité el casco antiguo de la ciudad.
Visitar

b.

c.

d.

e.

f.

g.

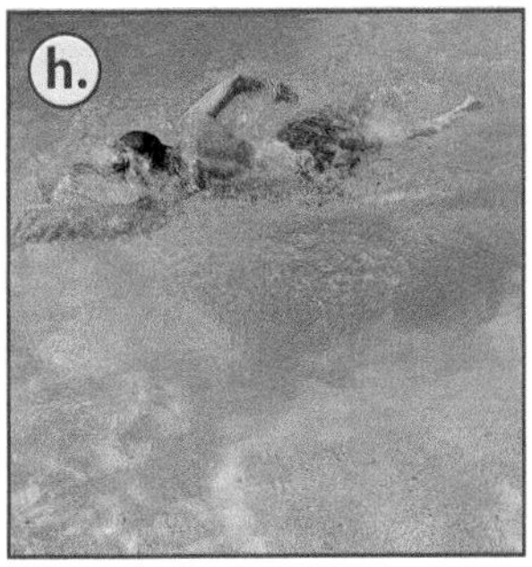

h.

5 👥 **Make a list of three activities you did on your last summer vacation. Then share your sentences with a partner.**

COMUNICA

DESCRIBING AN EVENT IN THE PAST

» **¿Qué tal** tus vacaciones del año pasado? *How was your vacation last year?*

» **Lo pasé... fenomenal / genial / muy bien / bien / regular / mal / muy mal / fatal**.
I had a (an)... fantastic / awesome / very good / good / not so good / bad / very bad / awful... time.

 ■ Lo pasé fenomenal = La pasé bien padre / padrísimo (México).

» ¿Montaste en una moto acuática? *Did you ride a jet ski?*

» **Sí, me gustó... mucho / bastante**. *Yes, I like it... a lot / quite a bit.*
No, no me gustó... mucho / demasiado / nada. *No, I didn't like it... a lot / too much / at all.*

» ¿Qué tal tu viaje a México? *How was your trip to Mexico?*

» **Fue... muy divertido / interesante / bonito / aburrido**. *It was... a lot of fun / interesting / beautiful / boring.*

 Use **encantar** to say you really liked something.
Me encantó *visitar el parque nacional. I loved visiting the national park.*

1 🎧 7 **Listen to three conversations about summer vacations. Listen for the expressions they use to describe their vacations and list them in the appropriate column.**

Conversación	⊕ Positivas	⊖ Negativas
a.		
b.		
c.		

2 🎧 7 **Listen to the conversation again. Where did they spend their vacation?**

a. ....
b. ....
c. ....

3 **Read the following sentences and choose the correct option.**

a. Visité el centro comercial nuevo de mi barrio y me gustó ....
- ☐ regular
- ☐ bastante
- ☐ nada

b. La fiesta de Marcos .... porque no tocaron música moderna.
- ☐ no me gustó
- ☐ lo pasé muy bien
- ☐ me gustó

c. El libro que leí la semana pasada me gustó mucho. Fue ....
- ☐ un rollo
- ☐ muy divertido
- ☐ muy bien

d. En la excursión a la montaña lo pasé .... y me divertí mucho.
- ☐ fatal
- ☐ bastante
- ☐ fenomenal

e. Llegué tarde al cine y la película no me gustó ....
- ☐ mal
- ☐ fenomenal
- ☐ mucho

f. El partido de fútbol de ayer fue .... ¡No pasó nada, ningún equipo metió gol!
- ☐ interesante
- ☐ un rollo
- ☐ muy mal

4 **With a partner, complete the sentences using cues from the images.**

La película...   En la excursión...   La exposición...   En el concierto...

5 **Prepare your answers to the following questions about your last vacation. Then, in groups of four, take turns asking and answering the questions.**

a. ¿Dónde pasaste tus vacaciones el verano pasado?

b. ¿Con quién fuiste de vacaciones?

c. ¿Cómo lo pasaste?

d. ¿Qué te gustó mucho?

e. ¿Qué no te gustó nada?

f. ¿Qué fue interesante?

 MORE IN ELETECA: EXTRA ONLINE PRACTICE

1.
2.
3.
4.
5.
6.

ANTES DEL VIDEO

1 👥 Look at the scenes depicted in the images above and with a partner, answer the questions according to what you see and think is happening.

a. ¿Quiénes son estas personas?   **c.** ¿Qué hacen?   **e.** ¿Qué van a comer?

b. ¿Dónde están?   **d.** ¿De qué crees que hablan?

2 👥 Take turns describing one of the characters in Image 1, 2, 3, or 4. Your partner will guess in which of the images this person appears.

3 Describe Juanjo and Lorena in Images 3 and 4 using *ser* and *estar* in each sentence.

....

4 Look at Image 5 and select the best response to the question.

¿Qué tal crees que lo pasaron?

a. Fue bastante aburrido.   **c.** Sí, les gustó mucho la película.

b. Los amigos lo pasaron fatal.   **d.** Lo pasaron genial.

DURANTE EL VIDEO

5 ⏺ 00:00 - 02:56 Watch the following segment and indicate whether the statements are true (T) or false (F).

	T	F
a. Alfonso pensó mucho en sus amigos durante las vacaciones.	☐	☐
b. Alfonso estudió mucho durante las vacaciones.	☐	☐
c. Fue a visitar a su familia y viajó un poco.	☐	☐
d. A Juanjo le parecen unas vacaciones muy divertidas.	☐	☐
e. Juanjo quiere conocer a la prima de Alfonso.	☐	☐
f. Alfonso va a presentar a Juanjo a su prima Laura.	☐	☐

6 Watch the segment again and complete the chart with Alfonso's activities. Listen for three places he went, with whom, and whether he had a good time.

	¿Dónde fue?	¿Con quién?	¿Cómo lo pasó?
1			
2			
3			

7 Watch the next segment of the episode and select the correct response.

02:56 - 03:20

1. ¿Qué hizo Eli durante las vacaciones?

- **a.** ⬭ Cuidó a unos niños.
- **b.** ⬭ Cuidó la casa de sus vecinos.
- **c.** ⬭ Cuidó a bebecitos.

2. ¿Por qué?

- **a.** ⬭ Los padres de Eli fueron de vacaciones.
- **b.** ⬭ Los vecinos fueron de viaje.
- **c.** ⬭ Eli fue de viaje.

3. ¿Cómo lo pasó?

- **a.** ⬭ Lo pasó fatal.
- **b.** ⬭ Fue aburrido.
- **c.** ⬭ Lo pasó bastante bien.

4. ¿Qué opina Juanjo de las vacaciones de Eli?

- **a.** ⬭ Piensa que fueron divertidas.
- **b.** ⬭ Piensa que lo pasó mal.
- **c.** ⬭ Piensa que Eli no dice la verdad.

8 In the next scene, Juanjo talks about his vacation. Before watching the segment think about what you expect him to say. Do you think Juanjo had a good time? Which of the images above might provide a clue? Share your thoughts with a partner. Do you both agree? Now watch the segment and complete the sentences about what Juanjo did.

03:20 - 04:07

- **a.** Trabajó en ....
- **b.** Sirvió ....
- **c.** Lavó ....
- **d.** Salió a comprar ....
- **e.** Preparó ....

9 In the final scene, Lorena talks about her vacation. Watch the segment and check off the activities she did.

04:07 - final

- ⬭ Fue al cine.
- ⬭ Salió con unas amigas.
- ⬭ Sacó muchas fotografías.
- ⬭ Conoció a unas amigas.
- ⬭ Trabajó.

- ⬭ Fue al museo.
- ⬭ Viajó.
- ⬭ Vio muchas películas en la televisión.
- ⬭ Paseó por la ciudad.

- ⬭ Vio una exposición muy chévere.
- ⬭ Salió varias noches a bailar.
- ⬭ Hizo muchas cosas.

DESPUÉS DEL VIDEO

10 Discuss the following questions in groups of three.

- **a.** ¿Qué vacaciones de las que cuentan los muchachos te parecen más divertidas?
- **b.** ¿Cuáles son las peores? ¿Por qué? ¿Están de acuerdo todos en tu grupo?
- **c.** ¿Lo pasaste mal alguna vez durante las vacaciones? ¿Por qué? Cuéntaselo a tus compañeros.

 MORE IN ELETECA: EXTRA ONLINE PRACTICE

1 **Match the actions below with the correct images.**

a. Preparar la maleta.

b. Comprar el billete de avión.

c. Tomar un taxi al aeropuerto.

d. Consultar blogs sobre las experiencias de otra gente.

e. Reservar habitación en el hotel.

f. Buscar (*look for*) un destino interesante en Internet.

 (1.) ➡ ☐

 (2.) ➡ ☐

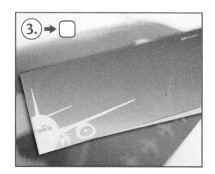 (3.) ➡ ☐

 (4.) ➡ ☐

 (5.) ➡ ☐

 (6.) ➡ ☐

2 **In what order do you think Isabel did the following things before going on vacation? Number the actions in the correct order.**

Isabel…

☐ preparó la maleta.

☐ compró el billete de avión.

☐ consultó blogs sobre las experiencias de otra gente.

☐ reservó habitación en el hotel.

☐ tomó un taxi al aeropuerto.

☐ buscó un destino interesante en Internet.

- el billete = el boleto, el pasaje
- la maleta = la valija

3 How do you and your family prepare for vacation? Answer the questions below. Then, in small groups of four, exchange information.

a. En tu familia, ¿quién decide adónde van a ir de vacaciones? ¿Todos? ¿Tus padres? ¿Tú?

b. ¿Buscan información en Internet sobre el lugar o hablan con otras personas?

c. ¿Compran los boletos por Internet? ¿Reservan el hotel por Internet?

d. ¿Qué haces tú antes de viajar? ¿Preparas tu maleta?

e. Normalmente, ¿llevas una maleta grande, una maleta pequeña o solo una mochila?

f. ¿Qué cosas llevas siempre cuando vas de vacaciones?

Modelo: En mi familia, todos decidimos adónde vamos a ir de vacaciones...

4 **8** Listen to the words in Spanish for items you might pack for a beach or camping vacation and fill in the missing words.

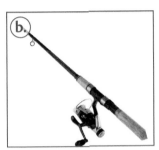   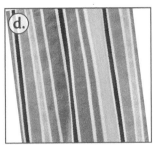

a. .... de baño   b. caña de ....   c. saco de ....   d. toalla de ....

  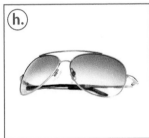

e. protector ....   f. .... de campaña   g. ....   h. gafas de ....

i. ....   j. ....   k. ....   l. .... digital

 ■ lentes de sol = gafas de sol

5 👥 Last year, Luis's family could not agree on a vacation destination. So Luis and his father went camping, and his mother and sister Alba went to the beach. Select the items each pair probably packed for their car trip. ¡Atención! Some items may be used for both destinations. Then compare your answers with a partner.

Para ir de campamento,
Luis y su padre llevaron…

Para ir a la playa,
Alba y su madre llevaron…

Modelo: ¿Qué llevaron Luis y su padre?

6 👥 Name three items you consider essential for camping and three for going to the beach. Then ask five classmates for their choices. Present your findings to the class. Which items were the most popular?

⛺ Ir de campamento
Para mí es esencial llevar…
Para mis compañeros…

☂ Ir a la playa
Para mí es esencial llevar…
Para mis compañeros…

7 👥 With a partner, choose a place you both have visited and write four sentences explaining what you did, what you took with you and how you liked it. You can also choose a place you have read about.

Modelo: El año pasado viajamos a Playa del Carmen. Lo pasamos… Nadamos en el mar y visitamos unas ruinas mayas. Llevamos… Nos gustó…

8 Last year, Silvia went skiing with her family in Bariloche, Argentina. She wrote to her friend Miguel to tell him about her trip. Read her e-mail and fill in the blanks with the correct words from the list.

bañamos ○ bajaron ○ escuché ○ patinaron ○ esquié ○
inolvidable ○ tranquilo ○ avión ○ genial ○ mucho

Asunto: Mi viaje a Bariloche

De: silviaromero@gmail.com   Para: miguel22@hotmail.com

Querido Miguel:

El invierno pasado yo (a) .... en Bariloche. ¡Lo pasé (b) ....! Viajé con toda mi familia, tíos y primos también. El viaje en (c) .... fue largo, pero muy (d) .... (e) .... mi mp4 todo el tiempo. Nos alojamos (*stayed*) en un hotel muy bonito que nos gustó (f) .... Todos hicimos algo diferente. Mis hermanas Laura y Sandra (g) .... sobre hielo y mis primos (h) .... por las pistas (*slopes*) en snowboard. Por la tarde nos (i) .... en la piscina del hotel. En fin, un viaje (j) .... Aquí te mando una foto.

Un beso,
Silvia

9 🎧 9 Listen to Jorge talk about his vacation. Select the images below that apply to his trip.

a. → ☐   b. → ☐   c. → ☐   d. → ☐

e. ☐   f. ☐   g. ☐   h. → ☐

10 👥 With a partner, use the images you selected in Activity 9 to write five sentences about Jorge's trip to Cuba. Here are some verbs you can use: *viajó, compró, fue a, visitó, se alojó en, le gustó, lo pasó...*

Modelo: Jorge viajó a Cuba...

MORE IN ELETECA: EXTRA ONLINE PRACTICE

GRAMÁTICA

■ Use the preterit tense to talk about actions that were **completed in the past**.

Yo **comí** en un restaurante con mis padres. *I ate at a restaurant with my parents.*

Ustedes **salieron** de la casa tarde. *You left the house late.*

■ To form the preterit tense of a regular verb, add the preterit endings to the stem of the verb.

	VIAJAR	COMER	VIVIR
yo	via**jé**	co**mí**	vi**ví**
tú	via**jaste**	co**miste**	vi**viste**
usted/él/ella	via**jó**	co**mió**	vi**vió**
nosotros/as	via**jamos**	co**mimos**	vi**vimos**
vosotros/as	via**jasteis**	co**misteis**	vi**visteis**
ustedes/ellos/ellas	via**jaron**	co**mieron**	vi**vieron**

VER
vi
viste
vio
vimos
visteis
vieron

■ Except for **ver**, all regular verbs have accent marks in the **yo** and the **usted/él/ella** forms. Notice how they affect pronunciation.

Jorge **viajó** a México. *Jorge traveled to Mexico.*   **Comí** mucho pescado. *I ate a lot of fish.*

Vio ballenas en el mar. *He/She saw whales in the sea.*

1 **Carlos researched the history of Ibiza on the Internet. Write the appropriate preterit of the verbs in parenthesis.**

Ibiza

Ibiza es una de las islas más conocidas del Mediterráneo por ser el lugar de vacaciones de muchos turistas europeos. Pero ellos no siempre (a) .... (vivir) aquí. Los primeros visitantes de la isla (b) .... (llegar) el siglo pasado, en los años ochenta, y allí (c) .... (descubrir) una atractiva ciudad, un bello entorno natural y unas playas tranquilas de arenas blancas. Su fama (d) .... (extenderse) internacionalmente. En los años sesenta y setenta su economía (e) .... (cambiar) la pesca y la agricultura por el turismo. Además de su increíble paisaje, la ciudad tiene una valiosa fortaleza y muralla. En 1999 la Unesco (f) .... (declarar) la ciudad Patrimonio de la Humanidad.

2 **Complete the following questions with the correct preterit form of the verb in parenthesis. Then answer each question based on the information about Ibiza from Activity 1.**

a. ¿En qué época (llegar) .... los primeros visitantes?

b. ¿Qué (ver) .... en esta ciudad?

c. ¿Cuándo (crecer) .... el turismo?

d. ¿Cuándo (nombrar, ellos) .... a esta ciudad Patrimonio de la Humanidad?

La fortaleza y muralla de Dalt Vila

3 Combine elements from each column to make logical sentences. ¡*Atención!* Use the preterit form for all verbs.

ellos	descubrir	pueblo pequeño
yo	probar	la comida típica
ustedes	vivir	Santo Domingo
nosotros	crecer *(to grow up)*	cerca del mar
él	visitar	centro de la ciudad

Modelo: Ellos descubrieron un pueblo pequeño.

a. ....   d. ....

b. ....   e. ....

c. ....   f. ....

Un pueblo de la costa

Parque Colón, Santo Domingo

Ensalada de lechuga, aguacate y plátanos fritos

4 Choose the correct option in each sentence.

a. Nosotros **empecé** / **empezaron** / **empezamos** el viaje en Perú.

b. Mi hermana **llegó** / **llegaste** / **llegué** tarde al aeropuerto.

c. En el avión yo **jugué** / **jugamos** / **jugaron** a los videojuegos con mi hermano para pasar el tiempo.

d. En Cusco, mis padres **almorcé** / **almorzaste** / **almorzaron** en un restaurante típico de la ciudad.

e. Ellos **se enojó** / **te enojaste** / **se enojaron** con nosotros porque no salimos del hotel.

f. Al día siguiente, nosotros **vi** / **vimos** / **vio** las impresionantes ruinas de Machu Picchu.

■ Some verbs will have a spelling change only in the **yo** form:

- empe**zar** ➡ empe**c**é, empezaste...
- almor**zar** ➡ almor**c**é, almorzaste...
- ju**gar** ➡ ju**gu**é, jugaste...
- lle**gar** ➡ lle**gu**é, llegaste ...

Why do you think this is?

5 In groups of four, take turns asking each other about a vacation you took in the past. Then write out your answers to the questions.

a. ¿Adónde viajaste de vacaciones el verano pasado? ....

b. ¿Cómo lo pasaste? ....

c. ¿Qué hiciste (*did you do*)? ....

d. ¿Qué viste? ....

e. ¿Descubriste algo interesante? ¿El qué? ....

f. ¿Compraste algo interesante? ¿Qué? ....

Y tú, ¿adónde viajaste el verano pasado?

2. EXPRESSIONS USED WITH THE PRETERIT

■ The preterit is often used with expressions that pinpoint a particular occasion or a specific point in time.

- **ayer** *yesterday*

- **ayer por la mañana / tarde** *yesterday morning / afternoon*
  Ayer por la mañana caminé a la escuela. *Yesterday morning, I walked to school.*

- **anoche** *last night*
  Anoche visité a mi abuela. *Last night, I visited my grandmother.*

- **el mes / año pasado** *last month / year*
  El año pasado descubrí Puerto Rico. *Last year, I discovered Puerto Rico.*

- **el otro día** *the other day*
  El otro día cené con mis abuelos. *The other day, I had dinner with my grandparents.*

- **hace dos días / años** *two days / years ago*
  Hace dos años viajé a España. *Two years ago, I traveled to Spain.*

- **en agosto / 2014** *in August / 2014*
  Mi hermano se casó en agosto. *My brother got married in August.*

6 Choose the correct option.

a. **Todavía / La semana pasada / Ahora** visité el museo arqueológico de México.

b. Llegaron muchos turistas a la ciudad **mañana / el mes pasado / la semana que viene**.

c. **En agosto / Pronto / Tarde** compramos una mochila para el viaje.

d. **Ayer / Mañana / Durante** mi madre comió los dulces típicos de allí.

7 Think about the last time you did the following activities. Use the expressions in the list to say when you did them.

Modelo: El año pasado viajé en avión.

> ayer ○ anoche ○ el año pasado ○ el mes pasado ○ hace dos días / semanas

a. montar en bicicleta

b. comprar un regalo

c. comer con amigos

d. despertarse tarde

e. dormir en un saco de dormir

f. llegar tarde a la escuela

g. salir para una fiesta

h. viajar en avión

8 The following people decided to stay home instead of going away on vacation. With a partner, describe what these people did during their vacation. Use your imagination to create interesting descriptions with the verbs in the list.

¿Dónde?

¿Con quién?

¿Cuándo?

¿Qué le / les gustó?

¿Qué no le / les gustó nada?

caminar

pasarlo bien / mal

comprar

explorar

llevar

ver

visitar

DESTREZAS

1 Before you begin to talk about the image, review the strategy in Destrezas and follow the suggestion.

Destrezas

Using an order for remembering and speaking

Start by describing the people, place, and things that are happening. Then talk about people's physical characteristics, their clothes, and how they are feeling. Prepare an interesting description of the scene using the questions below.

- Who are they?
- What are they wearing and why?
- Where are they?
- What are they doing?

- How are they feeling? Why?
- What do you think they did previous to this?
- What is going to happen next?

2 Describe the situation represented in the image. You will have three minutes to talk about the situation.

3 🎧 ¹⁰ You are going to listen to four advertisements about traveling. Select the correct option for each one.

1. Anuncio 1

Este anuncio...

    a. es de un viaje cultural a Madrid.

    b. es para hacer senderismo.

    c. hace excursiones a la costa.

2. Anuncio 2

En este anuncio...

> **a.** puedes dormir en cualquier tipo de hotel.
>
> **b.** puedes buscar hoteles de tres estrellas.
>
> **c.** puedes buscar hoteles de más de cuatro estrellas.

3. Anuncio 3

La ruta...

> **a.** es una compañía de trenes.
>
> **b.** sale desde Galicia.
>
> **c.** llega a Galicia.

4. Anuncio 4

Con Vuele Barato...

> **a.** viajas a Londres por menos de treinta y cinco euros.
>
> **b.** tu acompañante siempre viaja gratis.
>
> **c.** si compras ahora, tu acompañante no paga.

PRONUNCIACIÓN Las palabras agudas

■ In Spanish, *palabras agudas* are words that have the stress on the last syllable.

1 🎧 **11** **Listen to the following words. Notice how the stress falls on the last syllable of each word.**

a. color	**d.** pastel	**g.** almacén	**j.** café	**m.** bebé
b. camión	**e.** comí	**h.** corazón	**k.** mamá	**n.** feliz
c. ratón	**f.** reloj	**i.** amor	**l.** salí	**ñ.** azul

2 **Now classify the words from Activity 1 according to whether they have a written accent or not.**

A. Con tilde	B. Sin tilde

 MORE IN ELETECA: EXTRA ONLINE PRACTICE

¡VIVAN LAS VACACIONES!

LOS TOP 5 DE...

¿No sabes qué hacer durante las vacaciones? ¡Lee nuestra guía!

LOS VOLUNTARIADOS INTERNACIONALES

Los voluntariados internacionales *(international volunteering programs)* ofrecen la posibilidad de vivir una experiencia diferente, útil e interesante. En América Latina hay muchas opciones de voluntariados.

✓ Trabajar de voluntario en el bosque pluvial *(rainforest)* del Amazonas de Ecuador. Allí puedes ayudar a preservar los valores tradicionales de las tribus ecuatorianas.

✓ Cuidar de las alpacas del norte de Bolivia. Las alpacas son animales muy queridos *(loved)*, útiles e importantes en este país. Puedes aprender a rescatarlas *(rescue them)*, limpiarlas y alimentarlas.

✓ Construir casas en las comunidades menos privilegiadas del interior de Guatemala. Puedes aprender a trabajar con ladrillos *(bricks)* y ayudar a la comunidad.

✓ Excavar, limpiar y catalogar piezas arqueológicas en Huaca Pucllana, Perú, una de las sedes *(sites)* más misteriosas de América Latina. Allí puedes descubrir la historia del país.

✓ Trabajar en una granja orgánica en escuelas rurales de Chile. Allí puedes aprender sobre agricultura y alimentación.

Una voluntaria toma fotos en la selva de Guatemala.

Alpacas en Laguna Colorada, Bolivia

Miembro de la tribu Xingu, del Amazonas ecuatoriano

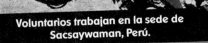
Voluntarios trabajan en la sede de Sacsaywaman, Perú.

¡Qué interesante! ECOTURISMO EN COSTA RICA

✓ Costa Rica es un país con una cultura ecológica muy importante.

✓ El 5% de la biodiversidad del planeta se encuentra *(is found)* en este país.

✓ Costa Rica fue el pionero del ecoturismo y el 25% del país consiste en parques nacionales y zonas protegidas *(protected areas)*.

✓ El gobierno quiere deshacerse de las emisiones de dióxido de carbono para el 2021.

✓ El país produce el 90% de su electricidad a través de recursos renovables *(renewable recources)*.

Puente colgante en la selva de Monte Verde, Costa Rica

🎧 12 Mi experiencia

«Hola, me llamo Mario y el verano pasado viví la experiencia de mi vida: participé en la Ruta BBVA. Es un proyecto en el que un grupo de más de doscientos estudiantes de dieciséis y diecisiete años de varios países viaja desde España a América Latina en barco. El proyecto lo creó (created) el deportista y explorador Miguel de la Cuadra-Salcedo en 1976 y desde entonces se celebra todos los años. El año pasado viajamos a Panamá, visitamos la Selva del Darién y llegamos hasta el Mar del Sur.

Solo nos permitieron llevar una maleta o mochila, un saco de dormir y una cámara fotográfica. Nos alojamos en casas rurales o campamentos. En la ruta seguimos los pasos del descubridor español Vasco Núñez de Balboa durante su viaje en 1513. Descubrí cosas que no sabía sobre ciencia, tecnología, historia y cultura. Además, conocí a mucha gente. ¡Fue increíble!».

Mario con sus compañeros de expedición, en Panamá

Mapa de la ruta BBVA 2013

¿COMPRENDISTE?

Decide if the following sentences are true (T) or false (F).

1. Las alpacas son animales muy útiles en Bolivia.   T ◯ F ◯

2. Sacsaywaman es una sede arqueológica de Ecuador.   T ◯ F ◯

3. Costa Rica es un país con una diversidad ecológica importante.   T ◯ F ◯

4. Vasco Núñez de Balboa fue un deportista y explorador español.   T ◯ F ◯

5. Las islas Galápagos son una región de Ecuador.   T ◯ F ◯

AHORA TÚ

What do you think? Answer the following questions and discuss your ideas with other students.

1. ¿Cuál de los voluntariados te interesa más? ¿Por qué?
   _____

2. ¿Qué sabes del descubridor Núñez de Balboa?
   _____

3. ¿Qué ruta de otro descubridor famoso te gustaría seguir?
   _____

4. ¿Qué tipo de ecoturismo hay en tu región?
   _____

5. ¿Cómo imaginas que es el paisaje (landscape) en las Islas Galápagos? ¿Por qué?
   _____

▶ EL ECOTURISMO EN PANAMÁ Y COLOMBIA

El rincón de la biología   LAS ISLAS GALÁPAGOS

Estas islas son una provincia de Ecuador, un parque nacional y una reserva marina. Son famosas por sus numerosas especies autóctonas (indigenous). Aquí viven iguanas, tortugas gigantes, pingüinos, albatros, leones marinos... Charles Darwin, el naturalista inglés, escribió un estudio sobre estas especies durante su viaje por las islas. El estudio sirvió de base para su famosa teoría de la evolución de las especies. Desde entonces, muchos viajeros, científicos y biólogos visitan la provincia para estudiar sus animales y biología.

Iguana marina, en las islas Galápagos

Fuentes: Huacapucllanamiraflores.pe, hacesfalta.org, UNICEF, Visita Costa Rica, BBVA y Ruta BBVA, Oficina de Turismo de Ecuador (Ministerio de Turismo).

1 Two years ago, Adolfo went to Mexico on vacation with his family. First, arrange the words to form correct questions. Then match each question with the correct response.

1. ¿viajaste / adónde?
2. ¿viajaste / cuándo?
3. ¿viajaste / quién / con?
4. ¿gustó / te / experiencia / la?
5. ¿gente / mucha / conociste a?

a. Con mi familia.
b. Hace dos años.
c. Viajé a Sierra Nevada.
d. Sí, conocí a gente genial.
e. Sí, me encantó la experiencia.

2 🎧 13 Read Adolfo's story.

La ruta del lobo perdido

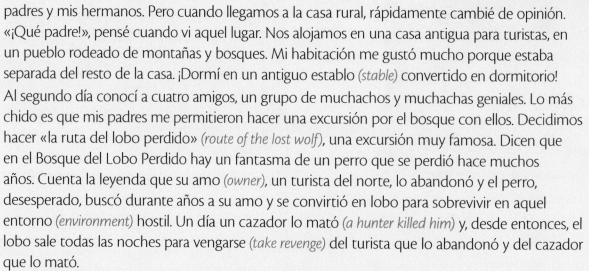

Hace dos años viajé con mi familia a Sierra Nevada. El primer día me enojé un poco. ¡Qué aburrido! Todo el día en el carro con mis padres y mis hermanos. Pero cuando llegamos a la casa rural, rápidamente cambié de opinión. «¡Qué padre!», pensé cuando vi aquel lugar. Nos alojamos en una casa antigua para turistas, en un pueblo rodeado de montañas y bosques. Mi habitación me gustó mucho porque estaba separada del resto de la casa. ¡Dormí en un antiguo establo *(stable)* convertido en dormitorio!

Al segundo día conocí a cuatro amigos, un grupo de muchachos y muchachas geniales. Lo más chido es que mis padres me permitieron hacer una excursión por el bosque con ellos. Decidimos hacer «la ruta del lobo perdido» *(route of the lost wolf)*, una excursión muy famosa. Dicen que en el Bosque del Lobo Perdido hay un fantasma de un perro que se perdió hace muchos años. Cuenta la leyenda que su amo *(owner)*, un turista del norte, lo abandonó y el perro, desesperado, buscó durante años a su amo y se convirtió en lobo para sobrevivir en aquel entorno *(environment)* hostil. Un día un cazador lo mató *(a hunter killed him)* y, desde entonces, el lobo sale todas las noches para vengarse *(take revenge)* del turista que lo abandonó y del cazador que lo mató.

Comenzamos nuestra excursión por la mañana y caminamos durante dos horas hasta llegar a la cima de una montaña. Allí comimos y descansamos. Todos hablamos de nuestras vidas en la ciudad, de nuestras escuelas y de nuestras cosas; allí empezamos a conocernos mejor. Después de un largo rato miré el reloj: «¡Oh, no!», dije yo, «son las siete de la tarde y tenemos que volver a casa». Empezamos nuestro regreso *(return)*. Caminamos durante una hora. Pasó otra hora y empezamos a preocuparnos. «Oigan, muchachos, creo que nos perdimos *(lost)*, este camino es diferente al de antes», dije yo. «No creo», respondió Elena, «por la noche los bosques tienen otro aspecto».

De repente, escuchamos ruidos lejanos y nos asustamos *(got scared)* un poco. Unos minutos después, oímos un aullido *(howl)*. Continuamos, caminamos media hora más y volvimos a escuchar el ruido; esta vez un ladrido *(barking)* más cerca. Volvimos a escuchar ladridos. Un arbusto *(bush)* se movió y todos gritamos a la vez *(screamed at the same time)*. Un instante después vimos una luz y oímos: «Ron, ¿qué haces? ¡Ven aquí!». La luz se acercó *(got closer)* y vi a mi hermano mayor con una linterna y nuestro perro Ron. «Vamos, muchachos, que es muy tarde, ¿se perdieron? Yo salí a buscar a Ron, creo que se peleó *(got into a fight)* con otro perro en el bosque. ¡Qué extraño!, en los bosques no hay perros», dijo mi hermano. Nadie pronunció una sola palabra.

3 **Answer the following questions.**

1. Adolfo y su familia se alojaron…
   a. en un hotel.
   b. en un albergue.
   c. en una casa rural.

2. Lo que más le gustó a Adolfo de la casa rural fue…
   a. su entorno.
   b. su habitación.
   c. el tiempo del lugar.

3. Cuando llegaron a la cima de la montaña…
   a. comieron y durmieron la siesta.
   b. descansaron media hora y continuaron su camino.
   c. comieron y charlaron de sus cosas durante demasiado tiempo.

4. Adolfo y sus amigos…
   a. pasaron la noche en el bosque.
   b. se preocuparon porque por la noche es más difícil caminar por el bosque.
   c. llamaron al hermano de Adolfo para pedir ayuda.

5. La leyenda del lobo perdido…
   a. dice que hay un lobo que ataca a turistas y cazadores.
   b. asustó a Adolfo pero no a sus amigos.
   c. dice que hay un lobo que ataca a los muchachos por la noche.

4 **List the preterit verbs found in the reading. Then write their corresponding infinitive forms.**

Verbos en pretérito	Infinitivos
viajé	viajar
me enojé	enojarse

5 Write a similar story and read it to your partner.

EVALUACIÓN

1 **Read the sentences and decide if the person's experiences were positive (P) or negative (N).**

	P	N
a. El viaje fue aburrido.	☐	☐
b. Me lo pasé genial.	☐	☐
c. El hotel me encantó.	☐	☐
d. La cena no me gustó nada.	☐	☐

2 **Luisa and Roberto are best friends, but they don't always agree on things. Read their conversation and fill in the blanks.**

> lo pasé fatal o me encantaron o me gustó o me gustó mucho o no me gustó nada

Luisa: ¿Escuchaste la última canción de Shakira?

Roberto: ¡Sí, (a) .... mucho! ¿A ti te gustó?

Luisa: No, (b) .... No tiene buen ritmo y, además, es muy larga.

Roberto: Nunca te gustan las mismas cosas que a mí.

Luisa: Eso no es cierto, (c) .... la excursión del otro día.

Roberto: ¿De veras? ¡Yo (d) ....! Terminé agotado y con dolor de pies.

Luisa: Debes ponerte los zapatos que te compró tu mamá. ¿No te gustaron?

Roberto: ¡Sí! (e) .... ¿Ves? A los dos nos gustan las mismas cosas.

3 **Fill in the blanks with the preterit of the verbs.**

a. Anoche (llamar, ella) .... Laura para hablar contigo.

b. La semana pasada (conocer, nosotros) .... a una actriz muy famosa.

c. ¿(Salir, ustedes) .... el viernes pasado?

d. Mis padres (viajar, ellos) .... mucho el año pasado.

e. ¿Qué museo (descubir, tú) .... en la ciudad?

4 **Write the verbs in the infinitive form and identify the subject pronouns.**

Modelo: Ayer compramos un boleto de tren. ➡ Nosotros, comprar

a. Anoche llegué de viaje. ....

b. El año pasado descubrí la tienda de regalos. ....

c. ¿Dónde pasaste el domingo? ....

d. ¿Qué compraste para tu nueva habitación? ....

e. ¿Vieron el partido de fútbol? ....

5 Arrange the following words to describe what people liked or didn't like about their experiences. Be sure to use the preterit form of the verbs.

Modelo: mi equipo / ganar / porque / en el partido de fútbol / lo / pasar genial ⇒ En el partido de fútbol lo pasé genial porque ganó mi equipo.

a. me / gustar / comprar / en el centro comercial / mucha ropa barata

b. a mis amigos / les / gustar mucho / ver el mar / por primera vez

c. el viaje en autobús / porque / no / me / gustar demasiado / salir muy tarde

d. en la playa / mis amigos y yo / lo / pasar fenomenal / tomar el sol y jugar al vóleibol

e. porque / el videojuego de Raúl / me / encantar / ganar en todos los niveles

LOS VIAJES

6 🎧 14 Listen to the advertisement from two different travel agencies. Which agency did Daniel use for his trips?

1. Visité París y me encantó el museo del Louvre. ... •

2. Viajé a Kenia de safari fotográfico. .... •

• **a.** Viajes Girasol

• **b.** Viajes Rutae

7 For each group of terms, choose the one that doesn't belong.

a. alojarse / hotel / maletas / senderismo

b. saco de dormir / avión / linterna / tienda de campaña

c. boleto / playa / tomar el sol / bañarse

d. avión / billete / viaje / impermeable

CULTURA

8 Answer the following questions according to the information you learned in *¡Vivan las vacaciones!*

a. Si te gusta la naturaleza, ¿qué tipo de voluntariado puedes hacer en Bolivia?

b. Si prefieres ayudar a la gente, ¿qué tipo de voluntariado puedes hacer?

c. ¿Qué tipo de vacaciones son populares en Costa Rica? ¿Qué información de este país te parece interesante?

d. ¿En qué aspectos son similares el viaje del descubridor español Vasco Núñez de Balboa y el viaje de los participantes en la Ruta BBVA?

e. ¿En qué parte de Ecuador puedes observar numerosas especies marinas?

 **MORE IN ELETECA:** EXTRA ONLINE PRACTICE

Los viajes

el albergue *inn, hostel*

el billete / boleto *ticket*

los binoculares *binoculars*

la cámara digital *digital camera*

la caña de pescar *fishing pole*

el destino *destination*

la excursión *tour trip, outing*

las gafas de sol *sunglasses*

el impermeable *raincoat*

la linterna *lantern, lamp*

la maleta *suitcase*

la playa *beach*

el protector solar *sunscreen*

el saco de dormir *sleeping bag*

el senderismo *hiking*

la sombrilla *beach umbrella*

la tienda de campaña *tent*

la toalla de playa *beach towel*

el traje de baño *bathing suit*

Expresiones temporales

el mes / año pasado *last month / year*

anoche *last night*

ayer *yesterday*

hace dos días *two days ago*

Verbos

alojarse *to stay (at a hotel)*

bajar *to go down*

bañarse *to take a bath, to go for a swim*

buscar *to look for*

conocer *to meet, to be familiar with*

crecer *to grow (things), to grow up (people)*

descubrir *to discover*

empezar (e > ie) *to begin*

enojarse *to get angry*

llevar *to take, to wear*

montar a caballo *to go horseback riding*

nadar *to swim*

pasar tiempo *to spend time*

patinar *to skate*

perder(se) (e > ie) *to lose (to get lost)*

regresar *to return*

reservar *to reserve*

subir *to go up*

terminar *to end*

Palabras y expresiones útiles

fenomenal *fantastic*

genial *awesome*

regular *not so good, okay*

fatal *awful*

muy divertido *a lot of fun*

PRETERIT OF REGULAR VERBS

(See page 46)

	VIAJAR	COMER	VIVIR
yo	viajé	comí	viví
tú	viajaste	comiste	viviste
usted/él/ella	viajó	comió	vivió
nosotros/as	viajamos	comimos	vivimos
vosotros/as	viajasteis	comisteis	vivisteis
ustedes/ellos/ellas	viajaron	comieron	vivieron

VER
vi
viste
vio
vimos
visteis
vieron

- Except for **ver**, all regular verbs have accent marks in the **yo** and the **usted/él/ella** forms. Notice how they affect pronunciation.

- Use the preterit to express an action in the past:

  Él empezó a llorar. He began to cry.

  Juan terminó su visita cultural. Juan finished his cultural visit.

  Yo me enojé. I became angry.

- The preterit tense is used to refer to actions in the past that were performed over a period of time or repeated a number of times.

  Tomás vivió en Santiago tres años. Tomás lived in Santiago for three years.

  Llamé a Rita cuatro veces. I called Rita four times.

EXPRESSIONS USED WITH THE PRETERIT

(See page 48)

- To talk about events in the past, you can use certain phrases to pinpoint a particular occasion or a specific time frame.

  - **ayer** *yesterday*

  - **ayer por la mañana / tarde** *yesterday morning / afternoon*

    Ayer por la mañana caminé a la escuela. Yesterday morning, I walked to school.

  - **anoche** *last night*

    Anoche visité a mi abuela. Last night, I visited my grandmother.

  - **el mes / año pasado** *last month / year*

    El año pasado descubrí Puerto Rico. Last year, I discovered Puerto Rico.

  - **hace dos días / años** *two days / years ago*

    Hace dos años viajé a España. Two years ago, I traveled to Spain.

Este muchacho estudia mucho.

>> ¿Dónde está el estudiante?
>> ¿Qué tiene que hacer?
>> ¿Cómo se siente?

In this unit, you will learn to:

- Talk about actions in the past
- Use expressions of time
- Express ownership
- Newspapers and media

Using

- The preterit of irregular verbs
- Expressions of time
- Possessive Pronouns

Cultural Connections

- Connect information about Spanish-language newspapers and media to what you already know

SABOR HISPANO

- La educación

¡ACCIÓN!

1 Look at the images of two teenagers on the phone. Then answer the questions based on what you see or can infer from the images.

a. ¿Dónde están estos muchachos?

b. ¿De qué crees que hablan? ¿De la tarea? ¿De planes para salir?

c. ¿Cómo está la muchacha? ¿Y el muchacho?

d. ¿Cuál de ellos piensas que es más como (like) tú? ¿Por qué?

2 🎧 15 **Read through the conversation between Sara and Ricardo to get the gist of what they are talking about. Then listen to the conversation and fill in the blanks with the missing words.**

Sara: Hola, Ricardo. (a) .... tres entradas para ir al cine esta tarde. ¿(b) .... venir?

Ricardo: Lo siento... pero estoy muy cansado.

Sara: Yo también. Esta semana tuve demasiados exámenes y fui a la biblioteca todos los días. Pero (c) .... que divertirse...

Ricardo: Sí, pero... es que esta mañana me (d) .... bien temprano.

Sara: ¿Te (e) .... temprano? Pero... ¡si hoy es sábado!

Ricardo: Es que tuve que (f) .... a mi padre con las obligaciones de la casa porque mi madre fue a la oficina. La semana pasada estuvo enferma y ahora tiene mucho trabajo con un proyecto muy importante que tiene que preparar con Laura, una compañera suya.

Sara: Entiendo, (g) .... Entonces, ¿qué tal si vamos a tomar un café o a comer algo?

Ricardo: Um..., tampoco puedo. Mi padre (h) .... hace unos minutos al supermercado y estoy aquí con mi hermana. ¿(i) .... a Luisa? Seguro que ella puede ir.

Sara: Buena idea, ahora la llamo. ¿Tienes ahí tu celular? Es que el mío no (j) .... batería y no sé lo que hice con su número de teléfono.

3 🎧 **15** Listen to the conversation again and answer true (T) or false (F) for each statement.

	T	F
a. Ricardo no está muy ocupado este mes.	☐	☐
b. Sara está muy cansada.	☐	☐
c. Ricardo se levanta todos los sábados muy temprano.	☐	☐
d. La madre de Ricardo tiene mucho trabajo.	☐	☐
e. El padre de Ricardo trabaja los sábados.	☐	☐

4 👥 Take turns role playing the parts of the conversation with a partner.

5 Match the sentences on the left with the correct pronoun(s) on the right.

1. Esta semana **estuvimos** muy cansados.   **a.** yo
2. **Fui** a la biblioteca.   **b.** ustedes/ellos/ellas
3. ¿Qué **hiciste** el sábado?   **c.** usted/él/ella
4. La semana pasada **estuvo** enfermo.   **d.** nosotros/as
5. **Tuvieron** muchos exámenes.   **e.** él
6. Ricardo no **quiso** salir.   **f.** tú

6 👥 Take turns asking each other what the following teenagers did to help around the house.

(a.) Manuel

Modelo: E1: ¿Qué hizo Manuel?
E2: Lavó la ropa.

Inés y Rafa

Marta

Bea

Mateo

COMUNICA

TALKING ABOUT WHERE YOU WENT

» *¿Adónde **fuiste** este fin de semana?* Where did you go this weekend?

» ***Fui** a visitar a mis abuelos.* I went to visit my grandparents.

» *¿Adónde **fueron** tus vecinos este fin de semana?* Where did your neighbors go this weekend?

» *Mis vecinos **fueron** a Nueva York.* My neighbors went to New York.

1 Answer the following questions. Then use the questions to interview a partner.

   a. ¿Adónde fuiste el sábado pasado?
   b. ¿Fuiste en carro o fuiste a pie?
   c. ¿Con quién fuiste?
   d. ¿Adónde fuiste después?

2 Ask three classmates if they went to the following places last summer. Your classmates will answer with additional information related to the question. Write down their answers.

Modelo: El: ¿Fuiste a la playa el verano pasado? Paul: Sí, fui a Seaside Heights.

Eve: No, pero fui a la piscina de mi pueblo.

Justin: No, fui a la piscina.

		Sí	No	
	Paul	⊠	○	Seaside Heights
	Eve	○	⊠	Piscina
A la playa	Justin	○	⊠	Piscina
		○	○	
		○	○	
Al cine		○	○	
		○	○	
A ver un partido de béisbol		○	○	
		○	○	
		○	○	
		○	○	
De vacaciones		○	○	
		○	○	
		○	○	
De campamento		○	○	

3 Using the information you collected in Activity 3, present your findings to the class.

Modelo: Paul fue a la playa. Emily y Justin fueron a la piscina.

4 Choose a card and take turns with a partner talking and asking about your last vacation. First, tell your partner what you did according to the information on your card. Using the images and destinations below, he/she will ask you where you went. Use the model as a guide. Lastly, create your own description for e.

un país extranjero   las montañas   la ciudad   un parque de atracciones

Modelo: Llevar el pasaporte, una maleta y la cámara digital. (Canadá)

> E1: Llevé el pasaporte, una maleta y la cámara digital.
> E2: ¿Fuiste a un país extranjero?
> E1: Sí, fui a Canadá.

Estudiante 1

a. *Visitar* las ruinas mayas de Chichén Itzá. (México)

b. *Ir* al teatro y a los museos. (Nueva York)

c. *Esquiar y tomar* chocolate caliente. (el monte Hood)

d. *Probar* comida típica como ceviche y estofado de res. (Perú)

e. ¿...?

Estudiante 2

a. *Subir* a las atracciones y *comer* palomitas. (el parque Disney)

b. *Alojarse* en un hotel en el centro. (San Antonio)

c. *Conocer* a mucha gente y *practicar* español con ellos. (Puerto Rico)

d. *Caminar* mucho y *descubrir* rutas nuevas. (el parque nacional de Yellowstone)

e. ¿...?

---

5 Write about where you went with the following people and describe what it was like. Then exchange information with a partner.

Modelo: Fui al centro comercial con mi hermana. Fue aburrido. No compré nada.

a. con mis padres

b. con mi mejor amigo/a

c. con mi clase de...

d. con mi hermano/a (primo/a)

Use **fue** to describe an event in the past.

» ¿Qué tal **fue** el viaje?

» **Fue** inolvidable.

MORE IN ELETECA: EXTRA ONLINE PRACTICE

¡ACCIÓN! Taxi para cuatro

1.
2.
3.
4.
5.
6.

ANTES DEL VIDEO

1 Before planning a trip, it's important to plan what you wish to do there. Match the activity with the best option. Then think about some of the advantages and disadvantages each plan could have. Discuss your ideas with your classmates.

Objetivos	Planes
1. Descansar y relajarte unos días.	**a.** Pasar unos días en un lugar de sol y playa.
2. Divertirte con tus amigos.	**b.** Hacer una excursión al campo o montaña para hacer acampada.
3. Hacer deporte y respirar aire puro.	**c.** Ir a un festival de música.

Modelo: E1: Yo, para relajarme, prefiero ir a la playa...

E2: Pues yo, para descansar, prefiero ir al campo y estar en contacto con la naturaleza...

2 Look at the images indicated below and select the option you think best describes what the episode will be about. Then check your answers with a partner. Do you agree?

Imágenes 1 y 2

a. Sebas y Felipe están en la estación de autobuses esperando a sus amigos para ir de acampada.

b. Sebas y Felipe vuelven de un fin de semana en la playa, y Alfonso y Juanjo de unos días de acampada.

c. Sebas y Felipe vuelven de hacer acampada, y Alfonso y Juanjo de un festival de música.

Imágenes 3 y 4

a. Sebas y Felipe están encantados con su experiencia en la playa, Juanjo y Alfonso comentan que ellos se divirtieron mucho en el campo. Deciden compartir un taxi porque tienen la misma ruta para ir a casa.

b. Los muchachos se encuentran después de sus viajes, comentan cómo les fue y deciden compartir un taxi.

c. Los muchachos llegan a su destino y tienen que tomar un taxi para ir al camping porque está muy lejos del pueblo.

Imágenes 5 y 6

a. Los muchachos están dormidos porque están muy cansados de su acampada y su festival. Eli protesta porque los muchachos están muy sucios después de varios días sin ducharse.

b. Los muchachos están dormidos porque los viajes al pueblo, primero, y después al camping, fueron muy largos. Eli, que llegó al camping con otra amiga dos días antes, les espera. Al abrir la puerta del taxi se da cuenta de que huele muy mal.

c. Los muchachos están dormidos porque Sebas y Felipe salieron todas las noches en aquella ciudad de playa, y Alfonso y Juanjo no pudieron dormir bien porque hizo frío y llovió mucho durante su acampada. Eli los recibe y les cuenta que hay un incendio en el barrio.

DURANTE EL VIDEO

3 Watch the episode and check your answers to Activity 2. Did you and your partner guess correctly?

DESPUÉS DEL VIDEO

4 Match the columns to form correct statements about the episode. Then indicate whether the statement refers to Sebas, Felipe, Juanjo or Alfonso. Write the number and letter pairs under the correct image.

1. Pasó mucho tiempo en la tienda de campaña...

2. Caminó mucho bajo la lluvia...

3. Está muerto de sueño...

4. Sugiere compartir el taxi...

5. Piensa que fue un desastre...

6. No sabe dónde está su mochila...

7. No quiere decir dónde durmieron...

8. No escucha bien...

a. porque no durmió muy bien debido al frío y al mal tiempo.

b. para no estar aburrido.

c. porque no consultaron el pronóstico del tiempo antes de ir de acampada.

d. porque hizo muy mal tiempo y llovió todo el día.

e. porque la metió Sebas en el taxi.

f. porque pasó mucho tiempo cerca de los altavoces para no mojarse.

g. porque ellos también van en esa dirección.

h. porque en realidad no durmieron.

Sebas

2b

Felipe

Juanjo

Alfonso

5 Imagine that the guys had not run into each other at the station. Write an e-mail from Sebas to Alfonso telling him about the weekend. Then write Alfonso's response to Sebas telling him about his own weekend.

MORE IN ELETECA: EXTRA ONLINE PRACTICE

1 🎧 16 **Look at the different types of communication media in Spanish and listen to a report about how these are currently being used. Then answer the questions that follow.**

| la televisión | Internet | las redes sociales | la radio | la prensa |

Según el informe,...

a. ¿cuál es el medio de comunicación más utilizado?

b. ¿cuál es el medio más utilizado por los jóvenes? ¿Cuál es el menos utilizado?

2 **Look at these publications and match them to the type of media they represent.**

1. ◯ periódico
2. ◯ noticias de los famosos
3. ◯ prensa deportiva
4. ◯ revista de información científica

3 **Match the words referring to people with the category most closely associated with them. Then read the following article about gossip magazines in Spanish and fill in the blanks with a person from the list.**

1. lectores	**a.** la fama
2. modelos	**b.** la personalidad
3. famosos	**c.** el concurso
4. deportistas	**d.** el deporte
5. concursantes	**e.** la moda
6. personajes	**f.** la lectura (reading)

La *prensa rosa* informa sobre la vida personal de los (1) .... Unos dos millones y medio de (2) .... siguen las noticias de actores, cantantes, (3) ...., (4) ...., presentadores, (5) .... de *reality-shows* y otras celebridades. Entre las revistas más vendidas se encuentran *Pronto, Hola, People en español* y *Vanidades*. A pesar de (*Despite*) su popularidad, muchas personas critican estas publicaciones por celebrar a (6) .... con pocos valores morales.

4 👥 **Meet in groups of four to discuss your preferred source for news. What conclusions can you draw from what you and your friends prefer? Use the questions as a guide.**
- ¿Prefieren ver programas en la televisión o leer las noticias en la computadora?
- ¿Por qué?

5 Look at the words in Spanish for the different parts of a newspaper article. Can you recognize what each represents?

Titular ➤ # Aumenta el número de becas para estudiar en el extranjero

Subtítulo ➤ **El Gobierno quiere promocionar el intercambio cultural y el aprendizaje de lenguas entre los jóvenes**

Entrada ➤ Esta semana el Ministerio de Educación publicó una nueva convocatoria de becas dirigidas a estudiantes del último año de Secundaria para iniciar sus estudios en universidades de países hispanos.

Cuerpo de la noticia ➤ La ministra de Educación anunció su objetivo de mejorar la formación académica y lingüística de los estudiantes y las relaciones culturales entre Estados Unidos y los países hispanos.

la noticia = el suceso	el periódico = el diario
la prensa = la publicación impresa	el titular = el encabezamiento

6 With a partner, create your own headline and subhead for two of the following images. Use the vocabulary and the cues provided. Share your headlines with the class.

- ¿De dónde son?
- ¿Dónde está(n)?
- ¿Qué hicieron? / ¿Qué pasó?
- ¿Qué va(n) a hacer ahora?

❗ ■ Vocabulario útil:
- el campeonato *championship*
- la carretera *road*
- la copa *trophy*
- los fotógrafos *photographers*
- la lotería *lottery*
- ganar *to win*

a.

b.

c.

d.

MORE IN ELETECA: EXTRA ONLINE PRACTICE

GRAMÁTICA

In Unit 1, you learned the preterit form of regular verbs. In this unit, you will learn the preterit forms of irregular verbs, some of which you have already seen and used. Remember to use the preterit to talk about actions that were completed in the past.

	SER / IR	DAR (to give)
yo	fui	di
tú	fuiste	diste
usted/él/ella	fue	dio
nosotros/as	fuimos	dimos
vosotros/as	fuisteis	disteis
ustedes/ellos/ellas	fueron	dieron

- The preterit forms of **ser** and **ir** are identical. However, you will easily understand the meaning from context.

  Nadia **fue** a Puerto Rico. *Nadia went to Puerto Rico.*

  Fue un viaje genial. *It was a great trip.*

  David **fue** campeón el año pasado. *David was champion last year.*

- The verb **dar** is often used with indirect object pronouns to indicate who receives the item given.

  Yo **les di** las noticias. *I gave them the news.*

  Ellos **me dieron** su número de teléfono. *They gave me their phone number.*

Indirect object pronouns	
me	nos
te	os
le	les

---

1 Fill in the blanks with the correct preterit form of the verbs *ser*, *ir*, and *dar* according to the context of the sentence.

a. El otro día yo .... a casa de mi abuela y me .... un regalo.

b. Maradona .... un gran futbolista argentino.

c. Ayer .... el aniversario de casados de mis padres.

d. Mi hermana les .... el regalo en el restaurante.

e. Anoche nosotros .... en autobús a la ciudad.

f. La semana pasada los profesores .... camisetas gratis.

g. El fin de semana mis vecinos .... a Los Ángeles.

---

2 🎧 17 Listen to the sentences and decide if the verb you hear refers to *ser* or *ir*.

a. ☐ ser	b. ☐ ser	c. ☐ ser	d. ☐ ser	e. ☐ ser
☐ ir	☐ ir	☐ ir	☐ ir	☐ ir

3 Think about the last gifts you gave the following people and when. Then exchange information with a partner. Did you give any of the same gifts?

Modelo: a mi padre   E1: A mi padre le di una cámara digital.
E2: ¿Cuándo fue?
E1: Fue para las navidades.

a. a mi madre
b. a mi perro/gato
c. a mis primos
d. a mi mejor amigo/a
e. a mi profesor/a

2. VERBS WITH IRREGULAR PRETERIT STEMS

■ Some verbs have an irregular stem in the preterit and use the same endings: **–e, –iste, –o, –imos, –isteis, –ieron.**

New stem [u]		Endings	
andar	**anduv-**		anduve, anduviste, anduvo, anduvimos, anduvisteis, anduvieron
estar	**estuv-**		estuve, estuviste, estuvo, estuvimos, estuvisteis, estuvieron
poner	**pus-**	-e	puse, pusiste, puso, pusimos, pusisteis, pusieron
poder	**pud-**	-iste	pude, pudiste, pudo, pudimos, pudisteis, pudieron
tener	**tuv-**	-o	tuve, tuviste, tuvo, tuvimos, tuvisteis, tuvieron
New stem [i]		-imos -isteis	
hacer	**hic/z-**	-ieron	hice, hiciste, hizo, hicimos, hicisteis, hicieron
querer	**quis-**		quise, quisiste, quiso, quisimos, quisisteis, quisieron
venir	**vin-**		vine, viniste, vino, vinimos, vinisteis, vinieron

» ¿Dónde **pusiste** mi celular? *Where did you put my cell phone?*

» Lo **puse** en tu mochila. *I put it in your backpack.*

» ¿Qué **hiciste** el verano pasado? *What did you do last summer?*

» Nada. Mis primos **vinieron** a visitarnos. *Nothing. My cousins came to visit us.*

■ Verbs with irregular preterit forms do not have an accent mark on the **yo** and **usted/él/ella** forms as regular verbs do: *comí, hablé, pude, vine, quise...*

» Ayer **vine** de viaje y hoy estoy muy cansado. *Yesterday I came back from a trip and today I'm very tired.*

4  Marco needs help with irregular verbs in the preterit. Write the correct form of the preterit for each verb listed. Then compare your answers with a partner.

a. hacer, él: ....

b. tener, ellos: ....

c. tener, usted: ....

d. poner, tú: ....

e. querer, nosotros: ....

f. andar, ellos: ....

g. estar, yo: ....

h. poder, tú: ....

i. venir, ustedes: ....

j. dar, ella: ....

5 Fill in the blanks with the correct preterit form of the verb in parenthesis.

a. Ayer (estar, yo) .... en el parque.

b. Hoy Ana está muy cansada porque anoche no (poder) .... dormir bien.

c. La película que vimos el jueves (ser) .... muy emocionante.

d. En diciembre mis tíos (venir) .... a casa para celebrar las navidades con nosotros.

e. El mes pasado mi madre (hacer) .... tarta de naranja. ¡Qué rica!

f. El año pasado Ricardo (ir) .... de vacaciones a Costa Rica.

g. En agosto (yo, tener) .... la gripe.

h. Mi compañero de clase me (dar) .... un bolígrafo.

6  Use the reflexive verb *ponerse* to describe what the people below put on before going to the places indicated. Then compare your answers with a partner.

Modelo: Elena: para ir al partido

Elena se puso la camiseta del equipo para ir al partido.

a. los senderistas: para ir a la montaña

b. la actriz: para ir al estreno (premiere) de su película

c. yo: para ir a la playa

d. nosotros: para ir a la escuela

e. tú: para ir al gimnasio

f. nosotros: para ir de fiesta

g. ellas: para ir al parque

7 With a partner, explain why the following people were not able to go out last Saturday. Use *no poder* and *tener que* and the information in the images to provide as much detail as possible. Then present your explanations to the class.

Modelo: Marisol / preparar

Marisol no pudo salir el sábado. Tuvo que preparar una presentación para la clase. Al final, hizo un buen trabajo.

Ignacio / trabajar   Iván y Rafael / jugar   sus padres / pintar   su hermana / cuidar

8 Here is an old postcard Javi sent to his parents when he visited Argentina many years ago, but parts of it have faded. Fill in the missing verbs with the ones from the list. Use the correct form of the preterit.

estar ○ querer ○ dar ○ ir ○ ser ○ ponerse ○ decir ○ tener

Buenos Aires, 11 de julio de 1982

Queridos papá y mamá:

Llevo tres días en Buenos Aires y lo estoy pasando muy bien. Es muy cosmopolita. El primer día (a) .... mi primera clase de Historia de Hispanoamérica. Después, (b) .... con otros muchachos a la plaza de Mayo. Es inmensa. (c) .... el abrigo porque aquí hace frío en esta época. Un argentino me (d) .... de un restaurante muy barato donde se come muy bien. El segundo día (e) .... en la Catedral Metropolitana. Después, (f) .... tomar mate, que es una bebida típica argentina similar al té. Anoche una muchacha me (g) .... una invitación para ir a una fiesta y bailar tangos. ¡(h) .... una fiesta increíble!

Nos vemos pronto. Un abrazo para los dos.

Fernando.

9 👥 **Write an e-mail in Spanish about a trip you have taken. Use the postcard in Activity 8 as a model. Then exchange your e-mail with a partner for peer editing. Did your partner use the correct verb forms?**

●●●	Asunto:
De:	Para:

3. LONG FORM POSSESSIVES

- As you have learned, possessive adjectives (**mi**, **tu**, **su**...) express ownership and are placed before the noun in both Spanish and English.

- You can also show possession with the long form of adjectives and pronouns.

Singular		Plural		
Masculine	**Feminine**	**Masculine**	**Feminine**	
mío	mía	míos	mías	(of) mine
tuyo	tuya	tuyos	tuyas	(of) yours
suyo	suya	suyos	suyas	(of) yours/his/hers
nuestro	nuestra	nuestros	nuestras	(of) ours
vuestro	vuestra	vuestros	vuestras	(of) yours (Spain)
suyo	suya	suyos	suyas	(of) yours/theirs

- Long form possessive adjectives are used for emphasis or contrast and correspond to the English expressions *of mine*, *of yours*, etc. They also follow the noun.

- As pronouns, they replace the noun.

Possessive adjective	Possessive pronoun
Mi *casa es blanca. My house is white.*	*Y la* **mía** *es azul. And mine is blue.*

- As both pronouns and adjectives, long form possessives must agree with the noun in number and gender.
  - » *Es un error* **tuyo**. *This error is yours. (adjective)*
  - » ¿**Mío**? *Mine? (pronoun)*
  - » *Sí,* **tuyo**. *Yes, yours. (pronoun)*

10 This teacher wants the class to clean up the mess they made after working on a project. Choose the correct response to her questions.

1. Enrique, ¿son tuyas estas tijeras?

   a. Sí, son tuyas.   b. Sí, son mías.

2. ¿Es esta regla de Pedro?

   a. Sí, es suya.   b. Sí, es mía.

3. La carpeta amarilla, ¿es de Alicia?

   a. No, es tuya.   b. No, no es suya.

4. ¿Estas pinturas son tuyas?

   a. No, las nuestras están ahí.   b. No, las mías están ahí.

5. Este póster, ¿es tuyo?

   a. No, no es suyo. Usted tiene el suyo.   b. No, no es mío. Usted tiene el mío.

11 Complete the conversation between Carlos and his sister Eva with the correct long form possessives.

Carlos: Eva, esta noche viene mamá y tenemos que limpiar la casa.

Eva: Muy bien. A ver, las camas. Yo hice la (a) .... Carlos, ¿hiciste la (b) .... y la de papá?

C.: No. Ahora hago la (c) ...., pero la (d) .... la quiere hacer papá. Quiere sorprender a mamá con sábanas (sheets) nuevas.

E.: También tenemos que ordenar el salón. Hay cosas por todas partes. Mira, esas botas, ¿son (e) ....? No las conozco.

C.: Sí, son (f) .... Es que se las cambié a un amigo (g) .... porque a él le gustan más las (h) .... y a mí me gustan más las (i) ...., je, je, je.

12  The following items were found in your classroom at the end of the year. Take turns with a partner role playing the following conversation about whose items they are.

Modelo: el abrigo / rojo

   E1: ¿Es tuyo ese abrigo?
   E2: No, no es mío.
   E1: ¿Seguro?
   E2: Claro que estoy seguro. El mío es rojo.

a. la gorra / de los Yankees
b. el paraguas / negro
c. los guantes / amarillos
d. la calculadora / más moderna

 **MORE IN ELETECA:** EXTRA ONLINE PRACTICE ◆ **GRAMMAR TUTORIALS** 3 AND 4

DESTREZAS

1 You will listen to five radio recordings. Before you listen, review the listening strategy in Destrezas and follow the suggestion.

Destrezas

Listen for a purpose

To help focus your attention on the information you need, identify the topic ahead of time and then listen for that specific content.

Read through each set of questions and answers in Activity 2 and list the topic you need to focus on for each one.

1. ....   4. ....
2. ....   5. ....
3. ....

2 🎧 18 Listen to a news update on the radio that also includes commercials. Then select the correct response to complete the sentences.

1. El tiempo para esta jornada va a ser...

  a. con lluvia en el norte y buen tiempo en la zona centro.

  b. con nubes en el centro y viento en el este.

  c. con calor en el sur y frío en el este.

2. Operaron al Rey Juan Carlos...

  a. del hígado.

  b. del pulmón.

  c. del estómago.

3. ¿Qué aparatos menciona el anuncio?

  a. Una computadora, un portátil y un celular.

  b. Una computadora, un teléfono fijo y un celular.

  c. Un celular, una computadora y una agenda.

4. El anuncio dice que el concierto de Maná va a ser...

  a. inolvidable.

  b. único.

  c. insuperable.

5. Deportes Pereda tiene descuentos de un...

  a. 30%.   **b.** 50%.   **c.** 70%.

3 In this listening activity, you will hear José talk about the people who live in his building. Before you listen, read the strategy in Destrezas and follow the suggestion.

Destrezas

Making a graphic organizer

Drawing a diagram can help you understand how things are related. In this case, it will help you identify who these people are, where they live and any other information you will need about them.

Copy down the names of the people from Activity 4 you need to focus on. Then, as you listen, be ready to fill in the correct spot on the diagram for each one according to the floor they live on.

	Los vecinos	Otra información
Quinto piso		
Cuarto piso		
Tercer piso		
Segundo piso		
Primer piso		

4 🎧 **19** **Listen to José talk about his neighbors. Then match the people with their description.**

1. José	**a.** Salió de la ciudad.
2. María	**b.** Vive en el cuarto.
3. Jacob y Lucía	**c.** Vive con su hermana.
4. Ana	**d.** Empezó a trabajar recientemente.
5. Inma	**e.** Se mudó recientemente.
6. Adrián	**f.** Volvió más tarde de las diez.
7. Marta	**g.** Estuvieron doce horas fuera de casa.

PRONUNCIACIÓN Las palabras llanas

■ In Spanish, *palabras llanas* are words that have the stress on the second from the last syllable.

1 🎧 **20** **Listen to the following words. Notice how the stress falls on the penultimate syllable of each word.**

a. azúcar	**c.** árbol	**e.** dibujo	**g.** libro	**i.** planta	**k.** útil
b. cara	**d.** difícil	**f.** botella	**h.** móvil	**j.** brazo	**l.** lápiz

2 **Now classify the words from Activity 1 according to whether they have a written accent or not.**

A. Con tilde	**B. Sin tilde**

 MORE IN ELETECA: EXTRA ONLINE PRACTICE

LA EDUCACIÓN

La educación es importante en los países de habla hispana... pero también es un reto.

LA EDUCACIÓN EN EL MUNDO HISPANO

La educación en los países de habla hispana es importante. Pero la crisis económica ha influenciado el número de estudiantes que abandonan los estudios. Además *(furthermore)*, en las zonas rurales o en las comunidades menos privilegiadas, incrementar el acceso a la educación todavía es un reto *(challenge)*.

✓ En América Latina el 30% de niños entre cuatro y ocho años no va a la escuela. En las zonas más vulnerables (indígenas, pobres o rurales), esta cifra es del 50%.

✓ En América Latina el 80% de niños entre trece y diecisiete años va a la escuela.

✓ En México, el 87% de la población completa la escuela primaria. El 55% completa la escuela secundaria. En Guatemala y Nicaragua, solo el 30% completa la secundaria, mientras que en Chile la completa un 80%, el índice *(index)* más alto de toda la región.

✓ El 50% de los estudiantes de secundaria en Argentina completa su educación y únicamente el 27% de los estudiantes que van a la universidad se licencian *(get a degree)*.

✓ En España, el 64% de los estudiantes completan la secundaria. El 50% de los estudiantes universitarios se licencia; el resto abandona la universidad.

La Universidad Nacional Autónoma de México, en Ciudad de México.

La Universidad de Salamanca, España, es la más antigua de España y una de las cuatro más antiguas de Europa (año 1218).

Dos estudiantes de la Universidad Nacional Autónoma de México, Ciudad de México

Un grupo de niños va a su escuela rural en Cusco, Perú.

¡Qué interesante! ESCUELAS DE ESPAÑOL EN GUANAJUATO

✓ Guanajuato es la capital del estado mexicano de Guanajuato, en el centro-norte del país.

✓ Tiene una población de 171.800 habitantes.

✓ Es una ciudad universitaria, con una intensa vida cultural. Allí viven más de cuarenta mil estudiantes.

✓ En Guanajuato hay muchas escuelas de español: muchos alumnos extranjeros viajan hasta esta ciudad mexicana para aprender el idioma. «Guanajuato es el equivalente mexicano de la Universidad de Salamanca en España. Los estudiantes que quieren aprender español en América Latina viajan hasta aquí. Tenemos historia y los mejores profesores», dicen en la Escuela Mexicana de Guanajuato.

Vistas de la Ciudad de Guanajuato

🎧 21 Mi experiencia

«Hola, yo soy Fede y vivo en Buenos Aires, Argentina. Tengo diecisiete años y estudio Física en la Escuela Técnica Número 19 de mi ciudad. ¡Mi sueño (dream) es ser físico! Las escuelas de educación en Argentina son instituciones dedicadas a la formación de técnicos en electrónica, electromecánica, automotores, química, física, matemáticas, etc. Yo estudié seis años de primaria y ahora debo completar otros seis en la escuela técnica. Los alumnos que no asisten a la escuela técnica deben estudiar seis de primaria y luego solo cinco de secundaria. La escuela de educación técnica en mi país tiene muy buena reputación porque... ¡somos los mejores estudiantes!».

Fede está en el último curso de Física.

¿COMPRENDISTE?

Connect the following sentences.

1 El año pasado, un alto porcentaje de estudiantes chilenos...

2 El acceso a la educación en zonas más vulnerables...

3 El 50% de los estudiantes universitarios en España...

4 Cientos de estudiantes extranjeros...

5 Muchos estudiantes argentinos...

a fue afectado por la crisis económica.

b fueron a la universidad.

c quisieron estudiar español en Guanajuato, México.

d no pudieron completar sus estudios.

e tuvieron buenos resultados en la escuela técnica.

AHORA TÚ

What do you think? Answer the following questions and discuss your ideas with other students.

1 ¿Qué estadística te parece más alarmante? ¿Por qué?

_____

2 ¿Crees que más gente termina la educación secundaria y universitaria en tu país?

_____

3 ¿Qué planes tienes para tu educación? ¿Quieres ir a la universidad, a una escuela técnica o tomar otras opciones?

_____

4 ¿Hay protestas de estudiantes en tu país? ¿Contra qué protestan?

_____

5 En tu país, ¿existe el derecho a la educación?

_____

El rincón de las Ciencias Sociales
PROTESTAS EN COLOMBIA

En 2011 miles de estudiantes colombianos salieron a las calles para protestar. Tal y como (Just as) pasó en otros países del mundo hispano como España, Argentina y Chile, los estudiantes y profesores de Colombia protestaron contra los proyectos de reforma educativa de su gobierno, entre ellos, no garantizar el derecho (right) a la educación, cortar presupuestos (budgets) y privatizar universidades... «Las protestas fueron importantes. Muchos medios de comunicación hablaron de ellas», dijo María Dulce, una estudiante colombiana.

Una chica protesta contra la reforma educativa en Colombia.

VOCES LATINAS ▶
LA EDUCACIÓN EN AMÉRICA LATINA

Fuentes: Ministerios de Educación de México, España, Argentina, Chile, Guatemala, Nicaragua, Informe de Educación en América Latina por la UNESCO, Gobierno del Estado de Guanajuato, Universidad de Salamanca, Escuela Técnica 19 de Buenos Aires, *El País, La Nación*, BBC International.

1 🎧 **22 Read the following text about José's famous neighbor.**

Mi vecino famoso

Hay una persona a la que admiro muchísimo. Para mí es mi vecino Carlos, para el resto del mundo es el prestigioso oceanógrafo y explorador Carlos de la Llave. Me gusta porque disfruta mucho con el trabajo que hace. Pero también lo admiro porque, aunque es una persona muy popular, él se comporta de una manera sencilla, sin aires de grandeza (*grandeur*) ni de estrella. La verdad es que su vida es fascinante: trabajó en programas de televisión, escribió artículos en periódicos, lo vimos en reportajes en revistas, escuchamos sus entrevistas en la radio y seguimos sus aventuras en su blog de Internet.

Carlos estuvo en lugares tan exóticos como el Amazonas o el Polo Norte, vivió con tribus en África y habla muchos idiomas. Pero siempre que vuelve de sus viajes tiene un poco de tiempo para sus vecinos. Nos reunimos en su casa y vemos sus últimas fotos y videos. Las preguntas son continuas: «¿Viste pingüinos? ¿Estuviste en algún tipo de peligro (*danger*)?». Pero él responde a todas con paciencia y afecto. Sabe que la fama no lo es todo y que los momentos felices son, a veces, los más simples, pero son los que vives con aquellas personas que quieres de verdad.

2 **Answer the following questions about the reading.**

a. ¿Qué relación tiene el narrador con Carlos?

....

b. ¿En qué trabaja Carlos?

....

c. ¿Por qué lo admira tanto el narrador?

....

d. ¿Qué hacen los vecinos con Carlos cuando vuelve de sus viajes?

....

e. ¿Con quién pasa Carlos sus mejores momentos?

....

3 **Read the text again and list all the words related to means of communication.**

4 **List four of Carlos's experiences mentioned in the reading.**

a. ....

b. ....

c. ....

d. ....

5 **Based on what you know about Carlos, list five other things you think he did on his travels. Then share your ideas with a partner.**

a. ....

b. ....

c. ....

d. ....

e. ....

Precaución

TALKING ABOUT WHERE YOU WENT

1 Fill in the blanks with the correct form of *ir* in the preterit to describe where Javi and his family went last weekend.

Este fin de semana (a) .... a visitar a mis abuelos. Mi hermana (b) .... a visitar a mi tía. Mis padres no (c) .... a visitar a nadie. Se quedaron en la casa. Hace un mes todos nosotros (d) .... de visita a San Antonio. Y mis vecinos (e) .... de visita a San Francisco, ¿adónde (f) .... tú este fin de semana?

2 Decide if the following statements are true (T) or false (F) according to the reading in Activity 1.

	T	F
a. Javi fue a visitar a su tía.	☐	☐
b. La hermana de Javi fue a visitar a sus abuelos.	☐	☐
c. Los padres de Javi fueron a Nueva York.	☐	☐
d. Toda la familia fue de visita a San Antonio hace un mes.	☐	☐
e. Los vecinos fueron a San Francisco.	☐	☐

LOS MEDIOS DE COMUNICACIÓN

3 Answer the following questions about different means of communication.

a. ¿Qué es un titular? ....

....

b. ¿Cuál es tu medio de comunicación favorito? ....

c. ¿Cómo se llama la persona que trabaja en prensa? ....

d. ¿Qué revistas te gusta leer? ....

....

e. ¿Cómo se llama la primera página de un periódico? ....

PRETERIT OF IRREGULAR VERBS

4 Fill in the blanks with the correct preterit form of the verb in parenthesis.

a. Ayer nosotros (ir) .... al museo con la maestra.

b. Nuestro viaje (ser) .... fantástico.

c. Julia y Ester (ser) .... muy buenas amigas el año pasado.

d. El mes pasado mi hermana y yo (ir) .... a Nueva York.

e. ¿Adónde (ir) .... tú hoy por la mañana?

f. Daniel y Miguel (ser) .... vecinos míos.

g. Marta (ir) .... a visitar a sus abuelos el verano pasado.

h. ¿Qué personaje (ser) .... tú en la obra de teatro?

5 **Read the following pairs of sentences and determine from the context which sentence in each pair uses a preterit form of *ser* and which uses a preterit form of *ir*.**

a. Julio fue a la playa ayer. ....

Julio fue el primero en llegar a la playa. ....

b. Marta no fue al parque la semana pasada. ....

Marta no fue la amiga que yo vi en el parque. ....

c. El año pasado yo fui campeón de fútbol. ....

El año pasado yo fui a muchos juegos de fútbol. ....

d. La semana pasada fuimos en avión a Los Ángeles. ....

La semana pasada fuimos turistas en Los Ángeles. ....

6 **Write the infinitive and identify the subject of each sentence below.**

a. Ayer *fuimos* al cine. ➡ Nosotros, ir...

b. Anoche no *pude* hacer los deberes. ➡ ....

c. El año pasado el curso *fue* muy difícil. ➡ ....

d. ¿Dónde *estuvieron* ustedes el domingo? ➡ ....

e. ¿Qué *dijiste* al ver tu nueva habitación? ➡ ....

f. ¿Sabes qué *hicieron* los muchachos después del partido? ➡ ....

LONG FORM POSSESSIVES

7 **Select the correct option.**

a. Estas gafas son las **mías** / **míos**.

b. Vi a Miguel con unos amigos **sus** / **suyos**.

c. Terminé mi libro. Quiero leer el **mío** / **tuyo**.

d. » ¿Es **tuya** / **mía** esta taza?

   » No, el **mío** / **la mía** es de plástico.

CULTURA

8 **Answer the following questions according to the information you learned in *La educación*.**

a. ¿En qué zonas hay menos acceso a la educación?

b. Según la información del texto, ¿es verdadera o falsa la siguiente afirmación?: *La mayoría de los niños tiene acceso a la educación y va la escuela.*

c. ¿Dónde está la Universidad de Guanajuato y por qué es muy conocida?

d. ¿A qué tipo de institución van los estudiantes argentinos que prefieren estudiar Automotores y Física?

e. ¿Qué hacen los profesores y los estudiantes cuando hay reformas en la educación que no consideran apropiadas?

MORE IN ELETECA: EXTRA ONLINE PRACTICE

Verbos

andar *to walk (around)*
dar *to give*
divertirse (e > ie) *to have fun*
estar ocupado/a *to be busy*
mudarse *to move (to a different address)*
ponerse *to put on*

Los medios de comunicación

el anuncio *ad / commercial*

el artículo *article*
el canal *channel / network*
el documental *documentary*
la entrevista *interview*
el informativo *news brief*
las noticias *news*
las noticias de los famosos *celebrity news*
la página *page, web page*
el periódico *newspaper*
el periódico digital *digital newspaper*

el / la periodista *journalist*

la portada *cover*
la prensa *press*
la prensa deportiva *sports publications*
el / la presentador/a *presenter/ broadcaster*
el programa *program*
la red social *social network*
el reportaje *report*
la revista *magazine*

la revista de información científica *science news magazine*

Las noticias de prensa

el cuerpo de la noticia *main body text*
la entrada *introduction*
las noticias del día *today's news*
la primera página *front page*
el subtítulo *lead or subhead*
el titular *headline*

Las personas

el / la concursante *contestant*
los famosos *famous people*

el lector *reader*
el personaje *personality, character*

Expresiones útiles

¿adónde? *where (to)?*
la entrada *ticket (for a movie, show)*
el extranjero *abroad*
seguro *sure, for sure*

Titular	
headline	

Aumenta el número de becas para estudiar en el extranjero

El Gobierno quiere promocionar el intercambio cultural y el aprendizaje de lenguas entre los jóvenes

Subtítulo	
subhead	

Esta semana el Ministerio de Educación publicó una nueva convocatoria de becas dirigidas a estudiantes del último año de Secundaria para iniciar sus estudios en universidades de países hispanos.

Entrada	
opening paragraph summarizing the facts	

La ministra de Educación anunció su objetivo de mejorar la formación académica y lingüística de los estudiantes y las relaciones culturales entre Estados Unidos y los países hispanos.

Cuerpo de la noticia	
part of the article containing details of the news in order of importance	

PRETERIT OF IRREGULAR VERBS

(See page 70)

	SER / IR	DAR
yo	**fui**	**di**
tú	**fuiste**	**diste**
usted/él/ella	**fue**	**dio**
nosotros/as	**fuimos**	**dimos**
vosotros/as	**fuisteis**	**disteis**
ustedes/ellos/ellas	**fueron**	**dieron**

VERBS WITH IRREGULAR PRETERIT STEMS

(See page 71)

New stem [u]		Endings	
andar	**anduv-**		anduve, anduviste, anduvo, anduvimos, anduvisteis, anduvieron
estar	**estuv-**	-e	estuve, estuviste, estuvo, estuvimos, estuvisteis, estuvieron
poner	**pus-**	-iste	puse, pusiste, puso, pusimos, pusisteis, pusieron
poder	**pud-**	-o	pude, pudiste, pudo, pudimos, pudisteis, pudieron
tener	**tuv-**	-imos	tuve, tuviste, tuvo, tuvimos, tuvisteis, tuvieron
New stem [i]		-isteis	
hacer	**hic/z-**	-ieron	hice, hiciste, hizo, hicimos, hicisteis, hicieron
querer	**quis-**		quise, quisiste, quiso, quisimos, quisisteis, quisieron
venir	**vin-**		vine, viniste, vino, vinimos, vinisteis, vinieron

LONG FORM POSSESSIVES

(See page 74)

Singular		Plural	
Masculine	Feminine	Masculine	Feminine
mío	mía	míos	mías
tuyo	tuya	tuyos	tuyas
suyo	suya	suyos	suyas
nuestro	nuestra	nuestros	nuestras
vuestro	vuestra	vuestros	vuestras
suyo	suya	suyos	suyas

1 🎧 **23** Listen and answer the following questions.

a. ¿Dónde estuvo la madre de Isabel?

b. ¿Qué hizo?

c. ¿Qué vio todos los días?

d. ¿Qué lugares visitó?

e. ¿Qué hizo esta semana Isabel en casa?

f. ¿Y en la escuela?

2 Read the list of possible actions and list under the appropriate heading below what you did last weekend and what you did today.

- ir al parque ✔
- llegar a clase
- desayunar
- abrir el libro de español
- cenar en un restaurante
- hablar con mis compañeros
- decir hola a mi profesor
- volver a casa
- terminar las clases
- jugar con la computadora
- acostarse tarde

¿Qué hice?	
El fin de semana pasado	**Hoy**
Fui al parque.	

3 Fill in the blanks with the correct preterit form of the verb in parenthesis. Check your answers with a partner.

> Hoy (a) .... (llegar) tarde a clase porque mi hermano Ricardo (b) .... (romper) mis gafas. Después (c) .... (ir) a la óptica y me (d) .... (hacer) unas gafas nuevas. Hace diez minutos que (e) .... (descubrir) que me las (f) .... (graduar) mal, me las (g) .... (poner) al llegar y no (h) .... (conocer) a mi profesor de Español. Hace un minuto mi profesor me (i) .... (decir) que puedo salir de clase antes para volver a la óptica. ¡Qué mañana tan complicada (j) .... (tener)!

4 Match the parts to make complete sentences. Then read the sentences aloud with a partner.

1. Mi abuelo viajó...
2. La semana pasada fui...
3. El año pasado mis padres...
4. La semana pasada mi hermana...
5. El lunes fue el...
6. Ayer en la escuela...

a. cumpleaños de mi madre.
b. en globo en 1967.
c. ganó un concurso de poesía.
d. al campo de excursión.
e. tuve un examen de Matemáticas.
f. hicieron un viaje por México.

5 Look at the sentences from the activity above and find the following:

a. Dos verbos en pretérito irregulares en la raíz: .... y ....
b. Dos verbos que se conjugan igual en pretérito: .... y ....
c. Dos verbos regulares en pretérito: .... y ....

6 Write a paragraph with your answers to the following questions.

a. ¿Cuándo fue el último viaje que hiciste?
b. ¿Adónde fuiste?
c. ¿Con quién fuiste?
d. ¿Cómo lo pasaste?
e. ¿Qué viste?
f. ¿Qué cosas hiciste?
g. ¿Qué no te gustó nada del viaje?
h. ¿Qué fue lo que más te gustó?

De compras en el centro comercial

≫ ¿Te gusta ir de compras?

≫ ¿Adónde vas de compras normalmente?

≫ ¿Qué te gusta comprar?

In this unit, you will learn to:

- Talk about stores and shopping for gifts
- Ask for an item and how much it costs
- Use typical phrases in a phone conversation
- Talk about new technologies

Using

- *Ser* and *estar*
- Present progressive (*estar* + present participle)
- Commands

Cultural Connections

- Share information about different ways to use the Internet and compare cultural similarities

¡ACCIÓN!

SABOR HISPANO

- ¡Una región conectada!

1 Look at this image of Manuel shopping with his sister Isabel. Then decide whether the statements are true (T) or false (F) based on what you see or can infer from the image.

	T	F
a. Manuel y su hermana Isabel van a entrar en el centro comercial.	☐	☐
b. Ellos compraron mucha comida en el supermercado.	☐	☐
c. Ahora Manuel está aburrido.	☐	☐
d. Están comiendo en un restaurante.	☐	☐
e. Manuel recibió un mensaje de texto en su celular.	☐	☐
f. Isabel no tiene bolsas.	☐	☐

2 🎧 24 Fill in the blanks with words from the list. Then listen to the conversation between Manuel and his sister to check your answers.

> en efectivo o quién o cuánto cuesta o de rebajas o contestó o qué o diga o tan

Manuel: Mira, Isabel, ¡qué camiseta
(a) .... bonita hay en esa tienda!

Isabel: Sí, es verdad. Me encanta ese color. ¿Entramos y la compramos?

Manuel: Sí, vamos.

(Entran en la tienda)

Dependiente: Hola, buenos días.

Manuel: Hola, buenos días. ¿(b) ....
aquella camiseta roja de allí?

Dependiente: 12 €.

Isabel: ¡(c) .... barata!

Manuel: Sí, me gusta para papá. Nos la llevamos.

Isabel: También estamos buscando un cinturón del mismo color.

Dependiente: Miren, allí están los cinturones y todos están (d) ....

Isabel: Manuel, mira este cinturón rojo oscuro. Es perfecto.

Manuel: Entonces, nos llevamos este cinturón y la camiseta. ¿Nos dice cuánto es?

Dependiente: Son 21,50 €. ¿Van a pagar
(e) ....?

Isabel: Sí. Aquí está.

Dependiente: Muy bien, muchas gracias. Hasta luego.

Isabel y Manuel: Adiós.

(Ring ring)

Manuel: ¿(f) ....? Hola, mamá. Dime. Sí, estamos aquí en el centro comercial. Encontramos el regalo de cumpleaños para papá. Vamos a mandarte una foto de lo que compramos, ¿vale? Ya vamos para allá.

Isabel: ¿(g) .... es?

Manuel: Es mamá. Dice que papá va a llegar a las seis y que ella está preparando la cena. Mira, vamos a mandarle una foto de la camiseta y el cinturón para ver si le gusta.

(Bing –sonido de mensaje recibido)

Isabel: ¿Ya te (h) ....?

Manuel: Sí, ¡dice que le encantan!

Isabel: Vámonos ya para la casa que papá está a punto de llegar.

3 🎧 **24** **Listen to the conversation again and choose the correct response.**

1. En este momento Manuel e Isabel...

   a. ⬜ están de compras.

   b. ⬜ están en casa.

2. Hoy es...

   a. ⬜ el santo de su padre.

   b. ⬜ el cumpleaños de su padre.

3. El cinturón cuesta...

   a. ⬜ 9,50 €.

   b. ⬜ 21,50 €.

4. Javi y su madre...

   a. ⬜ están hablando por teléfono.

   b. ⬜ están mandando textos.

5. Isabel paga...

   a. ⬜ con dinero.

   b. ⬜ con tarjeta.

6. Su madre llama para saber...

   a. ⬜ qué tal están.

   b. ⬜ cuándo vuelven.

4 **Look at the images and match them with the correct sentences to describe what the people are doing at this moment.**

a. Están bailando. .... ⬜

b. Está estudiando. .... ⬜

c. Están comiendo. .... ⬜

d. Está comprando. .... ⬜

e. Está escribiendo. .... ⬜

5 👥 **With a partner, look around the classroom and identify classmates doing the following things at this moment. Use *nadie* if no one is. Then share your observations with the class.**

Compañero/a de clase

a. ¿Quién está hablando? ....

b. ¿Quién está escuchando a su compañero/a? ....

c. ¿Quién está mirando sus mensajes de texto en el teléfono celular? ....

d. ¿Quién está bebiendo agua o café? ....

e. ¿Quién está corriendo por la clase? ....

f. ¿Quién está trabajando mucho? ....

COMUNICA

ASKING HOW MUCH SOMETHING COSTS

- To ask **how much** something **costs**:

  ¿**Cuánto cuesta** el celular? *How much is the cell phone?*

  ¿**Cuánto cuestan** los celulares? *How much are the cell phones?*

  ¿**Qué precio tiene**? *What is the price?*

  ¿Me podría **decir el precio**? *Could you tell me the price?*

- To ask what the **total** of your purchase is:

  ¿**Cuánto es?** *How much is it?*

- What the salesperson asks to find out the **method of payment**:

  ¿**Cómo va a pagar?** *How are you paying?*

  ¿Va a pagar con **tarjeta** o **en efectivo**? *Are you going to pay with a credit card or cash?*

Tarjeta de crédito

Dinero en efectivo

---

1 **With a partner, match the parts of the conversation between Pablo and the salesperson at the store.**

¿Cuál te gusta más?

- **Method of payment:**
  - Con tarjeta de crédito
  - Con tarjeta de débito
  - En efectivo
  - Con una tarjeta de regalo

 **La dependienta**

1. Buenos días. ¿Necesita ayuda?
2. ¿Qué color prefiere?
3. El color gris es muy popular. Está muy de moda.
4. Cuesta quinientos pesos.
5. Pues... la amarilla cuesta menos.
6. Muy bien. ¿Va a pagar con tarjeta o en efectivo?

Pablo

a. ⃝ ¡Uy! ¡Qué cara es!
b. ⃝ Entonces, voy a comprar la amarilla.
c. ⃝ Sí, quiero comprarme una chaqueta nueva.
d. ⃝ No sé, no puedo decidir entre la gris y la amarilla.
e. ⃝ Con tarjeta de débito.
f. ⃝ Está bien. Me llevo la gris. ¿Cuánto cuesta?

2 🎧 **25** **Listen to the conversation and answer the questions.**

    a. ¿Dónde está Teresa?

    b. ¿Qué quiere comprar?

    c. ¿Cuánto cuesta el celular Mokia?

    d. ¿Por qué es tan caro?

    e. ¿Cuánto cuesta la funda (case) del celular?

    f. ¿Qué compra finalmente?

3 👥 **With a partner, take turns describing the images below using *más* with adjectives to emphasize their qualities.**

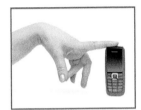    

Modelo:
¡Qué celular más pequeño!

4 👥 **With a partner, role play a conversation between a customer and a salesperson. Decide what role each of you will play and use the cues provided.**

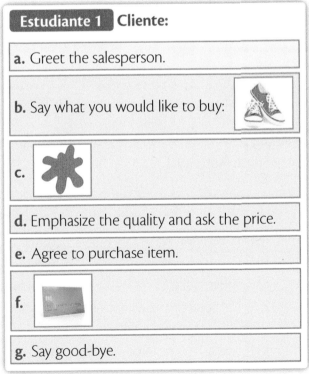

Estudiante 1 Cliente:

a. Greet the salesperson.

b. Say what you would like to buy:

c.

d. Emphasize the quality and ask the price.

e. Agree to purchase item.

f.

g. Say good-bye.

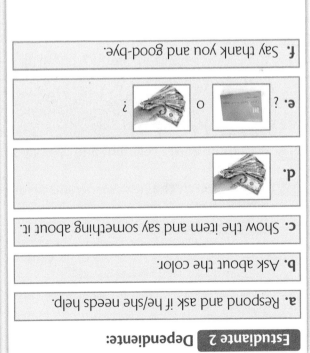

Estudiante 2 Dependiente:

a. Respond and ask if he/she needs help.

b. Ask about the color.

c. Show the item and say something about it.

d.

e. ¿   o   ?

f. Say thank you and good-bye.

 MORE IN ELETECA: EXTRA ONLINE PRACTICE

1.

2.

3.

4.

5.

6.

ANTES DEL VIDEO

1 First, arrange the images above in the order in which you think they will appear. Make your best guesses. Then, compare your answers with a partner. Write a brief description for each image to help move the story along.

Orden	Imagen	¿Qué pasa?
Primera		
Segunda		
Tercera		
Cuarta		
Quinta		
Sexta		

DURANTE EL VIDEO

2 Watch the entire segment and check your answers to Activity 1.

3 Watch the next scene and arrange the sentences in the order in which they occur in the episode.

00:00 - 03:45

a. ☐ ¿Cuánto cuesta?

b. ☐ Sí, son un poco más caras, pero me gustan. Muy bien, me llevo estas dos.

c. ☐ ¡Oh! Me gusta mucho este jarrón.

d. ☐ ¿Le gustan? Son artesanales, son un poco más caras porque están hechas a mano.

e. ☐ Es muy barato, solo cuesta treinta y cinco dólares.

f. ☐ Sí, son bellísimas. ¿Me podría decir el precio?

g. ☐ Claro. Son ochenta y nueve dólares.

h. ☐ He visto que pone "rebajas" en el letrero de la puerta. ¿Están todos los artículos rebajados?

i. ☐ En total son 1.528 dólares. ¿Va a pagar en efectivo o con tarjeta?

j. ☐ Hola, buenas tardes, ¿en qué puedo ayudarle?

k. ☐ No todo lo que hay en la tienda. Solo algunas cosas están rebajadas de precio. Otras no.

4 **Choose the correct option.**
  a. A Lorena el jarrón le parece **caro/barato**.
  b. Lorena **compra un regalo para su amiga/necesita decorar su apartamento**.
  c. **Toda la tienda está en rebajas/Solo algunos artículos están rebajados**.
  d. Lorena busca objetos solo **baratos/interesantes**.
  e. Las lámparas son **artísticas/artesanales**.
  f. Quiere una alfombra **para su dormitorio/para el salón**.
  g. Lorena **no se lleva/se lleva** una alfombra.

5 Watch the next scene and check off the sentences you hear.

03:45 - 05:26

	Sí	No
a. ¿Está Eli?	☐	☐
b. ¿Dime?	☐	☐
c. ¿Puedo hablar con Eli?	☐	☐
d. No sé dónde está. ¿Quieres que le diga algo?	☐	☐
e. Tengo tres llamadas perdidas.	☐	☐
f. El número al que llama se encuentra apagado o fuera de cobertura. Puede dejar su mensaje después de oír la señal.	☐	☐
g. ¿De parte de quién?	☐	☐
h. El número que usted ha marcado no existe. Por favor, verifíquelo.	☐	☐
i. Vale, cuelga, y te llamo ahora.	☐	☐
j. ¡No lo puedo creer! ¡Tengo el número equivocado!	☐	☐

6 **Answer the questions about the segment.**
  a. ¿A cuántas personas llama Lorena?
  b. ¿Consigue hablar con las personas a las que llama?
  c. ¿Con quién habla?

DESPUÉS DEL VIDEO

7 Answer the following questions about shopping and discuss your preferences with a partner.
  a. ¿Con qué frecuencia vas de compras?
  b. ¿Cuáles son tus tiendas preferidas?
  c. ¿Compras en Internet? ¿Qué?
  d. Cuando vas a comprar, ¿prefieres ir solo o con amigos?

8 Role play the following situation with a partner. Then present it to the class.

Estudiante A	Estudiante B
Vas a decorar tu apartamento y necesitas algunos objetos para el salón y tu dormitorio. Vas a la tienda de muebles.	Trabajas como empleado/a en una tienda de decoración. Atiende a tus clientes.

MORE IN ELETECA: EXTRA ONLINE PRACTICE

1 🎧 **26** **Listen to the audio describing different types of stores. Then match the expression to its definition.**

El centro comercial tiene...

• tiendas especializadas:

librería · perfumería · tienda de ropa · zapatería · tienda de electrónica

• grandes almacenes:

> Grandes almacenes = tienda departamental, tienda por departamentos, almacén.

El supermercado tiene...

• diferentes secciones:

carnicería · panadería · frutería · pastelería

1. hacer la compra

2. ir de compras

3. tienda de electrónica

4. tiendas especializadas

5. centro comercial

a. Comercios independientes que se dedican a vender productos específicos.

b. Comprar comida, bebida y otros productos de primera necesidad.

c. Conjunto de tiendas especializadas y uno o dos grandes almacenes dentro de un edificio.

d. Comprar ropa, electrónica y otros objetos.

e. Venden allí videojuegos, música, celulares y muchos otros aparatos.

2 **Fill in the blanks with a type of store.**

a. Los viernes por la tarde me reúno con mis amigos en el ....

b. Para el Día de las Madres, compré una crema para mamá en la ....

c. A mi mamá le gusta ir al .... para hacer la compra.

d. En la .... de cerca de casa venden excelente carne.

e. Prefiero comprar manzanas en la .... de la esquina.

f. Las faldas en esa .... están de rebajas.

g. Los domingos compramos una tarta de chocolate en la ....

h. Después de clases, Espe trabaja en una .... ordenando libros.

3 Answer the following questions about your shopping preferences. Then, in small groups, take turns asking others classmates for their opinions. Report back to the class. What do you have in common?

a. ¿Qué tienda tiene buenos precios en electrónica? ¿Qué compras allí?

b. ¿Qué tienda siempre tiene muchas rebajas en ropa? ¿Te gusta comprar allí?

c. ¿Qué centro comercial de tu zona es más divertido? ¿Por qué?

d. ¿A qué tienda no vas nunca? ¿Por qué?

e. ¿Prefieres comprar en grandes almacenes o en tiendas especializadas?

4 🎧 27 Follow along as you listen to the following phone conversations and exchanges. Then select the conversation that answers the questions below.

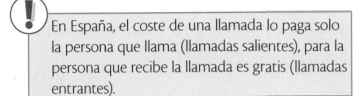

❗ En España, el coste de una llamada lo paga solo la persona que llama (llamadas salientes), para la persona que recibe la llamada es gratis (llamadas entrantes).

 ■ ¿Dígame? = ¿Bueno?, ¿Aló?, ¿Sí?

(1.)

» **Dime**, Pedro.

» Oye, llámame que tengo que contarte una cosa y tengo muy pocos minutos en mi cuenta (account) de teléfono.

» Vale, cuelga y te llamo ahora.

(2.)

» El teléfono al que llama está apagado o fuera de cobertura (range). Puede dejar un mensaje después de la señal.

(3.)

» **¿Diga?**

» Hola, **¿puedo hablar con Paco?**

» ¿Quién? Lo siento, **tienes el número equivocado**.

» Perdón.

(4.)

» ¡Oh! **Tengo tres llamadas perdidas** de María.

» ¿Cuándo te llamó?

» No lo sé, no lo escuché.

(5.)

» **¿Dígame?**

» Buenos días, **¿está** Javi?

» No, no está. **¿De parte de quién?**

» Soy Carla.

» Hola, soy su madre. **¿Le digo algo?**

» **Sí, dígale** que lo llamé, por favor.

(6.)

» El celular de César suena ocupado.

» Pues mándale un mensaje de texto.

a. ☐ ¿En qué llamada la otra persona está hablando por teléfono?

b. ☐ ¿En qué llamada no está la persona que busca?

c. ☐ ¿En cuál llamó a otro número?

d. ☐ ¿En cuál no escuchó la llamada?

5 Fill in the blanks with the correct expressions from Activity 4. Share your answers with a partner.

To answer the phone
¿Sí? ....
¿Aló? ....
....

To tell someone they have a wrong number
....

To say you have missed calls
....

To ask to leave a message
....
....

To ask for a person
....
¿Se encuentra...?

To ask who is calling
....
¿Quién lo/la llama?

To leave a message
....

To ask if you can call later
¿Puedo llamar más tarde?

6 🎧 **28** Listen to each telephone exchange and check the box that describes the outcome of the conversation.

	Suena ocupado	No está	No contesta	Está reunido	Es esa persona
a.	☐	☐	☐	☐	☐
b.	☐	☐	☐	☐	☐
c.	☐	☐	☐	☐	☐
d.	☐	☐	☐	☐	☐
e.	☐	☐	☐	☐	☐

7 Choose one of the situations below. With a partner, practice the conversation and present it to the class. ¡Atención! Be sure there are three complete exchanges of conversation.

Situación A		Situación B	
Estudiante 1	**Estudiante 2**	**Estudiante 1**	**Estudiante 2**
Answer the phone appropriately.	Greet the person and ask for a friend.	Answer the phone appropriately.	Greet the person and ask for a friend.
Ask who is calling.	Give your name and who you are.	Tell the person he/she has a wrong number.	Act surprised and give the number you are trying to reach.
Say the person is not there and ask if he/she wants to leave a message.	Leave a detailed message.	Insist that it is a wrong number and that you don't know the person.	Insist that it is the correct number and that you have important information to tell the person.
Agree to give the message. Say good-bye.	Say thanks and good-bye.	Say that you can't help him/her and suggest he/she send a text.	Apologize and say good-bye.

MORE IN ELETECA: EXTRA ONLINE PRACTICE

1. THE VERBS *SER* AND *ESTAR*

■ **Use the verb *ser* to:**

- **Identify** a person or thing.
  – *Ricardo es mi hermano.*   – *Bogotá es una ciudad.*

- Describe **physical characteristics**.
  – *Isaac es guapísimo.*

- Describe an **object** and what it's made of.
  – *La mesa es de madera.*

- Describe **personality** and **character traits**.
  – *Carmen es muy simpática.*

- Identify **origin** and **nationality**.
  – *Carlo es italiano.*   – *Es de Italia.*

- Give **the time**.
  – *Son las tres de la tarde.*

- Identify **professions**.
  – *Francisco es profesor.*

■ **Use the verb *estar* to:**

- Express **location**.
  – *Javi no está en casa.*
  – *El bosque de Chapultepec está en México.*
  – *Mi casa está lejos de la escuela.*

- Describe **temporary situations** or conditions.
  – *Laura está enferma.*
  – *Luis está muy triste.*
  – *La tienda está cerrada los domingos.*

Isaac es guapísimo

1 **Read the following sentences and fill in the blanks with the correct form of *ser* or *estar*.**

a. Yo .... enojado porque no sé dónde .... mi celular.

b. Aurélie .... francesa. Normalmente vive en Madrid pero ahora .... en París.

c. El aeropuerto de Houston .... cerca del centro de la ciudad.

d. Susana .... una actriz muy famosa.

e. Cristina y Manuel .... en casa porque su madre .... enferma.

f. Hoy yo .... muy cansado porque ya .... las doce de la noche.

2 **Complete the captions for the images below using *ser* or *estar*. Then match each one with its opposite.**

.... vieja

.... solo

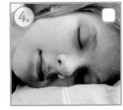
.... viejos

.... dormida

.... contento

.... jóvenes

.... despierta

.... acompañado

.... enfadado

.... nueva

GRAMÁTICA

■ Some adjectives in Spanish change meaning when used with *ser* or *estar*. For example:

ADJECTIVE	SER	ESTAR
aburrido/a	*Ese libro es aburrido.* *That book is boring.*	*Estoy aburrido.* *I am bored.*
abierto/a	*Soy una persona abierta.* *I am an open, candid person.*	*La tienda está abierta.* *The store is open.*
listo/a	*¡Qué listo eres!* *You are so smart!*	*Ya estoy listo, vámonos.* *I'm ready, let's go.*
malo/a	*Ese gato no es malo.* *That cat is not bad / evil.*	*Ese gato está malo.* *That cat is sick.*
rico/a	*Carlos Slim tiene mucho dinero, es muy rico.* *Carlos Slim has a lot of money. He's very rich.*	*¡Las arepas que preparaste están muy ricas!* *The arepas you prepared taste great!*

3 **Write a sentence for each picture below using one of the adjectives from the list above and the correct form of *ser* or *estar* to convey the correct meaning.**

a. .... b. .... c. .... d. .... e. .... f. ....

4 **Read the phone conversation between Marisol and Loli and fill in the blanks with *ser* or *estar*.**

Marisol: ¡Hola, Loli! ¿Cómo (a) ....?

Loli: ¡(b) .... fatal! Comí demasiados pastelitos y ahora (c) .... enferma.

Marisol: ¡Ay, Loli! Lo siento. Yo (d) .... cansada de estudiar. (e) .... las nueve de la noche y todavía tengo tarea que hacer.

Loli: ¿Todavía?

Marisol: Es que esta tarde primero hablé con mi amigo Pablo. Él (f) .... muy abierto y mis conversaciones con él siempre (g) .... muy interesantes. Luego me llamó Sara porque nosotras (h) .... muy deportistas y queremos participar en una carrera el domingo que viene. Después llamé a Julia porque ella y yo (i) .... en la misma clase de Matemáticas. ¡Ah! y también conocí a mi nuevo vecino. (j) .... muy simpático y además (k) .... muy guapo. Su casa (l) .... frente a la mía.

Loli: Ay, Marisol, (m) .... muy habladora. ¡Así nunca vas a terminar tu tarea!

5 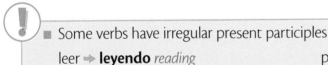 **Read the following situations and choose from the adjectives listed to explain how the people must be feeling as a result.**

> nervioso ○ aburrido ○ tranquilo ○ ocupado ○ entusiasmado

Modelo: *Camila come su postre favorito.* ➡ *Camila está muy contenta.*

a. Martín y Jordi van a participar en un concurso.

b. Vamos a una fiesta con amigos.

c. Tienes que bañar al perro, sacar la basura, cortar el césped y ordenar tu habitación.

d. Ustedes están mirando una película larga y lenta en la que no hay mucha acción.

e. Estás en la piscina tomando el sol.

3. PRESENT PROGRESSIVE TENSE

- The present progressive tense is used to express an action in progress or the continuity of an action. The expression is made up of the verb **estar** + present participle.

  Esta semana **estoy estudiando** *mucho. This week, I'm studying a lot.*

  Ahora mismo **estoy comiendo**, *te llamo luego. Right now I'm eating, I will call you later.*

- To form the present participle, add **–ando** to the stem of **–ar** verbs and **–iendo** to the stem of **–er** and **–ir** verbs:

–AR	–ER	–IR
trabajar ➡ trabajando	correr ➡ corriendo	escribir ➡ escribiendo
to work ➡ working	*to run ➡ running*	*to write ➡ writing*

> **!**
>
> - Some verbs have irregular present participles
>
>   leer ➡ **leyendo** *reading*   pedir ➡ **pidiendo** *asking, ordering*
>
>   dormir ➡ **durmiendo** *sleeping*   oír ➡ **oyendo** *hearing*

6 **Fill in the blanks with the correct form of the present progressive.**

a. Mi mamá (hablar) .... por teléfono con el médico.

b. Los muchachos (comprar) .... un regalo para Juani en la librería.

c. Nosotros (escuchar) .... la música que ponen en la radio.

d. Ustedes (hablar) .... con mi amiga Lupe.

e. Yo (mirar) .... la televisión.

f. Ellos (hacer) .... ejercicio.

7 In groups of three or four, take turns describing what the people below are doing. Each of you will add another piece of information. Use *ser* and *estar*, and the present progressive in your descriptions.

Modelo: E1: Alejandro está leyendo.
E2: Está estudiando para un examen.
E3: Y está nervioso porque el examen va a ser difícil.
E1: Sí, pero es muy listo y no va a tener problemas.

a. Rosa   **b.** Paco y sus amigos   **c.** Nola   **d.** Tomás   **e.** Trini   **f.** Mis abuelos

4. INFORMAL COMMANDS

- Commands provide a different way to communicate with people. In English, everyday commands include saying things like: *Go straight and then make a left*; *Pass the salt, please*; and so on. In Spanish, informal commands are used to address a friend or someone you normally address as **tú** and are used to communicate instructions in the same way as in English.

- Use commands when you need to give instructions and ask someone to do something. Commands are also used to give advice or suggestions.

8 🎧 **29** **Listen to the following series of conversations and fill in the missing words.**

a. » ...., ¿está en esta planta la tienda Movilandia?
» No, no. Para la sección de telefonía .... el ascensor y .... a la tercera planta.

b. » Hola, no sé cómo iniciar este iPod que compré ayer.
» Claro, no tiene batería. .... el cable.

c. » ¿Sabes llegar al museo?
» Sí, ... la línea dos del metro y .... en la primera parada.

d. » ¿Puedo hablar un momento contigo *(with you)*?
» ...., ahora estoy escribiendo un correo electrónico muy importante, ... más tarde.

9 **With a partner, read the conversations in Activity 9 aloud taking parts. Then, review the words in italics and choose the best explanation for what these words do.**

a. *Perdona* se usa para...	⬡ llamar la atención.	⬡ dar una instrucción.
b. *Toma, sube, conecta* y *baja* se usan para...	⬡ llamar la atención.	⬡ dar una instrucción.
c. *Espera* y *vuelve* se usan para...	⬡ llamar la atención.	⬡ dar una orden.

■ In Spanish, informal affirmative commands use a different form of the present tense.

Infinitive	Tú form, drop the *s*	Affirmative *tú* commands
tom**ar**	tomas ➡ toma	**Toma** el metro. *Take the subway.*
volv**er**	vuelves ➡ vuelve	**Vuelve** más tarde. *Come back later.*
sub**ir**	subes ➡ sube	**Sube** en el ascensor. *Go up on the elevator.*

■ Verbs that change stem in the present tense will also change stem in the **tú** command form.

	EMPEZAR	DORMIR	SEGUIR
	E ➡ IE	O ➡ UE	E ➡ I
Tú	emp**ie**za	d**ue**rme	s**i**gue

■ The following verbs have irregular **tú** commands in the affirmative.

Infinitive	oír	tener	venir	salir	ser	poner	hacer	decir	ir
Imperative	oye	ten	ven	sal	sé	pon	haz	di	ve

10 Write the correct *tú* command forms of the verbs in parenthesis.

a. (Escribir) .... una redacción.

b. ¡(Comer) ...., por favor!

c. (Hacer) .... un sándwich.

d. (Ir) .... despacio.

e. (Oír) ...., ¿qué hora es?

f. (Venir) .... a las nueve.

11 Gisela wants to learn Spanish and her friends Toni and Karen are giving her some advice. Read their conversation and fill in the blanks with the correct command forms. Then check your answers with a partner and practice aloud taking parts.

Gisela: ¿Qué puedo hacer para aprender español?

Toni: Para empezar, (a) .... (estudiar) las palabras del vocabulario y (b) .... (hacer) todos los ejercicios de gramática.

Karen: (c) .... (Leer) revistas en español. ¡Ah!, y (d) .... (llamar) a tu amiga de México. ¡(e) .... (Practicar) con ella!

Toni: Sí, también (f) .... (mirar) películas en español, (g) .... (escuchar) música latina, y (h) .... (ir) a un restaurante español y (i) .... (pedir) en español.

12 Choose one of the situations below and explain it to your partner. Ask him/her for advice, help or directions and your partner will tell you at least three things to do. Then switch roles.

a. Your mother / father is angry with you because your room is a mess. **¿Qué hago?**

b. You want to buy a new cell phone but don't know where to go or what type to get. **¿Qué teléfono compro y dónde?**

c. You are a new student at your school and need help getting to the main office from your Spanish class. **¿Cómo voy?**

MORE IN ELETECA: EXTRA ONLINE PRACTICE ➡ **GRAMMAR TUTORIALS 5 AND 6**

DESTREZAS

1 Before completing the reading activity, review the strategy in Destrezas and follow the suggestion.

Destrezas

Using word families

Guess the meaning of at least five new words in the signs below using word families. For example, **pago** is in the same word family as **pagar**. Use the chart to list the familiar word, the new word, and its meaning.

Palabra que ya sé	Palabra nueva	Definición
pagar	el pago	payment

Estimados clientes:

Para el pago de recibos, solo se atiende los lunes y martes de 8:30 a 11:00 h.

ATENCIÓN

AGUA NO APTA PARA CONSUMO HUMANO

Este establecimiento permanecerá cerrado por vacaciones hasta el 1 de septiembre

Disculpen las molestias

a. ○ ....

b. ○ ....

c. ○ ....

POR FAVOR

Al entrar en el edificio, les rogamos que apaguen sus celulares

NO ESTACIONAR EXCEPTO VEHÍCULOS DE CARGA Y DESCARGA

STOP ✋

Con motivo de las obras de mejora, está cortado el tramo entre las estaciones de San Marcos y Carvajal.

d. ○ ....

e. ○ ....

f. ○ ....

2 Match the following sentences (1-4) with the correct signs (a-f).

1. No puedo viajar en la línea catorce.

2. La tienda no abre hasta el mes de septiembre.

3. El teléfono no debe estar encendido.

4. Quiero pagar el recibo de la luz.

EXPRESIÓN E INTERACCIÓN ORALES

3 Before presenting your talk about cell phones, review the strategy in Destrezas and follow the suggestion.

Destrezas

Planning what you want to say

To talk on a topic requires knowing not only the words and structures but also knowing what you want to say. To prepare yourself, think about the information you wish to convey and list specific language you will need to express yourself. Organize your thoughts and language using the following questions as a guide.

- ¿Tienes celular? ¿Lo usas frecuentemente?
- ¿Para qué lo usas? ¿Prefieres llamar o enviar mensajes de texto?
- ¿Lo llevas todo el día contigo? ¿Por qué?

- ¿Crees que la gente puede vivir sin celular?
- ¿Qué ventajas tiene usar el celular?
- ¿Qué inconvenientes tiene el celular?

4 Now present a five-minute talk using the notes you prepared.

PRONUNCIACIÓN Las palabras esdrújulas

■ Words that are stressed on the third-to-last syllable are called **esdrújulas**. These words **always** carry a written accent.

ó-pe-ra   **mú**-si-ca   **mé**-di-co   **cá**-ma-ra   sim-**pá**-ti-co

1 🎧 30 Listen to the following words and circle the stressed syllable. ¡*Atencion!* Accent marks have purposely been removed.

a. te-le-fo-no   **c.** fan-tas-ti-co   **e.** in-for-ma-ti-ca   **g.** ul-ti-mo
b. pa-gi-na   **d.** sa-ba-do   **f.** me-di-co   **h.** u-ni-co

2 You have already learned most of the words above. Write each word and put the accent on the correct syllable.

3 Write the plural form for these nouns. Make sure to write the accent mark on the correct syllable.

a. árbol ➡ ....
b. cárcel ➡ ....
c. lápiz ➡ ....

d. ángel ➡ ....
e. débil ➡ ....
f. joven ➡ ....

g. resumen ➡ ....
h. examen ➡ ....
i. fácil ➡ ....

 MORE IN ELETECA: EXTRA ONLINE PRACTICE

¡UNA REGIÓN CONECTADA!

LOS TOP 5 DE...

LAS COMUNICACIONES EN LATINOAMÉRICA

¿Quieres conocer el aspecto más moderno de los países hispanos? ¡Lee este artículo!

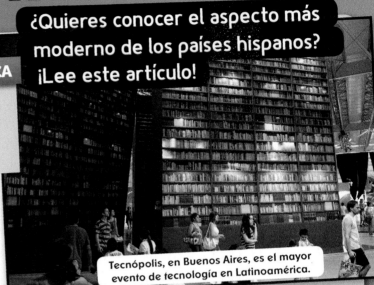

La tecnología es, en la actualidad, una importante herramienta (tool) de comunicación. Los latinoamericanos quieren estar conectados con el resto del mundo: hay 255 millones de usuarios de Internet en la región (el 43% de la población).

✓ Hacer una llamada desde cualquier lugar es fácil en Latinoamérica: el 98% de la gente tiene acceso a la red (network) de teléfonos celulares.

✓ En Chile, el gobierno creó un programa para comunicarse con los granjeros (farmers) por mensajes de texto.

✓ Carlos Slim, un empresario mexicano, es uno de los hombres más ricos del mundo gracias a sus inversiones (investments) en las empresas de comunicaciones y tecnología de su país. «Confío en México y en su futuro», dice Slim. También colecciona obras de arte, y patrocina (sponsors) varios museos en México.

✓ En Argentina, las redes sociales son un éxito (success): los argentinos pasan más de diez horas por mes conectados a ellas. Tecnópolis, el mayor evento de tecnología de la región, se celebra en este país. Es cada año en agosto.

✓ Las compras por Internet no son muy populares en la región. Solo el 31% de los usuarios de Internet hace sus compras así. En Europa y Estados Unidos, en cambio, el 70% de la gente hace compras por Internet.

Tecnópolis, en Buenos Aires, es el mayor evento de tecnología en Latinoamérica.

Los latinoamericanos prefieren hacer sus compras en tiendas físicas.

Carlos Slim patrocina el museo Soumaya en México.

En esta región, la mayoría de hogares tiene al menos un teléfono celular.

¡Qué interesante! MACHU PICCHU

La tecnología en Latinoamérica no es un invento actual. Los incas, habitantes originarios de los Andes, vivían en un imperio enorme: ocupaba parte de Bolivia, Perú, Colombia, Ecuador, Argentina y Chile. Para comunicar información relacionada con el comercio a distancia, desarrollaron (developed) un sistema llamado "quipu". Consistía en hacer nudos (knots) en sogas (rope) para representar cantidades y es un antepasado de las computadoras. Los incas también sabían que la comunicación era fundamental. Por eso, crearon un sistema de caminos (paths) para llegar a todos los rincones (corners) del imperio... ¡al igual que Internet hoy!

Machu Picchu, famosa ciudad del Imperio inca

🎧 31 Mi experiencia

«Me llamo Sergio y vivo en Chiapas, México. En mi país hay muchas personas que no tienen acceso a la tecnología. Viven en pueblos aislados *(isolated)* y no tienen computadora ni Internet. Pienso que en el mundo actual es difícil recibir una buena educación sin *(without)* la tecnología. Por eso, soy voluntario en una asociación de Chiapas que trabaja para acercar *(bring)* la tecnología a las comunidades indígenas. Las empresas de tecnología también colaboran: Mozilla Firefox es un buscador *(browser)* de Internet con una versión en maya, que es uno de los idiomas indígenas de Chiapas. Así, mucha más gente puede navegar en la red en su propia lengua».

Sergio es voluntario en Chiapas, México.

¿COMPRENDISTE?

Combine the following sentences.

1. Las redes sociales
2. El gobierno chileno
3. Carlos Slim es
4. El desierto de Atacama
5. Con el quipu, los incas

a. es una zona muy seca.
b. comunicaban información comercial.
c. son un éxito en Argentina.
d. uno de los hombres más ricos del mundo.
e. envía mensajes de texto a los granjeros.

AHORA TÚ

Answer these questions based on your experience. Be prepared to discuss your responses in class.

1. ¿Quiénes son las personas más ricas en Estados Unidos? ¿Cómo hicieron su fortuna?

2. ¿Haces compras en Internet? ¿Es algo habitual en EE. UU.?

3. ¿Cuáles son las ventajas y las desventajas de este método?

4. ¿Hay personas en EE. UU. que no tienen acceso a la tecnología? ¿Cuáles son los motivos?

5. ¿Crees que saber usar la tecnología es una parte importante de la educación? ¿Por qué?

VOCES LATINAS ▶ LAS REDES SOCIALES EN MÉXICO

Golfo de México

Bahía de Campeche

Ciudad de México

CHIAPAS

Golfo de Tehuantepec

Región de Chiapas, México

El rincón de la astronomía — EL DESIERTO DE ATACAMA

¿Te gusta mirar las estrellas? Si la respuesta es sí, visita el desierto de Atacama, en Chile, una de las zonas más secas *(dry)* del planeta. Este clima, combinado con la altura y la baja contaminación de luz *(light)*, convierte al desierto en el lugar ideal para observar el cielo. El Observatorio Europeo del Sur tiene una oficina en Chile. Allí están construyendo un telescopio gigante que va a entrar en operaciones en 2021.

Un telescopio en Atacama, Chile

Fuentes: Banco Mundial, *El Universal*, Infobae

1 Which of the following types of media do you use most frequently? Number them in order from most to least used.

- **a.** ◯ carta
- **b.** ◯ teléfono
- **c.** ◯ mensaje de texto (sms)
- **d.** ◯ correo electrónico
- **e.** ◯ nota
- **f.** ◯ chat
- **g.** ◯ redes sociales
- **h.** ◯ tarjetas de felicitación

2  What type of media do you think is most useful when trying to learn a language? Discuss this with your classmates.

3 🎧 ³² Now read about Inés and how she can improve her Italian. Did you come up with some of the same ideas?

Las ventajas de Internet

Inés estudia italiano en la escuela; es su asignatura favorita. Le gusta mucho el idioma, pero también la cultura italiana. El año pasado convenció a sus padres para hacer un curso intensivo de tres semanas en Roma.

–Fue una experiencia inolvidable porque allí pude hablar italiano todo el tiempo –comenta con sus amigas.

A su regreso a España, Inés piensa cada día qué puede hacer para seguir practicando. Ha preguntado a todo el mundo.

–Escribe a tus amigos de Roma –le dice su madre.

–Lee novelas de autores italianos, así puedes ampliar tu vocabulario –le comenta su padre.

El consejo de su abuela es practicar con canciones: "Escucha a cantantes italianos, con la música aprendes de una forma divertida".

Inés piensa que todos tienen razón, que todas las sugerencias de su familia son positivas, pero su amigo Elías ha encontrado la mejor:

–Tienes un montón de recursos en Internet para mejorar tu italiano. Úsalos.

–Es verdad –reconoce Inés.

–Incluso puedes encontrar un ciberamigo –añade Elías.

–Sí, pero eso es peligroso a veces –dice Inés–. Bueno, creo que si combino todos los consejos que tengo voy a mejorar mucho. Vamos a la biblioteca y me ayudas a buscar cosas por Internet, ¿vale?

–¡Vamos! –responde Elías.

Su amigo Elías

4 **Number the ideas below in the order in which they appear in the text.**

- ☐ Inés cree que una combinación de todos los consejos es la mejor solución.
- ☐ Su familia le da diferentes consejos para practicar el idioma.
- ☐ Inés hizo un curso intensivo en Roma.
- ☐ A Inés le gustan mucho la lengua y la cultura italianas.
- ☐ Inés y Elías van juntos a la biblioteca a buscar información en Internet.
- ☐ Su amigo Elías le recomienda usar Internet.

5 **Read the text again and write the advice that Inés receives and from whom.**

¿Qué consejo?	¿Quién?
a.	
b.	
c.	
d.	

6 **Is there any advice that Inés does not consider a good idea? Which one? Why?**

_____

_____

_____

_____

_____

7 👥 **With a partner, write a list of things that you could do to improve your Spanish outside the classroom. Order them from most to least important according to your point of view.**

Modelo: *Hacer un curso intensivo en Chile.*

- _____
- _____
- _____
- _____
- _____

- _____
- _____
- _____
- _____

LAS TIENDAS

1 **Underline the correct option.**

    a. Para comprar el pan normalmente voy al **supermercado** / **centro comercial**.

    b. Una cajera trabaja habitualmente en **una tienda especializada** / **un supermercado**.

    c. Cuando voy de compras, **compro leche** / **compro ropa**.

    d. Si quiero una crema, voy a **una perfumería** / **pastelería**.

    e. Cuando compro la fruta, **hago la compra** / **voy de compras**.

    f. Para comprar pan voy a la **carnicería** / **panadería**.

EL LENGUAJE TELEFÓNICO

2 **Fill in the blanks according to the prompts.**

    a. Pregunta por Pedro. ➡ Hola, ¿....................... Pedro, por favor?

    b. Responde el teléfono. ➡ ....

    c. Pregunta quién llama. ➡ ¿De .... de quién?

    d. No llamaste al número correcto. ➡ Lo siento, tienes el número ....

3 **Find the word or phrase that does not belong in each of these two groups of words.**

    a. suena ocupado / está desconectado / no contesta / está comprando

    b. celular / mensaje de texto / televisión / sms

SER / ESTAR

4 **Javi is chatting with a friend that he hasn't seen in a while. Fill in the blanks using *ser* or *estar*.**

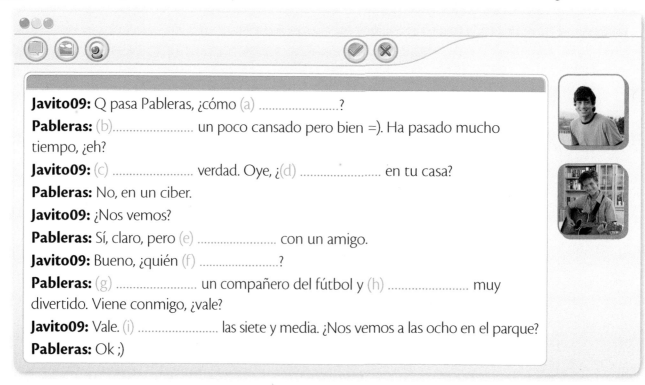

Javito09: Q pasa Pableras, ¿cómo (a) ....?

Pableras: (b)........................ un poco cansado pero bien =). Ha pasado mucho tiempo, ¿eh?

Javito09: (c) .... verdad. Oye, ¿(d) .... en tu casa?

Pableras: No, en un ciber.

Javito09: ¿Nos vemos?

Pableras: Sí, claro, pero (e) .... con un amigo.

Javito09: Bueno, ¿quién (f) ....?

Pableras: (g) .... un compañero del fútbol y (h) .... muy divertido. Viene conmigo, ¿vale?

Javito09: Vale. (i) .... las siete y media. ¿Nos vemos a las ocho en el parque?

Pableras: Ok ;)

5 **Match each sentence on the left with the appropriate description on the right.**

1. Hoy estamos muy cansados.
2. Luis es mi mejor amigo.
3. Es la una y media.
4. Mi tableta es azul.
5. María es muy alta.
6. ¡Qué simpático es Dani!
7. ¿Dónde está Sevilla?
8. Karen es mexicana.
9. Su hermano es policía.

a. Hablar de situaciones temporales transitorias.
b. Describir un objeto.
c. Describir características físicas.
d. Decir la hora.
e. Describir el carácter.
f. Decir la profesión.
g. Localizar a una persona o lugar.
h. Definir personas o cosas.
i. Indicar la nacionalidad.

ESTAR + PRESENT PARTICIPLE

6 **Use *estar* + present participle to change the following sentences.**

a. María compra en el centro comercial. ➡ ....
b. Pedro y Tomás hablan por teléfono. ➡ ....
c. David ayuda a su padre a pintar la habitación. ➡ ....
d. Mis primos viajan alrededor del mundo. ➡ ....
e. Escribo una redacción para la clase de español. ➡ ....

INFORMAL COMMANDS

7 **Write the *tú* command form of the verbs in parenthesis.**

a. No terminaste la sopa; por favor, (comer) .... un poco más.
b. Hijo, (hacer) .... la tarea que es muy tarde.
c. (Salir) .... de la clase, tu comportamiento es intolerable.
d. Muchacho, (leer) .... el ejercicio de la página ochenta.
e. Pepe, (poner) .... la mesa que vamos a comer.

CULTURA

8 **Answer the following questions according to the information you learned in *¡Una región conectada!***

a. Según la información del texto, ¿es verdadera o falsa la siguiente afirmación?: *La mayoría de la gente en América Latina tiene acceso a los teléfonos celulares.*
b. ¿Qué aspecto de Internet no es muy popular?
c. ¿En qué aspectos podemos decir que los incas fueron precursores de Internet?
d. ¿Qué hacen las empresas de tecnología para colaborar con las comunidades indígenas?
e. ¿Qué condiciones ofrece el desierto de Atacama para ser uno de los mejores lugares para observar el cielo?

MORE IN ELETECA: EXTRA ONLINE PRACTICE

Las tiendas

la carnicería *meat department / butcher shop*

el escaparate *shop window*

la floristería *florist*

la frutería *fruit and vegetable store*

los grandes almacenes *department store*

la librería *bookstore*

la panadería *bakery (bread)*

la pastelería *bakery (cakes and pastries)*

la perfumería *beauty supply shop*

el supermercado *supermarket*

la tienda de electrónica *electronics store*

la tienda de ropa *clothing store*

la zapatería *shoe store*

En la tienda

¿Cómo va a pagar? *How are you paying?*

¿Cuánto cuesta? *How much does it cost?*

¿Cuánto es? *How much is it?*

de rebajas *on sale*

en efectivo *in cash*

hacer la compra *to do the food shopping*

ir de compras *to go shopping*

¿Me podría decir el precio? *Could you tell me the price?*

¿Qué precio tiene? *What is the price?*

tarjeta de crédito / débito *credit / debit card*

tarjeta de regalo *gift card*

Por teléfono

¿De parte de quién? / ¿Quién lo/la llama? *Who is calling?*

dejar un mensaje *to leave a message*

¿Dígame? / ¿Aló? *Hello (when answering the telephone)*

la llamada perdida *missed call*

no contesta *no answer*

el número equivocado *wrong number*

¿Puedo llamar mas tarde? *Can I call back later?*

¿Se encuentra...? *Is... there?*

suena ocupado *busy signal*

Descripciones

abierto/a *candid, open*

entusiasmado/a *excited*

listo/a *smart, ready*

malo/a *bad, sick*

ocupado/a *busy*

rico/a *rich/tasty*

Palabras y expresiones útiles

el ascensor *elevator*

las desventajas *disadvantages*

las ventajas *advantages*

THE VERBS *SER* AND *ESTAR*

(See page 99)

- **Use the verb *ser* to talk about:**
  - What a person or a thing is.
  - Physical characteristics.
  - What an object is made of.
  - What a person or an object is like.
  - Someone's nationality.
  - What time it is.
  - Someone's profession.

- **Use the verb *estar* to talk about:**
  - Where a person or an object is located.
  - Temporary situations or conditions.

PRESENT PROGRESSIVE TENSE

(See page 101)

- Use **estar** + present participle to express an action in progress or the continuity of an action.
  To form the present participle:

Verbs in **–ar** ➡ **–ando**	trabaj-ar ➡ trabaj**–ando**
Verbs in **–er / –ir** ➡ **–iendo**	corr-er ➡ corr**–iendo**
	escrib-ir ➡ escrib**–iendo**

- Irregular present participles:

  leer ➡ le**y**endo   pedir ➡ p**i**diendo   dormir ➡ d**u**rmiendo   oír ➡ o**y**endo

INFORMAL COMMANDS

(See page 102)

- Use the imperative verb form for **tú** when you want to give a command or tell someone to do something. It can also be used to give advice or suggestions.
  To form the affirmative **tú** command, drop the **s** from the present-tense form of **tú**.

Infinitive	Tú form, drop the s	Affirmative *tú* commands
habl**ar**	hablas ➡ habla	***Habla*** más lentamente. *Speak more slowly.*
com**er**	comes ➡ come	***Come*** la cena. *Eat dinner.*
escrib**ir**	escribes ➡ escribe	***Escribe*** la carta. *Write the letter.*

Infinitive	oír	tener	venir	salir	ser	poner	hacer	decir	ir
Imperative	**oye**	**ten**	**ven**	**sal**	**sé**	**pon**	**haz**	**di**	**ve**

ERAN OTROS TIEMPOS

>> ¿Quiénes aparecen en la foto y qué están haciendo?

>> ¿Tienes fotos antiguas de tu familia?

>> ¿Te gusta escuchar historias sobre el pasado de tus padres y abuelos?

Recordando viejos tiempos

In this unit, you will learn to:

- Ask someone for their opinion
- Give your own opinion
- Express agreement and disagreement
- Describe personalities and characteristics
- Talk about the past and the way things used to be

Using

- Imperfect of regular verbs
- Imperfect of irregular verbs
- *¿Por qué?* and *porque*

Cultural Connections

- Share information about family history and life in the past in Hispanic countries and compare cultural similarities

SABOR HISPANO

- Encuentro de culturas: los españoles y el nuevo mundo

¡ACCIÓN!

1 Look at the image of Julián and his family and answer the following questions.

a. ¿Quiénes son estas personas?

b. ¿Qué relación familiar tienen entre ellos?

c. ¿Dónde están?

d. ¿Qué están haciendo?

e. ¿Qué ropa llevan?

f. ¿Cuál es su estado de ánimo?

g. ¿Qué hay encima de la mesa?

h. ¿Qué día de la semana crees que es?

2 🎧 **33** Follow along as you listen to the conversation between Julián and his grandfather. Then answer the questions.

Julián: ¿Qué es eso, abuelo?

Abuelo: Un álbum de fotos antiguas.

J.: A ver. ¡Qué joven te ves en esta foto! ¿Por qué vas vestido así?

A.: Porque yo jugaba en el Real Madrid.

J.: ¿Eras jugador del Real Madrid, abuelo? **¡Anda ya!**

A.: Que sí, y entrenábamos todos los días.

J.: ¿En serio? Cuéntame más.

A.: Bueno, eran otros tiempos, yo **creo que** más difíciles.

J.: **¡Qué va!** Ahora es casi imposible jugar en el Real Madrid.

A.: No estoy de acuerdo contigo. Simplemente hay que trabajar duro.

J.: Si tú lo dices... ¿Y qué otras cosas hacías cuando eras joven?

A.: Como a tu edad ya trabajaba, solo salía con los amigos los fines de semana.

J.: ¿Ibas a la discoteca?

A.: No, je, je. Antes no había. Hacíamos fiestas en las casas de los amigos. También íbamos al río para pasar el día. Pero debía regresar temprano a casa, porque mis padres se enojaban si me retrasaba.

J.: ¡Qué vida tan diferente!

a. ¿Qué trajo el abuelo a casa de Julián?

b. ¿Qué piensa Julián de la foto del abuelo?

c. ¿Cree Julián que su abuelo jugaba en el Real Madrid?

d. ¿Qué opina el abuelo de su época?

e. ¿Cree el abuelo de Julián que es imposible jugar ahora en el Real Madrid?

f. ¿Qué hacía el abuelo los fines de semana?

3 **Fill in the blanks with the expressions in bold from the conversation between Julián and his grandfather.**

a. » .... la vida antes era mejor que ahora.

» .... con tu opinión.

b. » ¿Entonces no quieres venir?

» .... Seguro que la fiesta es muy aburrida.

c. » ¿Te dijo que de joven era millonario?

» .... No lo creo.

d. » A mí me parece que los muchachos de ahora lo tienen todo muy fácil.

» Yo pienso que no, pero ....

4 **List the expressions from Activity 3 in the correct column according to their meaning.**

👍 Dar una opinión	Expresar acuerdo (agreement)	Expresar acuerdo parcial	Expresar desacuerdo 👎
	Estoy de acuerdo		

5 **Use the expressions above and describe to what extent you agree or disagree with the following statements that compare the way things were in the past to the way things are now.**

Modelo: En general, la vida de mi abuelo era más divertida que la mía.

El: Estoy de acuerdo.

E2: ¡Qué va!

a. En general, la vida de mis padres era más fácil que la mía.

b. Mis padres tenían más tiempo libre que yo.

c. Mis padres jugaban a más deportes que yo cuando tenían quince años.

d. Mis padres tenían que estudiar más que yo.

COMUNICA

ASKING AND GIVING OPINIONS AND ASKING WHY

■ To ask for an opinion:

¿Qué piensas/opinas sobre las películas de Alfonso Cuarón? *What do you think about Alfonso Cuarón's movies?*

¿Qué te parece su última película? *What do you think about his last movie?*

¿Cuál es tu opinión sobre su trabajo como director de cine? *What's your opinion about his work as movie director?*

■ To give your positive / negative opinion:

(Yo) pienso / creo / opino que (no) son muy buenas. *I think / believe / In my opinion they are (not) very good.*

(A mí) me parece que (no) tiene un buen argumento. *I think / I believe it has (doesn't have) a very good storyline.*

A mí (no) me parece un buen director. *I (don't) think he is a good director.*

■ To express an uncertainty:

No te puedo decir. I can't say.

No sé qué decir. I'm not sure what to say.

¡Yo qué sé! What do I know!

■ To ask why, use **¿por qué?** and **porque** to answer and explain:

» *¿Por qué* estudias español? *Why do you study Spanish?*

» *(Estudio español) Porque* me gusta mucho. *(I study Spanish) Because I like it a lot.*

1 👥 **Read the sentences below and use the expressions you just learned to express your opinion about the comment. Then share your opinions with a partner. Do you agree on many of the same things?**

a. La comida mexicana es mejor que la italiana.

b. Argentina va a ganar la próxima Copa Mundial de fútbol.

c. El invierno es mejor que el verano.

d. El inglés es más fácil que el español.

2 👥 **With a partner, decide which role to take and ask each other about the topics listed. Give your opinion and be sure to explain why.**

Modelo: E1: ¿Qué piensas de los gatos?

      E2: No me gustan.

      E1: ¿Por qué?

      E2: Porque no son sociables.

Estudiante 1
Pregunta a tu compañero por:
• los gatos
• el fútbol
• la música romántica
• los idiomas
• bailar
• la comida rápida

Estudiante 2

Pregunta a tu compañero por:

• los perros
• el tenis
• la literatura
• el rap
• el dinero
• la comida vegetariana

EXPRESSING AGREEMENT AND DISAGREEMENT

■ Total agreement

Estoy de acuerdo contigo.
I agree with you.

¡Totalmente! *Totally!*

¡Por supuesto! *Of course!*

Tienes razón. *You are right.*

¡Sí, claro! *Yes, of course!*

■ Partial agreement

Estoy **en parte** de acuerdo
contigo. *I partially agree with*
you.

No estoy **totalmente** de
acuerdo contigo. *I don't totally*
agree with you.

Si tú lo dices... *If you say so.*

■ Disagreement

No estoy de acuerdo contigo.
I don't agree with you.

¡Para nada! *Not at all!*

¡Anda ya! *Go on! (in disbelief)*

¡Ni modo! ¡Que no! *No way!*

¡Qué dices! *What are you*
talking about?

■ Use negative expressions like **para nada**, **ni**, **nunca jamás** to reinforce the meaning of **no**.

No me gustó **para nada**. *I did not like it at all.*

Tú **no** tienes **ni** idea de lo que estás hablando. *You have no idea what you are talking about.*

No quiero hablar de eso **nunca jamás**. *I don't want to talk about it ever again.*

> (!) ■ Note that, unlike English, double negatives are grammatically correct in Spanish.

3 🎧 **34** **Listen to the following conversations and fill in the blanks with the expression you hear.**
Then choose the correct meaning from the options on the right.

1. » Hay unas nubes muy negras en el cielo, yo creo
que esta tarde va a llover.

   » ....

a. ⃝ la mujer cree que va a llover.

b. ⃝ la mujer cree que no va a llover.

2. » ¿Tú crees que el cine latinoamericano está de
moda? A mí me parece que sí. Hay muchas
películas en este momento con proyección
internacional, ¿verdad?

   » Pffff, ...

a. ⃝ la mujer no está de acuerdo con él.

b. ⃝ la mujer está de acuerdo parcialmente
con él.

3. » Mira, ¡qué vestido tan bonito! ¿Por qué no te lo
compras? Seguro que te ves muy bien, ¿no crees?

   » ....

a. ⃝ la mujer está de acuerdo con él.

b. ⃝ la mujer no está de acuerdo con él.

4 **Prepare your answers about the following topics and explain why. Then share your opinion**
with a partner and comment on his/her reaction. Do you agree on any of the topics?

> el mejor cantante o la mejor película o la mejor comida o la mejor ciudad

Modelo: el mejor director de cine

       El: Para mí, Guillermo del Toro es el mejor director porque hace películas de mucha acción.

       E2: ¡Totalmente! / No estoy totalmente de acuerdo contigo. / ¡Ni modo!

👤💻 **MORE IN ELETECA:** EXTRA ONLINE PRACTICE

1.

2.

3.

4.

5.

6.

ANTES DEL VIDEO

1 **Answer the questions about your television viewing habits.**

    a. Cuando ves la tele, ¿qué tipo de programas te gustan?

    b. ¿Te gustan las series de televisión?

    c. ¿Cuál es tu serie favorita? ¿Por qué?

    d. ¿Y cuál es tu personaje favorito en esa serie? ¿Por qué?

2 **Ask your partner the same questions and note down his/her answers. Do you agree on many of the same things?**

    a. ....

    b. ....

    c. ....

    d. ....

DURANTE EL VIDEO

3 **Each of the friends has a favorite character. Match each character from the television series to the image of the person whose favorite he/she is.**

    a. Jon Snow

    b. Arya Stark

    c. Tyrion

    d. Daenerys

    e. Tywin Lannister

○   ○   ○   ○   ○   ○

4 Watch the episode again and classify the adjectives according to the character they describe.

> guapo o importante o interesante o hablador o divertido
> impresionante o guapísima o bromista

Tyrion	Jon Snow	Arya Stark	Bran Stark	Daenerys

5 Unscramble the letters to reveal the adjectives used to describe Tywin Lannister.

a. GITTEEENNLI   **c.** LECUR   **e.** CCRAPITO   **g.** BLAEDSEDARAG
b. SOOGRILEP   **d.** NIGRILAO   **f.** JIEVO   **h.** MALDOVA

6 Complete the following statements with three words used in the episode to talk about the series, *Juego de tronos*.

La serie es...

Los personajes son...

DESPUÉS DEL VIDEO

7 Research *Juego de tronos* online and complete the profile with the information you found in Spanish.

Título   Juego de Tronos

Año   País   Género

Argumento

8  With a partner, prepare a similar profile about one of your favorite series leaving out the title. Pass your profile around to other student pairs to see how many can guess the series. Also keep track of the ones you and your partner guess.

Título   ¿?

Año   País   Género

Argumento

MORE IN ELETECA: EXTRA ONLINE PRACTICE

1 The following adjectives are useful when talking about characteristics for places and things. Match the adjective to its definition in English.

El Salto Ángel en Venezuela es impresionante.

1. práctico/a
2. peligroso/a
3. entretenido/a
4. saludable
5. emocionante
6. aburrido/a
7. impresionante
8. relajante

a. *entertaining, enjoyable*
b. *healthy*
c. *impressive*
d. *dangerous*
e. *relaxing*
f. *practical*
g. *exciting*
h. *boring*

Los mercados de México son entretenidos.

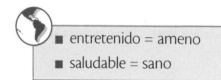

- entretenido = ameno
- saludable = sano

2 Use the adjectives above to express your opinion about the topics below. Share your opinions with a partner.

Modelo: las redes sociales

Yo creo que las redes sociales son muy entretenidas, pero también un poco peligrosas.

Las redes sociales

los deportes

las vacaciones

los parques de atracciones

los carros híbridos

tu pueblo o ciudad

3 Let's play. Work together in pairs to complete the chart with examples of things that fit the categories. Call time when you have completed your chart. Review answers with the class. Points are awarded for each correct example that is not repeated. Student pairs with the most points win.

peligroso	emocionante	impresionante	saludable	práctico

4 🎧 **35** Match the adjectives to the image. Then listen to the audio to check your answers.

1. ruidosos
2. bromista
3. estresada
4. soso
5. cariñoso
6. habladora
7. perezoso
8. impuntual

a. → ☐

b. → ☐

c. → ☐

d. → ☐

e. → ☐

f. → ☐

g. ☐

h. → ☐

■ bromista = chistoso, cómico   ■ callado = reservado   ■ perezoso = holgazán

5 Match the adjectives from the activity above with their opposites below.

a. frío/a ....
b. callado/a ....
c. aburrido/a ....
d. divertido/a ....

e. silencioso/a ....
f. trabajador/a ....
g. puntual ....
h. tranquilo/a ....

6 👥 Yolanda is describing her family and friends. Read the sentences and choose the appropriate word to complete the descriptions. Then check your answers with a partner.

a. Mi abuela siempre me da besos y me abraza. Es una persona (sosa / cariñosa) ....

b. A mi tío le gusta hacer bromas (*jokes*) y nunca habla en serio. Es (bromista / estresado) ....

c. Mi hermana no hace nada en casa. Nunca jamás limpia su habitación. Es muy (tranquila / perezosa) ....

d. Es bastante amable, pero no tiene mucha personalidad. Es una amiga (sosa / interesante) ....

7 🎧 **36** Listen to Javi describing Ana and Daniel. Then write down their personality traits.

• Ana ➡ ...., ...y..
• Daniel ➡ ...., ...y..

8 👥 Write a short paragraph about yourself and list some things you like to do. In groups of 3 or 4, meet and exchange your papers. Each one will read someone else's paragraph to guess who wrote it. Then take turns adding information about each other.

Modelo: Yo soy un chico deportista y muy sociable. Mis amigos dicen que soy divertido y hablador. Me gusta jugar al fútbol y hablar por teléfono.

MORE IN ELETECA: EXTRA ONLINE PRACTICE

1. THE IMPERFECT TENSE OF REGULAR VERBS

■ You have already learned to talk about actions in the past using the preterit tense. Spanish has another past tense, the imperfect, which has different uses from the preterit.

Here are the forms of regular verbs in the imperfect.

	HABLAR	COMER	VIVIR
yo	hablaba	comía	vivía
tú	hablabas	comías	vivías
usted/él/ella	hablaba	comía	vivía
nosotros/as	hablábamos	comíamos	vivíamos
vosotros/as	hablabais	comíais	vivíais
ustedes/ellos/ellas	hablaban	comían	vivían

■ Notice the accent mark over the **í** in all the endings for **–er** and **–ir** verbs. Only the **nosotros** form has an accent in **–ar** verbs.

■ Verbs that change stem in the present do not change stem in the imperfect.
*Cuando **tenía** cinco años **quería** ser veterinaria.*
When I was five years old, I wanted to be a veterinarian.

■ The imperfect form of **hay** is **había**.
*Antes **había** más tiempo libre. Before, there used to be more free time.*

■ The imperfect is used:

• To express habitual actions or ongoing actions in the past.
*Antes **salíamos** todos los fines de semana.*
*Before, **we went** (**used to go**) **out** on weekends.*

*Cuando **era** niño, **tenía** mucha energía.*
*When I **was** a child, I **had** (**used to have**) a lot of energy.*

• To describe people or circumstances in the past.
*Mi abuelo **era** muy trabajador.*
*My grandfather **was** very hardworking.*

• To "set the stage" for an event that occurred in the past.
*Aquella tarde yo **estaba** leyendo en el parque cuando empezó a llover.*
*That afternoon, I **was reading** in the park when it started to rain.*

1 Diego's grandfather is recalling some of the things he used to do as a child in Ecuador. Fill in the blanks with the correct imperfect forms of the appropriate verb in parenthesis.

Mira, Diego, cuando yo era niño, solo (a) .... (querer / tener) jugar y estar fuera. (b) .... (jugar / pasar) a las escondidas *(hide and seek)* con mis amigos. Me (c) .... (gastar / gustar) correr detrás de ellos cuando los encontraba. También (d) .... (tener / poder) un yoyó con el que siempre (e) .... (hacer / trabajar) trucos. En esa época, la moneda de Ecuador era el sucre. Con un sucre (f) .... (comprar / decir) montones de dulces. A menudo mi mamá me (g) .... (pasar / llevar) al parque y allí (h) .... (subir / leer) a los columpios *(swings)* y (i) .... (pasar / comer) allí toda la tarde. ¡Qué buenos tiempos aquellos!

2 👥 **Let´s play. With a partner, takes turns filling a box with the correct imperfect form. Win the box by writing the correct form of the verb. Win the game by getting three correct boxes in a row to form tic-tac-toe. Keep playing for another chance to win.**

preparar (él)	vivir (nosotras)	estudiar (ella)	viajar (tú)	leer (ellos)	abrir (él)
trabajar (yo)	hablar (ustedes)	tener (ellas)	dormir (nosotros)	beber (tú)	correr (nosotros)
comer (ellos)	jugar (tú)	cantar (yo)	salir (ustedes)	tomar (ella)	hacer (ellos)

2. TIME EXPRESSIONS WITH THE IMPERFECT

■ The imperfect is often used with the following expressions that describe the frequency of past actions.

• **antes**

Antes *me gustaba mucho el chocolate, ahora no.* I used to like chocolate a lot, now I don't.

• **entonces**

Entonces *la vida en México era diferente.* Life in Mexico used to be different.

• **de pequeño/a**

De pequeño *jugaba mucho con mis amigos.* As a child, I used to play a lot with my friends.

• **de joven**

De joven *mi madre pasaba los veranos con sus abuelos.* As a youngster, my mother used to spend her summers with her grandparents.

• **cuando**

Cuando *Pedro estudiaba en la universidad, no salía mucho.* When Pedro studied at the university, he didn't go out much.

3 Fill in the blanks with the following time expressions and write the correct imperfect tense of the verbs in parenthesis.

> de pequeño/a o antes o todos los días · o cuando

a. .... las mujeres no (trabajar) .... fuera de casa.

b. .... mis padres eran jóvenes (pasar) .... los fines de semana en el campo.

c. .... mi hermana (jugar) .... con un osito de color azul.

d. .... (tomar, yo) .... el autobús para ir a la escuela.

4 With a partner, talk about what you used to do in the past compared to what you do now. Use the activities from the list and the time expressions from the list above.

Modelo: De pequeño montaba en monopatín. Ahora juego al fútbol.

- acostarse a las…
- escuchar (tipo de música)
- leer…
- salir con…
- celebrar…
- estudiar…
- levantarse a las…
- usar la computadora para…
- comer…
- jugar…
- querer ser (profesión)
- vivir en…

5 Let's play. Write two true statements and one false describing what you used to do when you were a child. Use the time expressions below to give more details. Then, in groups of three, share your sentences and have your classmate guess which one is not true.

Modelo: E1: Cuando era pequeña, comía siempre dulces.

E2: Yo creo que es falso, porque tú comes siempre sano.

E3: Pues yo creo que es verdad, porque te gustan mucho los dulces.

E1: Es falso. Solo comía dulces a veces.

E2: ¡Bien! ¡Un punto para mí!

> - siempre / todos los días
> - a menudo
> - a veces
> - nunca

3. THE IMPERFECT TENSE OF IRREGULAR VERBS

■ There are only three irregular verbs in the imperfect tense.

	SER	VER	IR
yo	era	veía	iba
tú	eras	veías	ibas
usted/él/ella	era	veía	iba
nosotros/as	éramos	veíamos	íbamos
vosotros/as	erais	veíais	ibais
ustedes/ellos/ellas	eran	veían	iban

6 **Julián is interested in what life was like in Spain in the 1960's. Fill in the blanks with the correct imperfect tense of the verbs in parenthesis.**

La España de los sesenta

En casa, mi abuelo dice que cuando él (a) .... (ser) niño,
la situación en España (b) .... (ser) más difícil que ahora.
Busqué en Internet algunas cosas sobre esa época. Por ejemplo,
que España (c) .... (estar) gobernada por Franco y en nuestro
país (d) .... (haber) una dictadura, lo que significa, entre otras
cosas, que la gente no (e) .... (tener) libertad.
También (f) .... (haber) muchas personas que
(g) .... (emigrar) a otros países europeos como Francia,
Alemania o Suiza, en busca de trabajo.
Las familias (h) .... (ser) muy grandes. Las mujeres
(i) .... (poder) tener una media de cuatro o cinco
hijos y habitualmente no (j) .... (trabajar) fuera de casa. Muchas familias no
(k) .... (tener) coche ni (l) .... (ver) la televisión. Tampoco (m) .... (ir)
de vacaciones al extranjero. Las principales aficiones de los españoles (n) .... (ser) el
fútbol y las corridas de toros. ¡Cómo cambian las cosas!

7 **Compare your answers in the activity above with a partner. Then reread the text about Spain in the 1960's and answer the following questions.**

    a. ¿Quién gobernaba durante esa época (period)? ¿Era presidente o dictador?

    b. ¿Qué tenía la gente? ¿Qué cosas no tenía?

    c. ¿Adónde iban muchas personas? ¿Qué buscaban?

    d. ¿Cómo era la vida de las mujeres?

8 What was life like in the 1960's in your part of the U.S.? Do some research on the Internet and write a paragraph describing that time in history.

....

....

....

9 Using your own words and the correct form of the imperfect for the verbs in parenthesis, write a few sentences explaining your childhood. Then take turns reading your sentences to each other. Did you have similar or different experiences?

a. Cuando yo (ser) .... niño/a, (ser) .... muy...

b. Mis mejores amigos/as (llamarse) .... y (ser) ....

c. A veces mi familia y yo (ir) .... a...

d. En verano casi siempre (ir) .... a...

e. Generalmente yo (ver) .... a mis primos...

f. Por las tardes siempre (ver) .... en la televisión.

10 Take turns asking your partner about his/her childhood. Use the chart below to help you formulate four questions. Write down the questions and the answers.

	Habitación	Amigos	Juguetes
Pregunta	¿Cómo era tu habitación?		
Respuesta	Mi habitación era / tenía...		

11 Think ahead to your high school graduation and look back on this year at school with your classmates. What would you say about them? What were they like? What did they use to do (or not do)? Choose five classmates to discuss and together with a partner, prepare a description about them using the imperfect and adjectives from this unit. Present your sentences to the class.

Modelo: ¿Te acuerdas de...? Era...

 MORE IN ELETECA: EXTRA ONLINE PRACTICE **GRAMMAR TUTORIALS 7 AND 8**

EXPRESIÓN E INTERACCIÓN ESCRITAS

1 You will be writing an e-mail to a friend about a move to a new city and school. Before you begin to write, review the strategy in Destrezas and follow the suggestion.

Destrezas

Using a T-chart to examine two parts of a topic

To compare how things are now to how things used to be, use a chart to organize the information into two columns, now and then.

	Ahora en tu nueva ciudad y escuela	Antes
How do you feel?		
How do the schools compare?		
How do the cities compare?		
What are your classmates like?		

2 Write an e-mail (about 80 words) to a pen pal in Colombia telling him/her how you feel about moving to a new city and going to a new school compared to how it used to be at your old one.

Asunto: Mi nueva vida

De: Para: MauroCl@hotmail.com

EXPRESIÓN E INTERACCIÓN ORALES

3 Before you begin to talk about the photos below, review the strategy in Destrezas and follow the suggestion.

Destrezas

Using your imagination

Be imaginative as you describe what is taking place in the images. Consider ways to make the presentation interesting and entertaining by preparing ahead.

Think about these questions before you speak:

- ¿Quiénes son? ¿Dónde están?
- ¿Puedes describir este lugar?
- ¿Qué personalidad tienen? ¿Qué hacen?
- ¿De qué crees que hablan?
- ¿En qué época era? ¿Por qué?

4 Describe the images and talk for about three minutes. Talk about the place, the people, the objects, and what they are doing.

PRONUNCIACIÓN Los diptongos

- Diphthongs are combinations of vowels that form a single syllable. Their individual vowel sounds do not change, but they blend together to form a single syllable. Diphthongs occur in Spanish when:
  - the vowels **i** and **u** appear together in the same syllable.
  - the vowel **i** appears in combination with either **a**, **e**, **o** in the same syllable.
  - the vowel **u** appears in combination with either **a**, **e**, **o** in the same syllable.

- Examples:

- **u** and **i** together: **fui**mos .... fui-mos
  ciudad.............. ciu-dad

- **i** and **a** together: **pia**no................. pia-no
  b**ai**lar .... bai-lar

- **i** and **e** together: **pie**nso .... pien-so
  vól**ei**bol............. vó-lei-bol

- **i** and **o** together: s**oi**s .... sois
  millonar**io** .... mi-llo-na-rio

- **u** and **a** together: c**ua**dro .... cua-dro
  auto .... au-to

- **u** and **e** together: f**ue**go .... fue-go
  d**eu**da............... deu-da

- **u** and **o** together: antig**uo** .... an-ti-guo

- Notice that both **ui** and **iu** are diphthongs. The same is true for other vowel pairs that form diphthongs. As long as these pairs of vowels are together, they will form a diphthong, regardless of which one comes first.

- Note that, when there is a written accent over the letter **i**, the diphthong is broken or "split" into separate syllables and the two vowels are pronounced separately.

1 **Separate the following words into syllables.**

a. aunque
b. aire
c. Europa

d. reina
e. tierra
f. radio

g. ciudad
h. agua
i. trueno

j. fuimos
k. automóvil
l. muy

MORE IN ELETECA: EXTRA ONLINE PRACTICE

ENCUENTRO DE CULTURAS

LOS TOP 5 DE...

LOS ESPAÑOLES EN EL NUEVO MUNDO

¿Quieres saber cuál es la herencia española en América? Te lo contamos.

Con la llegada de Cristóbal Colón al continente americano, los españoles quisieron crear en el Nuevo Mundo una sociedad similar a la europea. Durante quinientos años, gran parte del territorio americano era español. En el siglo XIX, los países americanos empezaron su proceso de independencia de España.

✓ En Norteamérica, las colonias españolas incluían California, Nuevo México, Arizona, Texas, Nevada, Florida, Utah y parte de otros estados como Colorado, Wyoming, Kansas y Oklahoma, además de México.

✓ En Centro y Sudamérica, todos los territorios eran españoles con excepción de parte de Brasil y Surinam.

✓ Una parte importante de la colonización española fueron las misiones, que eran poblaciones de indígenas a cargo de monjes (priests) jesuitas, dominicanos y franciscanos.

Iglesia de la Compañía de Jesús en Cusco, un ejemplo del barroco peruano

✓ Hoy es posible ver la herencia colonial española en el idioma y la cultura de muchos países americanos. La arquitectura colonial también es parte de esta herencia. Este estilo es de casas de dos pisos, con grandes puertas y de color blanco.

✓ En el siglo XVII, el movimiento barroco inspiró muchos edificios, obras de arte y música en Europa. Este estilo, impresionante y con muchos adornos, llegó a Perú y se ve en muchas iglesias en las ciudades de Quito y Cusco.

El palacio de Justicia de Santa Bárbara, en California

Iglesia de estilo español en Goliad, Texas

Detalle de un edificio en el Parque de Balboa, San Diego

¡Qué interesante!

El Viejo San Juan es un distrito en la capital de Puerto Rico. Está en una pequeña isla, conectada por puentes a la isla principal. Es una zona que no ha cambiado mucho desde la época de la colonia española. Allí hay dos fuertes (fortresses): el Morro y el Castillo de San Cristóbal, que se usaban para la defensa de la ciudad. Hay también muchas plazas e iglesias preciosas de piedra. Al caminar por las calles con adoquines (cobblestones) y casas de colores alegres, es fácil imaginar cómo era la vida en el siglo XVII.

Casas de colores en una calle del Viejo San Juan

🎧 37 Mi experiencia

«Soy Beatriz y soy una guía turística del Mercosur, una región sudamericana que incluye Argentina, Bolivia, Brasil, Paraguay, Uruguay y Venezuela. El objetivo de esta región, que existe desde 1991, es comercial y cultural e incentiva la circulación de personas y bienes *(goods)* sin restricciones.

Uno de los circuitos turísticos más interesantes es el de las misiones jesuíticas guaraníes. Es una ruta que pasa por Brasil, Paraguay, Argentina y Uruguay. Estos países tienen una herencia cultural común, porque los jesuitas españoles crearon misiones en toda esta zona, donde vivía y aún vive el pueblo guaraní. Hoy, mi trabajo es mostrar *(to show)* a los turistas internacionales los lugares donde estaban las misiones. Muchos de ellos son ruinas *(ruins)*, pero yo les cuento detalles sobre las actividades de los españoles e indígenas en las misiones para ayudarlos a imaginar la vida en el siglo XVI».

El circuito de las misiones del Mercosur

¿COMPRENDISTE?

Join the following sentences.

1. Las colonias españolas
2. El estilo barroco
3. En el Viejo San Juan
4. El Mercosur
5. Las aventuras de *El Zorro*

a. se ve en muchas iglesias peruanas.
b. es una región cultural y comercial.
c. ocurren en las colonias españolas.
d. hay muchas casas de colores.
e. incluían varios estados norteamericanos.

AHORA TÚ

What's it like for you? Answer the following questions and discuss your ideas with the class.

1. ¿Fue tu estado parte de una colonia española? ¿Cómo era la vida allí?

2. ¿Cómo son las casas de tu barrio? ¿Qué tipos de estilos diferentes hay?

3. ¿Te gustaría visitar el Viejo San Juan? ¿Por qué?

4. ¿Qué lugares turísticos hay en tu ciudad? ¿Cuál es tu favorito y por qué?

5. ¿Quién es tu personaje de cómic favorito? ¿Cómo es? ¿En qué época ocurren sus aventuras?

VOCES LATINAS ▶ PUERTO RICO, UNA ISLA ÚNICA

El rincón de los cómics   EL ZORRO

¿Conoces a El Zorro? ¿Sabías que las aventuras de este personaje ocurren en la California española?

El héroe nació en 1919, cuando el escritor Johnny McCulley lo incluyó en su historia *La maldición de Capistrano*. El Zorro es la identidad secreta del noble californiano Diego de la Vega. Es un hombre valiente y misterioso. Lucha *(he fights)* contra un gobernador español cruel e injusto.

Una imagen del misterioso personaje *El Zorro*

Fuentes: Sol Boricua, La Razón, Mercosur, La Nación.

1 🎧 **38** **Read the following text.**

Viaje en el tiempo

Estela se despertó más temprano de lo normal. Cuando abrió los ojos se asustó, porque no reconocía la habitación. Estaba en casa de sus abuelos cerca del Paseo Bulnes, pero los muebles eran diferentes: los muebles de los abuelos no eran tan antiguos como aquellos. Había mucho ruido, podía oír sirenas, bombas en la dirección del Palacio de La Moneda donde vivía el presidente, Salvador Allende. Miró por la ventana y vio aviones militares y una multitud de fuerzas armadas. Llevaban uniformes de otra época y quemaban libros en la calle. Había fuego y humo. En las paredes había carteles con la foto de un señor con lentes oscuros.

Estela se preocupó más porque empezó a escuchar gente que hablaba dentro de la casa, susurraban asustados y una mujer lloraba. De repente, oyó el ruido de la puerta y la mujer dijo: "Carlos no vive aquí". Unos hombres que vestían de azul abrieron la puerta y Estela cerró los ojos.

Un segundo después los volvió a abrir. El lugar era otra vez la habitación que ella conocía y su abuela estaba allí con ella. Le secaba el sudor de la frente y decía: "Tranquila, cariño, era una pesadilla". Estela estaba confundida y preguntó: "Abuela, ¿quién es Carlos?". La abuela la miraba sorprendida: "Creo que tu abuelo te contó demasiadas cosas y eres muy pequeña para entender la triste historia de este país. Ahora, vístete rápido, hoy es once de septiembre, es el cumple del abuelo, ¿recuerdas?".

2 **Select the correct option for each statement.**

1. Lo que Estela vio y escuchó en casa de sus abuelos...
   a. era un golpe de estado (*coup*).
   b. era un sueño.
   c. era un viaje en el tiempo.

2. Las personas que Estela escuchaba en casa...
   a. estaban felices y contentas.
   b. estaban asustadas.
   c. la llamaban por su nombre.

3. ¿Qué quiso decir la abuela cuando dijo: "Era una pesadilla"?
   a. Que era un sueño muy feo y desagradable.
   b. Que Estela estaba enferma.
   c. Que Estela tuvo una experiencia triste.

4. ¿A qué época se traslada Estela en su pesadilla?
   a. A una época de un Chile feliz.
   b. A una época trágica para Chile.
   c. A una época de libertades en Chile.

3 **Look at the following pictures and decide which one corresponds to Estela's dream.**

4 **Look at the date mentioned at the end of the text and research on the Internet which event took place in Chile on that same day in 1973.**

EXPLAINING WHY

1 **Fill in the blanks with *porque* or *por qué*.**

a. ¿Sabes .... llegó Antonio tarde a clase?

b. No quiero salir esta noche .... tengo que estudiar.

c. Javi ha escrito sobre su abuelo .... le interesa mucho su vida.

d. ¿........................ no hiciste tu tarea?

e. Dime .... estás triste.

EXPRESSING AGREEMENT AND DISAGREEMENT

2 **What does Marta mean with these expressions? Match the meaning with the responses given in the following conversations.**

> a. El verano pasado fue más fresco.
> b. Sí, la profesora de español es muy amable.
> c. No es verdad.
> d. No.

1. **Juan:** Mi madre, de joven, era una modelo muy famosa.
   Marta: ¡Anda ya! .... ☐

2. **Carol:** El verano pasado fue más caluroso.
   Marta: No creo. .... ☐

3. **Alberto:** ¿Te apetece cenar este sábado con mis padres?
   Marta: ¡Para nada! .... ☐

4. **Cristina:** La nueva profesora de español es muy amable.
   Marta: Estoy de acuerdo. .... ☐

LAS CARACTERÍSTICAS Y LAS PERSONALIDADES

3 **Match the following definitions with their corresponding adjectives.**

1. Marta no es nada cariñosa.   a. perezoso
2. Miguel no me parece nada divertido.   b. hablador
3. A mi abuelo le gusta mucho conversar.   c. trabajadora
4. Carmen siempre hace sus tareas.   d. fría
5. A David no le gusta mucho trabajar.   e. aburrido

4 **Arrange the following words in the correct order to form logical sentences.**

Modelo: inteligente / muy / es / muchacha / una / Margarita ➡ Margarita es una muchacha muy inteligente.

a. Marcos / frío / muchacho / es / un

b. muchacha / no / una / Liliana / es / divertida / muy

c. bastante / es / un / Ramón / perezoso / muchacho

d. muchacha / no / María / Elena / es / estudiosa / una

e. Felipe / unos / muy / trabajadores / son / muchachos / y / Rico

IMPERFECT TENSE

5 **Fill in the blanks with the verbs from the box in the imperfect tense.**

> trabajar ○ estar ○ hacer ○ tener ○ haber ○ ir ○ vivir ○ tener ○ ser ○ tomar

Miren, muchachos, aquí (a) .... yo cuando (b) .... diez años. El pueblo se llamaba Villallano y (c) .... muy cerca de un pueblo más grande llamado Aguilar. Mi hermana y yo (d) .... el autobús para ir a la escuela y (e) .... que comer en el comedor. Mi padre (f) .... en la panadería de mis abuelos, que (g) .... el pan para todos los pueblos cercanos y mi madre (h) .... la veterinaria. Era muy popular porque en la zona (i) .... muchas vacas y ovejas. (j) .... de un lugar a otro para ver a los animales que estaban enfermos.

6 **Osvaldo is talking about how he used to spend his summers when he was a kid. Complete the description with the correct imperfect form of the verbs *ir* or *ser*.**

Cada verano, cuando (a) .... pequeño (b) .... al pueblo de mis abuelos con mi hermano. El pueblo (c) .... muy bonito y muy chiquito pero lo pasábamos muy bien. Generalmente, mis primos también (d) ...., y entonces lo pasábamos genial. Por las mañanas (e) .... todos juntos de excursión a la montaña o al río. Mi abuela (f) .... a comprar al mercado y preparaba unas comidas deliciosas. Por las tardes jugábamos en la calle con otros niños y de vez en cuando (g) .... al cine. Los veranos con mis abuelos (h) .... maravillosos.

CULTURA

7 **Answer the following questions about *Encuentro de culturas*.**

a. ¿Qué estados formaban parte del territorio español? ¿Cuántos estados con nombres españoles puedes nombrar?

b. ¿Cómo eran las casas de estilo español que construían en las colonias? ¿Qué edificio público conoces con este estilo?

c. ¿Dónde hay buenos ejemplos del estilo barroco? ¿Cómo es este estilo?

d. ¿Por qué eran importantes las misiones? ¿Cómo están muchas de las misiones ahora?

e. ¿Qué aspectos del siglo XVII se mantienen en el Viejo San Juan?

MORE IN ELETECA: EXTRA ONLINE PRACTICE

Las personalidades

bromista *jokester*
callado/a *quiet*
cariñoso/a *affectionate*

divertido/a *fun*
emocionante *exciting*
entretenido/a *entertaining, enjoyable*
estresado/a *stressed*
frío/a *cold, distant*
hablador/a *talkative*
impresionante *impressive*

impuntual *perpetually late*
interesante *interesting*
peligroso/a *dangerous*
perezoso/a *lazy*

práctico/a *practical*
puntual *punctual*
relajante *relaxing*
responsable *responsible*
ruidoso/a *loud, noisy*

saludable *healthy*
silencioso/a *quiet*
soso/a *dull, bland*
tranquilo/a *calm*

Expresiones temporales

antes *before*
cuando *when*
de joven *as a youngster, young man/woman*
de pequeño/a *as a child*

entonces *then*

Pedir y dar opiniones

Me parece (que)... *I think / I believe...*
No sé qué decir. *I'm not sure what to say.*
No te puedo decir. *I can't say.*
¿Por qué? *Why?*
porque *because*
¿Qué opinas/piensas sobre...? *What do you think about...?*
¿Qué te parece...? *What do you think about...?*
¡Yo qué sé! *What do I know?*

Expresar acuerdo y desacuerdo

¡Anda ya! *No way!*
Estoy (en parte / totalmente) de acuerdo con... *I agree (in part / totally) with...*

¡Ni modo! ¡Que no! *No way!*

No estoy (totalmente) de acuerdo con... *I don't agree (at all) with...*
Nunca jamás. *Never ever.*
¡Para nada! *Not at all!*
¡Por supuesto! *Of course!*
¡Qué dices! *What are you talking about?*

Tienes razón *You are right*
¡Totalmente! *Totally!*

THE IMPERFECT TENSE OF REGULAR VERBS

(See page 124)

	HABLAR	COMER	VIVIR
yo	hablaba	comía	vivía
tú	hablabas	comías	vivías
usted/él/ella	hablaba	comía	vivía
nosotros/as	hablábamos	comíamos	vivíamos
vosotros/as	hablabais	comíais	vivíais
ustedes/ellos/ellas	hablaban	comían	vivían

■ The imperfect form of **hay** is **había**.

THE IMPERFECT TENSE OF IRREGULAR VERBS

(See page 127)

■ There are only three irregular verbs in the imperfect tense.

	SER	VER	IR
yo	era	veía	iba
tú	eras	veías	ibas
usted/él/ella	era	veía	iba
nosotros/as	éramos	veíamos	íbamos
vosotros/as	erais	veíais	ibais
ustedes/ellos/ellas	eran	veían	iban

■ Use the imperfect tense for the following:

• To refer to actions in the past that occurred repeatedly.
  Antes **salíamos** todos los fines de semana.
  Before, we went (used to go) out on weekends.

• To describe people or circumstances in the past.
  Mi abuelo **era** muy trabajador.
  My grandfather was very hardworking.

• To "set the stage" for an event that occurred in the past.
  Aquella tarde yo **estaba leyendo** en el parque cuando empezó a llover.
  That afternoon, I was reading in the park when it started to rain.

1 🎧 **39** **Listen to four conversations and match each one with the correct image.**

2 🎧 **39** **Listen again to the conversations and change the sentences to make them correct.**

a. En las rebajas comprar es más caro. ➡ ....

b. Alberto llama a Luis. ➡ ....

c. La nevera de 800€ era grande. ➡ ....

d. La tía de Cristina come carne. ➡ ....

e. Luis necesita los apuntes de Ciencias. ➡ ....

3 **Respond to the following statements using the imperative (command) form of an expression from the list below.**

> volver más tarde ○ pasar ○ abrir la ventana ○ ir al médico ○ poner la radio ○
> conectar el cable ○ ~~tomar el ascensor~~ ○ buscar en la biblioteca ○ decir

Modelo: *No puedo subir las escaleras, me duele mucho este pie.* ➡ *Toma el ascensor.*

a. Hola, ¿puedo entrar? ➡ ....

b. Quiero contarte una cosa muy importante. ➡ ....

c. Me duele mucho el estómago. ➡ ....

d. Quiero oír música. ➡ ....

e. No sé encender este aparato. ➡ ....

f. Necesito un diccionario monolingüe. ➡ ....

g. Necesito hablar con el jefe de estudios y no está. ➡ ....

h. Hace mucho calor aquí. ➡ ....

4 **Fill in the blanks with *ser* or *estar*.**

a. Buenos Aires .... la capital de Argentina.

b. Bilbao .... en el norte de España.

c. José .... enfermo.

d. ¿Dónde .... mis gafas?

e. Andrés .... el hermano de Luisa.

f. La nueva profesora .... muy aburrida; no nos divertimos en clase.

g. Mis padres .... argentinos.

h. Julia .... muy triste.

i. Este sábado la biblioteca .... abierta. Podemos ir a estudiar.

j. Los españoles .... muy trabajadores.

k. Los servicios .... en la planta de abajo.

5 **Teresa is describing her childhood to us. Fill in the blanks with an appropriate verb in the imperfect.**

De pequeña (a) .....hablaba...... muy poco porque era muy tímida. No tenía hermanos y tampoco (b) .... amigos. Recuerdo que mis padres me (c) .... mucho porque siempre (d) .... tarde a clase. Lo que más me gustaba (e) .... mi perro Trueno. Todas las tardes (f) .... con él en el parque. Algunos sábados (g) .... a casa de mis abuelos de visita. Allí (h) .... una amiga que se (i) .... Rosa y (j) .... muy simpática. ¡Me (k) .... estar con ella!

6 🎧 **40** **Listen to the following conversations and fill in the missing words.**

1. » Ayer fui al cine. La película era muy buena.

» ¿........................?, ¿qué película era?

» Era una película francesa.

» Sí, es que el cine europeo es mejor que el ....

» ¡........................! Depende de la película, no siempre es así.

2. » Uf, otro día más de clase...

» ¡Qué dices! Ir a clase todos los días es ....

» ....

» Claro, hay que hacer cosas; todo el día sin hacer .... imposible, mejor ir a clase.

7 **Say if you agree or disagree with the opinions expressed in the activity above. Use expressions of agreement and disagreement and explain your reasons.**

Diálogo 1: El cine europeo es mejor que el americano.

Diálogo 2: Ir a clase todos los días es fantástico.

HISTORIAS DE LA VIDA

≫ ¿Sabes dónde está esta persona?

≫ ¿Te gusta aprender sobre la historia y las culturas de otros países?

Descubriendo antiguas civilizaciones

In this unit, you will learn to:

- Talk about historical events and what happened
- Talk about important events in a person's life
- Describe when actions occurred
- Talk about doing something again

Using

- Preterit of regular and irregular verbs
- Preterit of stem-changing verbs

Cultural Connections

- Talk about historic events that have shaped culture in Hispanic countries

¡ACCIÓN!

SABOR HISPANO

- Encuentro de culturas:
  las culturas del mundo español

1 Look at this group of friends. Then answer the questions based on what you see or can infer from the image.

a. ¿Qué asignatura crees que están estudiando?

b. ¿Qué tipo de soldado representa el casco *(helmet)*? ¿Un soldado musulmán, romano o un conquistador español?

c. El hombre de la estatua, Averroes, fue un filósofo y médico musulmán de la España del siglo XII. ¿Qué crees que tiene en la mano?

d. ¿A qué apunta el hombre en la última imagen?

2 Write the name of the student next to the historical period he/she is thinking about.

Estudiante

a. La época de los Reyes Católicos y Cristóbal Colón. ....

b. La presencia romana en España y sus logros arquitectónicos. ....

c. La contribución cultural y científica de los musulmanes durante más de siete siglos. ....

3 🎧 **41** Follow along as you listen to the conversation between Luis, Ana, and María. Then answer the questions that follow.

Luis: ¿Qué te pareció la clase de ayer?

Ana: Muy interesante, pero **la historia reciente es la que más me gusta**. Como son hechos (events) que ocurrieron hace menos tiempo, lo imagino mejor.

María: Pues a mí me gustan más otras épocas. ¿Te acuerdas de la clase del otro día, cuando el maestro nos explicó cómo llegó Colón a América?

A.: Sí, ya me acuerdo. Colón fue a ver a los Reyes Católicos **porque** en Portugal no consiguió el dinero para el viaje.

Puente romano de Córdoba con la mezquita al fondo

L.: A mí lo que me gusta de esa época es que, hasta que los Reyes Católicos expulsaron a los judíos y musulmanes, convivieron tres culturas en España.

M.: Y, además, los árabes dejaron una huella (mark) muy importante, no solo en sus monumentos sino en la cultura, la ciencia, la lengua...

A.: Ya, pero la huella que dejaron antes los romanos fue también muy profunda; en muchas ciudades españolas hay obras arquitectónicas suyas, puentes...

L.: Sí, pero a mí lo árabe **me parece más exótico**, no sé, más diferente, ¿no?

A.: Puede ser... De todas formas, prefiero la historia reciente. Además, quiero saber muchas más cosas de la historia de España.

M.: Bueno, muchas más no, que luego tenemos que estudiarlas para el examen...

L.: ¡Ja, ja! Tienes razón...

a. ¿Qué prefiere estudiar Ana? ¿Por qué?

b. ¿A qué país pidió ayuda Colón antes de a España para realizar su viaje?

c. ¿Por qué le gusta más a Luis la época de dominación árabe que la romana?

d. ¿Qué otra cultura crees que convivió en España con judíos y musulmanes antes de su expulsión?

4 👥 In small groups of three, take turns asking each other about different periods in United States history. Use expressions from the conversation and the Modelo below as a guide.

Época histórica
• la época del descubrimiento
• la época colonial
• la expansión hacia el oeste
• la guerra civil
• el siglo XX

Modelo: E1: ¿Qué época te gusta más?

E2: A mí me gusta más la época de la guerra civil.

E3: A mí, no. A mí me parece una época muy complicada y es difícil recordar los hechos.

E1: Sí, pero me parece muy importante porque explica un momento crítico en nuestra historia.

COMUNICA

TALKING ABOUT ACTIONS IN THE PAST

- To indicate the order that an action took place in the past, use:
  - **Antes de** + llegar / salir / empezar... *Before + arriving / leaving / starting...*
    Antes de empezar la universidad, mi profesor de historia me regaló su libro.
    Before starting college, my history teacher gave me his book as a gift.

  - **Al cabo de** + un mes / dos años... *After + one month / two years...*
    Empecé a leer su libro y **al cabo de** dos horas lo terminé. *I began reading his book and, after two hours, I finished it.*

  - Años / días / meses + **más tarde**... *Years / days / months + later...*
    Años más tarde vi a mi profesor en la televisión. *Years later, I saw my teacher on television.*

  - **Al año / a la mañana** + **siguiente**... *The next year / morning...*
    Al día siguiente lo llamé por teléfono. *The next day, I called him on the phone.*

  - **Un día / mes / año** + **después**... *A day / month / year + after...*
    Un mes después cenamos juntos y hablamos de los viejos tiempos.
    A month later, we had dinner together and talked about old times.

- To talk about an action that started in the past:
  - **Desde** el lunes / 2013 / marzo... *Since Monday / 2013 / March...*
    Estudio español **desde** agosto. *I study Spanish since August.*

- To talk about the duration of an action:
  - **De... a / Desde... hasta** *From... to / until*
    Estudié español **desde** las cinco **hasta** las ocho. *I studied Spanish from five until eight.*

  - **Durante** *During / For*
    Estudié español **durante** tres horas. *I studied Spanish for three hours.*

- To talk about the end of an action:
  - **Hasta (que)**... *Until...*
    Estudié español **hasta que** cumplí dieciocho años y viajé a España.
    I studied Spanish until I turned eighteen and I traveled to Spain.

---

1 👥 **Work with a partner and write sentences about what Jorge did last week using the expressions you just learned. ¡Atención! Try not to repeat any expressions.**

| lunes (9:00 h) | martes | jueves (10:00 h) | jueves (17:00 h) | sábado |

Modelo: b ➡ Al día siguiente fue a estudiar a la biblioteca.

2 👥 **With a partner, talk about what you did last year. Mention at least three activities, when you started them, and how long they lasted.**

TALK ABOUT DOING SOMETHING AGAIN

■ To say that an action is repeated, use the expression **volver a** + infinitive.

Cristóbal Colón viajó a América en 1492 y **volvió a viajar** *allí varias veces más.* Cristóbal Colón traveled to America in 1492 and repeated that voyage several more times.

El próximo año **vuelvo a estudiar** *español.* Next year, I'm going to study Spanish again.

3 🎧 ⁴² **Fill in the blanks with the correct preterit form of the expressions with** *volver.* **Then listen to the conversations and check your answers.**

> volver a quedar o volver a ganar o volver a comprar

a. Carolina: ¿Sabes que el otro día perdí el libro de Historia?

Sandra: ¿Sí? ¿Y qué hiciste?

Carolina: Pues ………….. otro. No sabes el enfado que tiene mi madre…

Sandra: Ya, me lo imagino.

b. Paco: ¿Te acuerdas de Jaime, aquel chico que conocimos el año pasado en los campamentos?

Julián: Sí, era muy simpático. ¿Sabes algo de él?

Paco: Pues hace mucho que no. ………….. alguna vez, pero perdí su teléfono. Tú no lo tienes, ¿no?

c. Carlos: ¿Sabes cuántas veces ha ganado el mundial de fútbol Argentina?

Luis: Una, ¿no?

Carlos: No, dos. Lo ganó en 1978 y después lo ………….. en 1986.

4 **Choose from the list of verbs and write sentences with** *volver a* **+ infinitive and the information in the images.**

> casarse *(to get married)* o ganar *(to win)* o perder *(to lose)* o recibir *(to receive)* o suspender *(to fail [a test])* o tomar *(to take)*

mi tío / 1995 / 2010   examen / diciembre / marzo   elecciones / presidente / 2004 / 2008   Luisa / Oscar / 1999 / 2002

5 👥 **With a partner, prepare a conversation similar to the ones in Activity 3. Then present it to the class.**

MORE IN ELETECA: EXTRA ONLINE PRACTICE

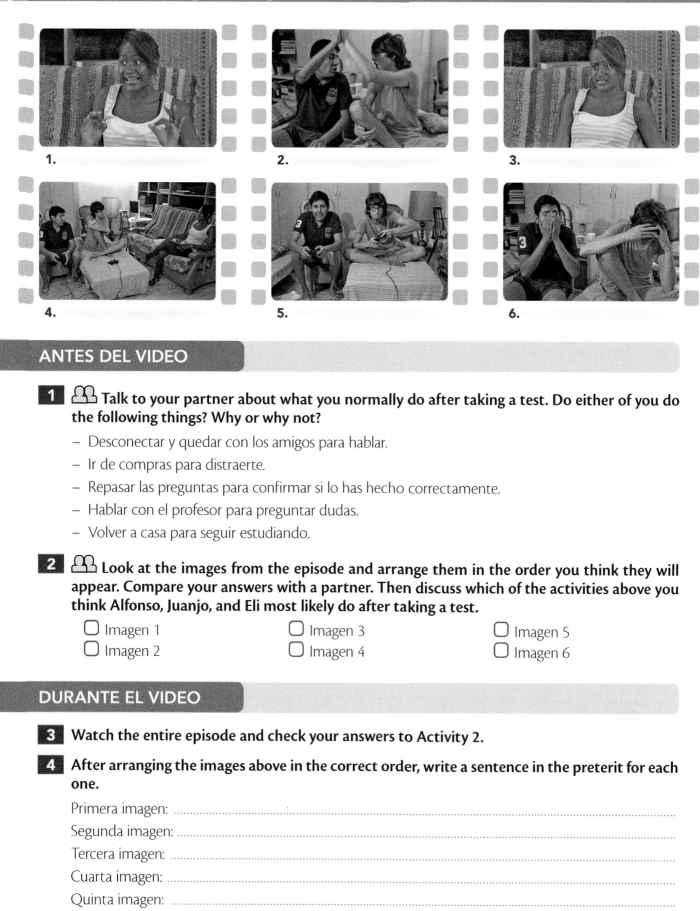

1. 2. 3.

4. 5. 6.

ANTES DEL VIDEO

1 Talk to your partner about what you normally do after taking a test. Do either of you do the following things? Why or why not?

- Desconectar y quedar con los amigos para hablar.
- Ir de compras para distraerte.
- Repasar las preguntas para confirmar si lo has hecho correctamente.
- Hablar con el profesor para preguntar dudas.
- Volver a casa para seguir estudiando.

2 Look at the images from the episode and arrange them in the order you think they will appear. Compare your answers with a partner. Then discuss which of the activities above you think Alfonso, Juanjo, and Eli most likely do after taking a test.

☐ Imagen 1   ☐ Imagen 3   ☐ Imagen 5
☐ Imagen 2   ☐ Imagen 4   ☐ Imagen 6

DURANTE EL VIDEO

3 Watch the entire episode and check your answers to Activity 2.

4 After arranging the images above in the correct order, write a sentence in the preterit for each one.

Primera imagen: ....

Segunda imagen: ....

Tercera imagen: ....

Cuarta imagen: ....

Quinta imagen: ....

Sexta imagen: ....

5 🔘 01:00 - 01:48 **Watch the following segment and rewrite the sentences to make them correct.**

a. Alfonso y Juanjo están jugando a la videoconsola después de clase.

b. Los dos están muy nerviosos porque mañana tienen un examen.

c. Creen que solo respondieron bien a algunas preguntas.

d. A Eli le pareció muy fácil el examen.

6 🔘 01:48 - 03:13 **Watch the next segment and complete the sentences with the correct form of the verb according to the conversation that takes places.**

a. ¿En qué año se .... (hacer) emperador Atahualpa?

b. Atahualpa, el gran emperador inca, ... (conseguir) el poder en 1523.

c. Muchachos, creo que .... (equivocarse).

d. .... (ser) en 1532.

e. ¿Qué explorador español .... (invadir) el Imperio azteca?

f. .... (ser) Hernán Cortés.

7 🔘 03:13 - 04:54 **Watch the last segment of the episode and match the correct answer to each question.**

1. ¿Cómo se llamaba el hermano de Atahualpa?

2. ¿Cuántos hombres tenía en su ejército Hernán Cortés?

3. ¿Quién fue el gran emperador azteca?

4. ¿En qué año murió Atahualpa?

a. En 1533.

b. Moctezuma.

c. Huáscar.

d. Algo más de quinientos.

8 **What new vocabulary did you learn? Combine the following expressions used in the episode.**

1. Conseguir...

2. Hacerse...

3. Invadir...

4. Ser...

5. Revisar...

a. el poder.

b. el Imperio inca.

c. las respuestas.

d. emperador.

e. un genio.

DESPUÉS DEL VIDEO

9 **Think about the last test or exam you took. Use the following cues to write about the experience:** *cómo fue, si estudiaste mucho los días previos, si te pusiste muy nervioso, si te salió bien, si tuviste buena nota...*

10 👥 **In pairs, talk to your partner about your experience and compare strategies and results. Choose two positive practices each of you follow and one that you know is not helpful. Share your conclusions with the class.**

MORE IN ELETECA: EXTRA ONLINE PRACTICE

1 Sergio is looking at the family photo album with his grandmother. Match the photos to what Sergio's grandmother says about them.

a. ◯ Esta es del primer día que tu padre fue a la universidad. Se graduó cinco años después.

b. ◯ Tu padre y tu madre se conocieron en la fiesta de cumpleaños de una amiga de la universidad. Se enamoraron en el momento en el que se vieron.

c. ◯ Cuando tus padres se comprometieron, tu padre le regaló a tu madre un anillo precioso que desde entonces siempre lleva puesto.

d. ◯ El día que se casaron tus padres, tu madre se enfadó mucho porque el que llegó tarde a la boda ¡¡fue tu padre!!

e. ◯ El día que tu abuelo se jubiló compró dos billetes de avión y nos fuimos de vacaciones a Punta Cana.

f. ◯ Cuando naciste, todos nos pusimos muy contentos y fuimos al hospital a verte todos tus abuelos.

g. ◯ Esta foto es del día que tu padre empezó a trabajar como arquitecto. Todavía recuerdo lo nervioso que estaba ese día.

h. ◯ El primer día que fuiste a la escuela estuviste llorando hasta que tu madre te recogió por la tarde.

2 Use your imagination to write five sentences describing Óscar's life using some of the verbs from the box below.

Modelo: Óscar nació en una ciudad de Colombia. A los cinco años...

casarse ○ conocer a su esposa ○ empezar a trabajar ○
ir a la universidad ○ graduarse ○ mudarse *(to move)* ○ nacer
○ tener hijos ○ tener una buena vida ○ trabajar... años

3 Match the words and definitions on the left to the words and definitions most closely associated with them on the right.

1. **Invadir:** entrar en un país por la fuerza de forma inesperada.
2. **Reinar:** solo lo pueden hacer los reyes.
3. **Descubrir:** ver o encontrar algo por primera vez.
4. **Guerra:** lucha entre naciones o partes de una nación.
5. **Ganar:** obtener la victoria sobre el enemigo.

a. **Explorar:** reconocer o examinar con detenimiento un lugar nuevo.
b. **Batalla:** cada una de las luchas que se producen dentro de un conflicto armado.
c. **Conquistar:** ganar mediante una guerra un territorio.
d. **Vencer:** derrotar o rendir al enemigo.
e. **Gobernar:** lo puede hacer un rey o un político.

- Luchar / Combatir en una guerra. *Fight / Battle in a war.*
- Ganar una batalla / guerra. *Win a battle / war.*

4 Read the following text about the life of an historic figure. Then fill in the blanks with the words from the box.

conquistar ○ guerra ○ invadió ○ victoria ○ consiguió

Atahualpa (/Ah tuh WAHL puh/) era el hijo menor de un emperador inca. Cuando Atahualpa era pequeño, la civilización inca era la más grande y poderosa de las Américas. Cuando su padre murió, Atahualpa y su hermano Huáscar lucharon en una (a) .... civil para conseguir el control del gran Imperio. Esta guerra casi destruyó el Imperio inca, pero en 1532 Atahualpa (b) .... el control.

Atahualpa no pudo disfrutar de su (c) .... por mucho tiempo. Ese mismo año, un pequeño ejército español (d) .... el Imperio inca. El líder español, Francisco Pizarro, capturó a Atahualpa. Aunque los incas eran grandes guerreros, la guerra civil había debilitado (*had weakened*) sus fuerzas y los españoles pudieron (e) .... el Imperio inca.

Estatua Francisco Pizarro

5 Who's your favorite figure from history? What did he or she do? When? Write a few sentences explaining his or her story.

6 🎧 43 **Listen to the following audio about one of the most important encounters between cultures in history. Fill in the blanks with the missing words from the audio.**

Al poco tiempo de la llegada de los españoles, comenzó un (a) .... de productos entre Europa y las Américas. Los españoles (b) .... a Europa tomates, papas, maíz y chocolate, (c) .... hasta entonces, y (d) .... gallinas (*chickens*), caballos, ovejas (*sheep*) y arroz. Los españoles también trajeron su lengua, su arquitectura, su comida y sus tradiciones. Durante esa época, se (e) .... diferentes razas, religiones y (f) .... dando lugar a una gran variedad de tradiciones y culturas. Gentes de (g) .... europea, indígena y africana crearon la gran (h) .... cultural que hoy existe en América.

7 **Read the following passage and then match each word to its meaning.**

Me llamo Nicolás y vivo en Estados Unidos. Mi **herencia cultural** es muy variada. Está compuesta por los indígenas americanos que vivieron aquí desde hace mucho tiempo, los españoles que llegaron a México en el siglo XVI y los africanos con sus ricas **tradiciones**. Estoy muy **orgulloso** de mi herencia porque es muy **diversa** y me encanta aprender sobre la historia de mi familia y sobre las diferentes culturas que la forman.

1. herencia cultural
2. tradiciones
3. orgulloso
4. diversa

a. Transmitir experiencias de generación en generación.
b. Variada.
c. Las costumbres que una población considera parte de sus usos.
d. Sentir gran satisfacción.

8 👥 **What are the cultural influences in your family? Write a paragraph about your cultural heritage and share it with a partner. How is your heritage similar or different from your partner's?**

 MORE IN ELETECA: EXTRA ONLINE PRACTICE

1. PRETERIT OF REGULAR VERBS

■ The preterit tense is used to describe events and actions that took place and were completed in the past.

1 **Fill in the missing endings for the following regular verbs in the preterit. ¡Atención! Be sure to include accent marks for the appropriate forms.**

	VIAJAR	VOLVER	SALIR
yo	viaj**é**	volv......	sal**í**
tú	viaj......	volv**iste**	sal......
usted/él/ella	viaj**ó**	volv......	sal......
nosotros/as	viaj......	volv**imos**	sal......
vosotros/as	viaj**astéis**	volv**isteis**	sal**isteis**
ustedes/ellos/ellas	viaj......	volv......	sal**ieron**

2 **Write the correct preterit verb to complete this description about Hernán Cortés and his arrival in Mexico.**

En 1519, el explorador español Hernán Cortés y más de quinientos hombres (a) .... (llegar / conocer) a México y (b) .... (encontrar / viajar) hacia la capital azteca de Tenochtitlán. El Imperio azteca era muy rico y en muchos aspectos más avanzado que cualquier nación europea. Sin embargo, los aztecas no tenían caballos ni armas de fuego. Este importante hecho (c) .... (ganar / ayudar) a los españoles. Los aztecas se (d) .... (pasar / rebelar) contra los españoles y (e) .... (luchar / correr) en numerosas batallas. Al cabo de pocos años, Cortés y su ejército (f) .... (conquistar / participar) el poderoso Imperio azteca liderado por su emperador Moctezuma.

Hernán Cortés

3 👥 **Take turns with a partner to talk about a trip (real or imaginary) you took. Combine elements from each column to create logical sentences.**

Modelo: Durante mi viaje visité museos maravillosos.

¿Cuándo?	Acción	Aspecto	Descripción
	caminar	música	alto/a
	comer	comida tan...	único/a
• durante	conocer	grupos étnicos tan...	amable
• a la mañana / al día siguiente	descubrir	personas	divertido/a
• al cabo de una semana / un día	dormir	museos	interesante
• de... a...	pasear	puntos turísticos	maravilloso/a
	ver	edificios tan...	diferente
	visitar	arte	impresionante

4  **Write a page on a travel journal in Spanish about a trip you have taken. Then share your journal entry with a partner. Include the following information:**

- Who traveled with you.
- Places you visited.
- Things you saw.
- Things you did: eat, buy, discover.
- When you returned home.

2. PRETERIT OF STEM-CHANGING VERBS

■ Verbs ending in **−ar** and **−er** do not change stem in the preterit.

■ Verbs ending in **−ir** that have a stem change in the present tense **also have a stem change in the preterit**, but in a different way. They change **e** to **i** and **o** to **u** and **i** to **y** in the **usted/él/ella** and **ustedes/ellos/ellas** forms only.

	PEDIR	DORMIR	CONSTRUIR
	e ➡ i	o ➡ u	i ➡ y
yo	pedí	dormí	construí
tú	pediste	dormiste	construiste
usted/él/ella	pidió	durmió	construyó
nosotros/as	pedimos	dormimos	construimos
vosotros/as	pedisteis	dormisteis	construisteis
ustedes/ellos/ellas	pidieron	durmieron	construyeron

■ Other **−ir** stem-changing verbs include:

e ➡ i	o ➡ u	i ➡ y
conseguir (to get, obtain, acheive)	**dormirse** (to fall asleep)	**caer** (to fall)
divertirse (to hace fun)	**morir** (to die)	**creer** (to believe)
mentir (to lie)		**leer** (to read)
reírse (to laugh)		**oír** (to listen, hear)
repetir (to repeat)		
seguir (to follow)		
vestirse (to dress)		

❗

■ **REÍRSE**

me reí	nos reímos
te reíste	os reísteis
se **rio**	se **rieron**

5 **Complete the sentences with the correct form of the verb in parenthesis.**

a. (Mentir, ellos) .... a sus padres sobre las notas del examen.

b. El otro día (vestirse, yo) .... muy rápido. Después, mis amigos (reírse) .... porque salí sin calcetines.

c. El lunes el director (leer) .... las nuevas normas de la escuela a todos los estudiantes.

d. (Oír, nosotros) .... la noticia por televisión; después la (leer) .... en el periódico.

e. ¿(Conseguir, ellos) .... hablar con él por teléfono?

6 **Match the image to the correct verb below. Then, with a partner, write a detailed sentence or caption for each image.**

	Descripción
1. ⃝ conseguir	
2. ⃝ dormirse	
3. ⃝ mentir	
4. ⃝ reírse	
5. ⃝ construir	
6. ⃝ divertirse	

GRAMÁTICA

Some irregular preterit verbs in Spanish follow a pattern of their own. How much do you remember about these verbs?

7 **Complete the chart with the correct forms of *ser*, *ir*, and *dar* in the preterit.**

	SER / IR	DAR		SER / IR	DAR
yo			nosotros/as		
tú			vosotros/as		
usted/él/ella			ustedes/ellos/ellas		

8 **These verbs use irregular stems. Complete the chart with the correct stem for these verbs.**

a. hacer ➡ ....

c. poder ➡ ....

e. estar ➡ ....

b. querer ➡ ....

d. tener ➡ ....

f. decir ➡ ....

Other verbs that change to **u**:

andar .... **poner** .... **saber** ....

Changes to **i**:

venir ....

9 **Complete the paragraph with the correct form of the preterit. Do you know what famous Spanish artist this text is about?**

(a) .... (nacer) en Málaga en 1881 y (b) .... (morir) en Mougins, Francia en 1973.
(c) .... (seguir) los pasos de su padre José Ruiz Blasco, que (d) .... (ser) artista, profesor
de arte y su maestro. (e) .... (Hacer) sus primeros dibujos
a lápiz. (f) .... (Aprender) con los dibujos de su padre y los
(g) .... (repetir) con una perfección increíble para un niño de su
edad. Cuentan que una vez le (h) .... (pedir) a su padre un lápiz
y un papel y (i) .... (dibujar) unas palomas tan perfectas que su
padre (j) .... (sentirse) peor artista que su propio hijo. Hoy en día
está considerado el artista más importante del siglo XX y uno de los
que más (k) .... (influir) en el desarrollo del arte moderno.

10 **Classify the verbs from Activity 9 according to the categories in the chart.**

Regulares	Irregulares e ➡ i	Irregulares o ➡ u	Irregulares i ➡ y	Otros irregulares
nació,				

MORE IN ELETECA: EXTRA ONLINE PRACTICE ➡ **GRAMMAR TUTORIALS 9 AND 10**

EXPRESIÓN E INTERACCIÓN ESCRITAS

1 Before you begin to write, review the writing strategy in Destrezas and follow the suggestion.

Destrezas

Using boxes or charts to organize information

Before you write about a trip or travel experience, plan out the content you want to include and organize it in categories. Use boxes or a chart for each category and look at the photos for information.

Lugar	Personas	Actividades	Opinión/Descripción
• write about the place in the photos	• write about who you went with or met there	• write about what you did and saw	• give your opinion of what you saw

2 Write a blog (about 80 words) about your experiences visiting the Mayan pyramids of Chichen Itza on the Yucatan Peninsula in Mexico.

El viaje constante

El viaje constante

Mis últimas vacaciones

🔍 Buscar

📋 **Archivo del blog**
- ⊞ Octubre
- ⊞ Septiembre
- ⊞ Agosto
- ⊞ Julio
- ⊞ Junio
- ⊞ Mayo

🐦 **@viajeconstante**

ⓕ **Sígueme**

COMPRENSIÓN AUDITIVA

3 You are going to listen to four radio commercials. Before you listen, review the strategy in Destrezas and follow the suggestion.

Destrezas

Preparing for note-taking

Write down the following column headings before the recordings start. Jot down notes from the listening passage in the appropriate column. Then check that you have enough information to answer the question before listening a second time.

Main idea	Major point	Important detail

4 🎧 44 Listen to the audio recordings of four radio commercials. Each one will be played twice. Choose the correct option to complete each sentence.

1. El programa de radio...

    a. va a entrevistar a dos actores.

    b. va a entrevistar a una actriz.

    c. va a entrevistar a Paula Vargas.

2. El anuncio dice que...

    a. las blusas y los vestidos cuestan quince euros.

    b. los vestidos y los pantalones tienen diferentes precios.

    c. todos los vestidos cuestan lo mismo que los pantalones.

3. El partido...

    a. es una final de un campeonato.

    b. lo retransmiten dos hombres.

    c. se juega a las ocho de la tarde.

4. Si vas a Óptica Buenavista...

    a. te llevas dos regalos.

    b. te regalan un viaje al comprar dos pares de gafas.

    c. te regalan unas gafas de sol al comprar dos pares de gafas.

PRONUNCIACIÓN Variantes en la pronunciación del español

1 Look at the list of words. How would you normally pronounce them? Take turns reading the words aloud with a partner.

- azúcar
- pesadilla

- hacer
- ceniza

- cereza
- gracias

2 🎧 ⁴⁵ Spanish pronunciation varies according to the origin of the speaker. Listen carefully to the pronunciation of the words above by a speaker from Spain and one from a Latin American country. How are they different?

> ❗ ■ People in all regions of Latin America, in southern Spain and the Canary Islands speak with **el seseo**. This consists of pronouncing the letter **c** (before **e**, **i**) and **z** (before **a**, **o**, **u**) with the sound of the letter **s**.

3 🎧 ⁴⁶ You will now listen to three audio recordings, a tongue twister, a series of sentences, and a conversation. Listen carefully and underline the words you hear in each text.

Texto 1		Texto 2		Texto 3	
• ciudad	• Asia	• zapateros	• cintura	• lápices	• necesito
• carro	• Sarasota	• rizados	• cenizas	• sesenta	• canguro
• cuidado	• cerezas	• se pone	• sexto	• sentamos	• gracias

4 Listen again and check your answers with a partner.
Then discuss the following with your partner and share your observations with the class.

- Which text was easier to understand?
- Which text was the most difficult?
- Why was it difficult? Was it because of the vocabulary or the pronunciation?

MORE IN ELETECA: EXTRA ONLINE PRACTICE

ENCUENTRO DE CULTURAS

LOS TOP 5 DE...

LAS CULTURAS DEL MUNDO ESPAÑOL

El continente americano tiene una herencia internacional. ¿Quieres conocerla?

Carnaval de Cartagena de Indias, en Colombia

Con el descubrimiento de América, las culturas indígenas y española se combinaron. Pero la herencia cultural del continente no termina allí: tiene conexiones con África, con Asia y con otros países europeos. Estas son algunas de las culturas que forman parte de la identidad hispanoamericana.

✓ La llegada de los españoles a México significó el fin del Imperio azteca y el inicio del contacto con la cultura europea. Desde 1966, la Plaza de las Tres Culturas está en el lugar de la última batalla *(battle)* entre el español Hernán Cortés y Cuauhtémoc, el emperador azteca. En la plaza hay ruinas de un templo azteca, un convento español y una moderna torre.

✓ Los países del Caribe tienen una rica mezcla cultural, ya que su población desciende de africanos, indígenas y europeos. En esta región, el Carnaval es la fiesta que celebra la diversidad de herencias a través de la música, el baile, los trajes coloridos y los desfiles *(parades)*.

✓ En el Caribe más de seiscientas mil personas pertenecen al grupo étnico «garífuna». Es un pueblo con herencia africana e indígena caribeña. Tienen su propia lengua, el garífuna, y una cultura única que combina tradiciones de las Antillas y del oeste de África. Viven en varios países centroamericanos y en Estados Unidos.

✓ En Uruguay y Argentina hay una gran comunidad judía. Está formada por descendientes de los inmigrantes de Europa Oriental que emigraron a América en los siglos XIX y XX por motivos políticos y económicos. Hoy mantienen su religión y las fiestas tradicionales.

Plaza de las Tres Culturas, en la Ciudad de México

Músicos del grupo étnico garífuna

Esta sinagoga en Buenos Aires es un lugar de reunión de la comunidad judía.

¡Qué interesante!

Los árabes vivieron en España durante ochocientos años, entre 711 y 1492. Durante ese tiempo la región se llamó Al-Ándalus. Por eso, la cultura española tiene mucha influencia de la árabe en el idioma, la cocina y las tradiciones. La Alhambra, un palacio en la ciudad de Granada, en el sur de España, es un símbolo de la herencia árabe en territorio español.

Detalle del edificio de La Alhambra, en España

🎧 47 Mi experiencia

«Me llamo Alberto y soy de Lima, Perú. Mis abuelos eran japoneses y emigraron a Perú a principios del siglo XX. En Perú hay una gran comunidad japonesa: ¡más de cincuenta mil personas! La gente de esta comunidad se llama *nikkei*. Pienso que hay muchas cosas en común entre los peruanos y los japoneses, como ser optimistas y amables. La comida también es parecida, porque las dos culturas disfrutan mucho del pescado fresco. El plato típico de Perú es el ceviche y, en mi opinión, ¡se parece mucho a algunos platos deliciosos de Japón!

Mis padres mantienen el idioma y muchas tradiciones de su país. Es muy bonito celebrar fiestas típicas japonesas como el Día de los Niños y el Día de las Niñas. Yo nací en Perú y siento que soy peruano, pero estoy orgulloso *(proud)* de mi herencia japonesa».

El ceviche, un plato típico de Perú

¿COMPRENDISTE?

Indicate true, false, or not stated.

1. La Plaza de las Tres Culturas está en el lugar de una batalla. T ◯ F ◯ NS ◯

2. El Carnaval es una fiesta donde se come mucho. T ◯ F ◯ NS ◯

3. Los peruano-japoneses solo hablan español. T ◯ F ◯ NS ◯

4. Los árabes vivieron muchos años en España. T ◯ F ◯ NS ◯

5. Este año el Boca Juniors ganó dos competiciones. T ◯ F ◯ NS ◯

AHORA TÚ

What's it like for you? Answer these questions. Discuss in class.

1. ¿Qué aspectos de tu cultura vienen de Europa? Piensa en un ejemplo.

   _____

2. ¿Qué personajes famosos son un símbolo de los indígenas norteamericanos? ¿Te sientes cerca de esta herencia?

   _____

3. ¿Qué otras culturas tienen un impacto en la identidad norteamericana? Da un ejemplo.

   _____

4. ¿Piensas que es importante mantener la herencia cultural? ¿Por qué?

   _____

5. ¿Qué influencia tiene la cultura hispana en EE. UU.? Piensa en una fiesta o tradición de origen hispano que se celebre aquí.

   _____

 ▶ LA EMIGRACIÓN ESPAÑOLA EN AMÉRICA LATINA

El rincón del deporte BOCA JUNIORS Y LOS SUECOS

El barrio de La Boca en Buenos Aires, Argentina, está junto al puerto *(harbor)*. Tradicionalmente, es un barrio de inmigrantes donde se hablan muchos idiomas. El club de fútbol local se llama Boca Juniors y es uno de los más famosos del mundo. En 1907 el club buscaba los colores para crear su identidad. Los responsables del club decidieron usar los colores del primer barco en llegar al puerto de Buenos Aires. Fue un barco con bandera sueca y, desde entonces, los colores del club son el amarillo y el azul.

Los fans del Boca Juniors, durante un partido

Fuentes: Asociación peruano-japonesa, Instituto Nacional de Antropología e Historia de México, *El País de Uruguay.*

1 Look at the following images and match them to the appropriate words.

1. ☐ espadachín   2. ☐ soldado   3. ☐ herencia

espada

dinero y joyas

ejército

2 🧑‍🤝‍🧑 With a partner, choose the appropriate definition for each word.

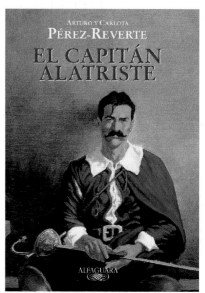

1. Un espadachín es…
- **a.** ☐ una persona que usa bien la espada.
- **b.** ☐ un tipo de espada.

2. Un soldado es…
- **a.** ☐ cada una de las personas que forman un ejército.
- **b.** ☐ una persona que forma parte del ejército y tiene el grado inferior.

3. La herencia es…
- **a.** ☐ el conjunto de objetos (dinero, joyas, propiedades, etc.) que una persona deja a otras cuando se muere.
- **b.** ☐ el oro, el dinero y las joyas que buscan los piratas.

3 🎧 48 Read the text and check your answers for the activity above.

No era el hombre más honesto ni el más piadoso *(merciful)*, pero era un hombre valiente. Se llamaba Diego Alatriste y Tenorio, y había luchado como soldado en las guerras de Flandes. Cuando lo conocí, malvivía en Madrid prestando sus servicios como espadachín por cuatro monedas a otros que no tenían la destreza para solucionar sus propios asuntos. […] Ahora es fácil criticar eso; pero en aquellos tiempos la capital de las Españas era un lugar donde la vida había que buscársela de cualquier forma. […]

El capitán Alatriste, por lo tanto, vivía de su espada. **Hasta donde yo alcanzo**, lo de *capitán* era más un apodo *(nickname)* que un grado real. Una noche tuvo que cruzar, con otros veintinueve compañeros y un capitán […], un río helado, con la espada entre los dientes y solo con

una camisa a fin de confundirse con la nieve, para sorprender al ejército holandés, que era el enemigo de entonces, porque **pretendían proclamarse independientes**. [...]

Solo dos soldados españoles consiguieron regresar a la otra orilla *(bank)* cuando llegó la noche. Diego Alatriste era uno de ellos, y como **durante toda la jornada había mandado sobre** la tropa –al capitán de verdad lo mataron–, **se le quedó el mote**. [...]

Mi padre fue el otro soldado español que regresó aquella noche. Se llamaba Lope Balboa y también era un hombre valiente. Dicen que Diego Alatriste y él fueron muy buenos amigos, casi como hermanos; y debe ser cierto porque después, cuando a mi padre lo mataron, le juró ocuparse de mí. Esa es la razón de que, a punto de cumplir los trece años, mi madre **me mandó a vivir con el capitán**. Así fue como entré a servir al amigo de mi padre.

(Texto adaptado de *Las aventuras del capitán Alatriste*, Arturo Pérez-Reverte, 1996)

4 **Look at the expressions in bold and replace them with a word from the list.**

> envió ○ apodo ○ sé ○ querían ○ dirigido

a. hasta donde yo **alcanzo**... ....*sé*............

b. **pretendían** proclamarse independientes... ....

c. durante toda la jornada había **mandado** sobre... ....

d. se le quedó el **mote**... ....

e. me **mandó** a vivir con el capitán... ....

5 **Answer the following questions.**

a. ¿En qué trabajaba Diego Alatriste en Madrid? ....

b. ¿Por qué tenía el apodo de "capitán"? ....

c. ¿Quién es el narrador de la historia? ....

d. ¿Por qué fue a vivir con Diego Alatriste? ....

6 **What do you imagine Capitán Alatriste looks like? Share your ideas with a partner.**

EVALUACIÓN

TALKING ABOUT ACTIONS IN THE PAST

1 **Complete the following sentences using the appropriate time expressions.**

a. Juan y Anabel se conocieron en julio y ☐ l ☐ a ☐ ☐ d ☐ dos años empezaron a salir.

b. Patricia vivió en Barcelona ☐☐☐☐☐☐ 2001 ☐☐☐☐☐☐ 2007.

c. Javier fue a un campamento ☐☐☐☐☐☐☐ el verano.

d. Mi tía se casó muy joven, se divorció en 2005 y al año ☐☐☐☐☐☐☐☐☐☐ se volvió a casar.

e. Mi hermano se graduó en 2006 y dos años ☐☐☐☐☐☐☐ estudió un máster.

TALKING ABOUT DOING SOMETHING AGAIN

2 **Underline the sentences in which *volver* means "to repeat an action."**

a. Me dejé la carpeta olvidada en la clase y volví a buscarla.

b. Ayer volví a dejarme olvidada la carpeta en clase.

c. Anoche los vecinos de arriba volvieron a hacer una fiesta.

d. Anoche los vecinos de arriba volvieron a casa muy tarde.

PRETERIT

3 **Fill in the blanks with the preterit of the verbs in parenthesis.**

a. Dicen que las pirámides de Egipto las (construir) .... los extraterrestres.

b. Los Reyes Católicos (casarse) .... en 1469 y (reinar) .... desde 1474 hasta 1516.

c. He leído que Elvis Presley, en realidad, nunca (morir) .... y vive en algún lugar escondido.

d. Newton (descubrir) .... la ley de la gravedad cuando se le (caer) .... una manzana en la cabeza.

e. Cristóbal Colón le (pedir) .... dinero a Isabel la Católica para poder hacer su viaje e Isabel la Católica se lo (conceder) ....

f. Los bombardeos durante la guerra civil española (destruir) .... muchos edificios.

g. Los españoles (ganar) .... la guerra de la Independencia contra los franceses (1808-1814).

h. Colón (repetir) .... su viaje a América tres veces más a lo largo de su vida.

4 Choose the correct verb for each sentence and write it in the preterit form.

En 1911 el arqueólogo Hiram Bingham (a) .... (descubrir / querer) Machu Picchu. Bingham (b) .... (dormir / viajar) a pie y en mula. Unos granjeros (c) .... (acompañar / estar) a Bingham en su expedición. La ciudad inca (d) .... (tener / estar) escondida entre montañas por cientos de años.

Bingham (e) .... (tener / tomar) fotos de este lugar y (f) .... (anunciar / construir) su descubrimiento.

MOMENTOS EN LA VIDA DE UNA PERSONA

5 Write the appropriate verb under each image.

MOMENTOS HISTÓRICOS

6 Write the appropriate word for each definition.

a. Lo puede hacer un rey o un político. ....

b. Cada una de las luchas que se hace dentro de un conflicto armado. ....

c. Ver o encontrar algo por primera vez. ....

d. Entrar en un país por la fuerza de forma inesperada. ....

CULTURA

7 Answer the following questions according to the information you learned in *Encuentro de culturas: Las culturas del mundo español.*

a. ¿Qué culturas se mezclaron después de la llegada de Colón?

b. ¿Qué otras culturas forman parte de la identidad hispanoamericana?

c. ¿Qué dos grupos emigraron a América del Sur, uno a Perú y el otro a Argentina y Uruguay?

d. ¿Qué plato es típico de Perú? ¿Con qué se hace?

MORE IN ELETECA: EXTRA ONLINE PRACTICE

Verbos

abandonar *to abandon*
caer (i > y) *to fall*
casar(se) *to marry (each other)*
comprometer(se) *to get engaged (to each other)*
conceder *to allow*
conocer(se) *to meet (each other)*

conquistar *to conquer*
conseguir (e > i) *to get, to obtain, to achieve*
construir (i > y) *to build, to construct*
descubrir *to discover*
destruir (i > y) *to destroy*

dormirse (o > ue, o > u) *to fall asleep*
empezar a (e > ie) *to start doing something*
explorar *to explore*
ganar *to win*
ganar la batalla / la guerra *to win the battle / the war*
gobernar (e > ie) *to govern*
graduarse *to graduate*
invadir *to invade*
jubilarse *to retire*

luchar *to fight*
mentir (e > ie) *to lie*
mezclar *to mix*
morir (o > ue, o > u) *to die*
mudarse *to move, relocate*
nacer *to be born*

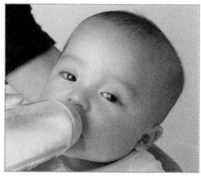

reinar *to rule*
reírse (e > i) *to laugh*
vencer *to defeat*
volver a (o > ue) *to do something again*

Expresiones temporales

al año / a la mañana + siguiente... *The next year / morning...*
al cabo de + un mes / dos años... *after + one month / two years...*
antes de + llegar / salir / empezar... *before + arriving / leaving / starting...*
años / días / meses + más tarde... *years / days / months + later....*
de... a *from... to*

desde el lunes / 2010 / marzo *since Monday / 2010 / March...*
desde... hasta *from... until / to*
durante *during*
la época *era*
hasta (que)... *until*
un día / mes / año + después... *a day / month / year + later...*

Palabras y expresiones útiles

el apodo *nickname*
la descendencia *descendants*

desconocido/a *unknown*
el ejército *army*
el enemigo *enemy*
el intercambio *exchange*
judío/a *Jewish*
musulmán/musulmana *Muslim*
orgulloso/a *proud*
el / la soldado *soldier*

VOLVER A + INFINITIVE

(See page 147)

■ To say that an action is repeated, use the expression **volver a** + infinitive.

*Después de cenar, **vuelvo a estudiar** otras dos horas.*
After dinner, I'm going to study again for another two hours.

PRETERIT OF REGULAR AND IRREGULAR VERBS

(See page 152 to 156)

	VIAJAR	VOLVER	SALIR
yo	viaj**é**	volv**í**	sal**í**
tú	viaj**aste**	volv**iste**	sal**iste**
usted/él/ella	viaj**ó**	volv**ió**	sal**ió**
nosotros/as	viaj**amos**	volv**imos**	sal**imos**
vosotros/as	viaj**asteis**	volv**isteis**	sal**isteis**
ustedes/ellos/ellas	viaj**aron**	volv**ieron**	sal**ieron**

	PEDIR	DORMIR	CONSTRUIR
	e ➡ i	o ➡ u	i ➡ y
yo	ped**í**	dorm**í**	constru**í**
tú	ped**iste**	dorm**iste**	constru**iste**
usted/él/ella	p**i**d**ió**	d**u**rm**ió**	constru**yó**
nosotros/as	ped**imos**	dorm**imos**	constru**imos**
vosotros/as	ped**isteis**	dorm**isteis**	constru**isteis**
ustedes/ellos/ellas	p**i**d**ieron**	d**u**rm**ieron**	constru**yeron**

	SER/IR	DAR	DECIR
yo	**fui**	**di**	**dije**
tú	**fuiste**	**diste**	**dijiste**
usted/él/ella	**fue**	**dio**	**dijo**
nosotros/as	**fuimos**	**dimos**	**dijimos**
vosotros/as	**fuisteis**	**disteis**	**dijisteis**
ustedes/ellos/ellas	**fueron**	**dieron**	**dijeron**

andar	**anduv-**		anduve, anduviste, anduvo, anduvimos, anduvisteis, anduvieron
estar	**estuv-**	-e	estuve, estuviste, estuvo, estuvimos, estuvisteis, estuvieron
poner	**pus-**	-iste	puse, pusiste, puso, pusimos, pusisteis, pusieron
poder	**pud-**	-o	pude, pudiste, pudo, pudimos, pudisteis, pudieron
tener	**tuv-**	-imos	tuve, tuviste, tuvo, tuvimos, tuvisteis, tuvieron
hacer	**hic/z-**	-isteis	hice, hiciste, hizo, hicimos, hicisteis, hicieron
querer	**quis-**	-ieron	quise, quisiste, quiso, quisimos, quisisteis, quisieron
venir	**vin-**		vine, viniste, vino, vinimos, vinisteis, vinieron

¡HA ESTADO GENIAL!

Unos amigos en una acampada

>> ¿Qué hacen estos amigos?

>> ¿Crees que lo están pasando bien?

>> ¿Has ido alguna vez de camping? ¿Te gustó?

>> ¿Adónde fuiste?

In this unit, you will learn to:

- Talk about recent activities
- Describe personal experiences
- Make comparisons
- Talk about staying at a hotel

Using

- Present perfect
- Direct and indirect object pronouns

Cultural Connections

- Share information about travel experiences and activities in Hispanic countries and compare cultural similarities

SABOR HISPANO

- El Día de San Valentín

¡ACCIÓN!

1 Look at the picture of these friends on a camping trip. Then choose the best response to the questions based on what you see or can infer from the image.

1. ¿Qué hicieron los amigos antes de ir de camping?
   a. Fueron al aeropuerto.
   b. Reservaron habitaciones en un hotel.
   c. Prepararon las mochilas con agua, comida y mapas.

2. ¿Qué han hecho los amigos durante el día?
   a. Han caminado muchos kilómetros.
   b. Han esquiado en la montaña.
   c. Han mirado televisión.

3. ¿Qué están haciendo ahora?
   a. Están durmiendo.
   b. Están asando perritos calientes.
   c. Están contando historias de miedo.

4. ¿Dónde van a dormir?
   a. En sacos de dormir.
   b. En un hotel.
   c. En casa.

2 Match each sentence to the correct image. Make your best guess for the meaning of new expressions. Look for words that look and sound familiar.

a. Han caminado muchos kilómetros.
b. Se lo han pasado muy bien.
c. No se han perdido en la montaña.
d. Se han protegido del sol.
e. Han llevado todo a su espalda.

3 👥 🎧 ⁴⁹ **Listen to Paco and Marta talk about their weekend. Then identify who did what during the weekend.**

Paco: ¡Hola, Marta! ¿Qué tal el fin de semana?

Marta: Bueno, un poco aburrido. He estado estudiando para el examen de Historia del lunes y casi no he salido. Y tú, ¿has hecho algo interesante?

P.: ¡Yo me lo he pasado genial! Hemos estado de camping en la sierra de Durango.

M.: ¡Qué suerte! ¿Con quién has ido?

P.: Con mi vecina Lupe y su hermano mayor, que es un experto montañero. Él nos ha enseñado a montar solos una tienda de campaña y a usar el mapa y la brújula para no desorientarnos en el campo.

M.: ¡Qué divertido! ¿Y dónde han dormido?

P.: Pues en las tiendas, en nuestros sacos de dormir. Lo mejor de la excursión es que hemos visto una lluvia de estrellas por la noche. ¡Ha sido impresionante!

M.: ¿Y no les ha dado miedo encontrar animales salvajes?

P.: ¡Claro que no! Además, con Daniel nunca pasamos miedo, él sabe qué hacer en todo momento.

M.: Claro, es verdad. Mi papá siempre dice que a la montaña hay que ir con alguien experimentado.

P.: Sí, tu papá tiene razón. La montaña es fantástica, pero también peligrosa.

M.: ¡Qué envidia! ¡Para la próxima me apunto! Y... ya que yo no me lo he pasado tan bien, ¡espero al menos aprobar el examen de Historia!

> **a.** Marta o **b.** Paco o **c.** Daniel, Lupe y Paco

1. ☐ Lo ha pasado genial.

2. ☐ Ha tenido un finde aburrido.

3. ☐ Han pasado el fin de semana de excursión.

4. ☐ Han visto una lluvia de estrellas.

5. ☐ No han pasado miedo.

6. ☐ Ha aprendido a montar una tienda de campaña.

7. ☐ Ha pasado el fin de semana estudiando.

4 👥 **With a partner, complete the sentences to describe what Paco and Marta have done during the weekend.**

Modelo: Paco ha aprendido a usar el mapa y la brújula.

...ha montado...

...ha tenido que...

...ha dormido...

...ha visto...

COMUNICA

TALKING ABOUT ACTIVITIES IN THE PAST AND WHAT THEY WERE LIKE

■ To ask how much someone enjoyed a particular activity or a period of time, use:

¿Cómo te ha ido el viaje? *How was the trip?*

¿Qué tal te ha ido (el viaje)? *How was it (the trip)?*

¿Cómo / Qué tal te lo has pasado?
Did you have a good time?

■ To respond:

Ha sido...	Me ha ido...	Me lo he pasado...	To say it was just okay
genial / fantástico	de miedo	de miedo	Ni fu ni fa.
estupendo	superbién	genial	Regular.
divertidísimo	muy bien	estupendamente	Más o menos.
muy divertido	bien	superbién	
horrible / terrible	mal	muy bien	
aburridísimo	muy mal	muy mal / fatal	
un desastre			

1 🎧 **50 Fill in the blanks with an appropriate expression below and match each conversation to the correct image. Then listen to the conversations and check your answers.**

> Fatal o ¡Ha sido genial! o Ni fu ni fa

a. Natalia: ¿Qué tal el fin de semana con María?
Jorge: ¡Bah! ...., hemos hecho lo de siempre: pasear y mirar tiendas. ¿Y tú?
Natalia: Yo he ido a ver una peli y ha estado bien.

b. Sergio: ¿Cómo te ha ido la excursión?
Alberto: ...., ¡nos ha pasado de todo! Entre otras cosas, el conductor se ha equivocado de ruta y nos ha llevado a otro pueblo...
Sergio: Sí, es verdad. En la escuela me han contado que ha sido un desastre.

c. Diana: ¿Vas a volver el año que viene al campamento de verano?
Sonia: ¡Por supuesto! ....
Diana: Sí, yo también pienso volver.

2 👥 **Take turns asking your partner about some of the latest activities he/she has done and what they were like. Choose from the activities suggested below and follow the Modelo.**

Modelo: E1: ¿Cómo te ha ido en la escuela hoy?

E2: Me ha ido bastante bien. / Bastante bien.

• ¿Cómo te ha ido el examen / la excursión con la escuela / el día con la familia...?

• ¿Qué tal te lo has pasado en el campamento de verano / en las vacaciones de invierno / en la fiesta?

THE SUPERLATIVE

- The **superlative** is used to express most and least as degrees of comparison among three or more people or things.

  *Ana es **la más** alta de la clase. Ana is the tallest of the class.*

  *Juan es **el menos** deportista. Juan is the least athletic.*

  *Ana y Marta son **las más** altas. Ana and Marta are the tallest.*

  *Juan y Paco son **los menos** deportistas. Juan and Paco are the least athletic.*

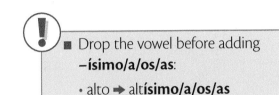

  ! ■ Irregular forms:
  - el/la **mejor** *the best*
  - el/la **peor** *the worst*

- To express the idea of extremely, add **–ísimo/a/os/as** to the adjective.

  *Ana es alt**ísima**. Ana is extremely tall.*

  *Juan es list**ísimo**. Juan is extremely smart.*

  *Ana y Marta son alt**ísimas**. Ana and Marta are extremely tall.*

  *Juan y Paco son list**ísimos**. Juan and Paco are extremely smart.*

  ! ■ Drop the vowel before adding **–ísimo/a/os/as**:
  - alto ➡ alt**ísimo/a/os/as**
  - grande ➡ grand**ísimo/a/os/as**

3 👥 **Look at the souvenirs that Albert brought back from his trip to Mexico. Describe them using the superlative form of the adjectives provided. Then take turns exchanging impressions with your partner. Do you have similar opinions?**

Modelo: *El jarrón es el recuerdo más bonito.*

> útil ○ divertido/a ○ bonito/a ○ original ○ típico/a ○ feo/a

a.) el sombrero

b.) el cesto

c.) la cerámica

d.) la muñeca

e.) el jarrón

f.) el imán *(magnet)*

4 👥 **How well do you know your classmates? Ask a partner the following questions to know which one of you is the "most" in each category.**

a. el más dormilón *¿Cuántas horas duermes al día?*

b. el más deportista ....

c. el más comilón ....

d. el más estudioso ....

MORE IN ELETECA: EXTRA ONLINE PRACTICE

1.

2.

3.

4.

5.

6.

ANTES DEL VIDEO

1 👥 **With a partner, list the following expressions as positive** 😊, **negative** 😠 **o neutral** 😐 **responses when someone asks about your day.**

> Ha sido genial ○ Regular ○ Me la he pasado estupendamente ○ Me ha ido de miedo ○
> Ni fu ni fa ○ Ha sido aburridísimo ○ Me ha ido (muy) mal ○ Me lo he pasado superbién ○
> Ha sido muy divertido ○ Ha sido estupendo ○ Ha sido horrible ○ Más o menos ○
> Ha sido un desastre ○ Me la he pasado fatal ○ Me ha ido superbién

DURANTE EL VIDEO

2 **Match each statement to Images 1, 2, or 3.**

a. Alfonso lleva una mochila.

b. Alfonso viene de la escuela.

c. Juanjo está enfadado.

d. Juanjo señala con el dedo.

e. Alfonso escucha a Juanjo.

f. Juanjo está cansado.

3 ⟨⟩ **Watch the following segment of the episode and select the answer to each question.**
00:56 - 02:04

1. ¿Qué pasó con el despertador de Juanjo?

2. ¿Cómo reaccionó el profesor cuando Juanjo llegó tarde?

3. ¿Qué pasó con su portátil?

4. ¿Dónde encontró finalmente su portátil?

5. ¿Cómo se sintió en la clase de laboratorio?

6. ¿Qué le ocurrió a Juanjo con su madre?

a. Discutieron por teléfono.

b. Como el más tonto de la clase.

c. Se enfadó un poco.

d. En la clase.

e. El despertador no sonó.

f. Lo perdió.

4 ⟨⟩ **At one point, Alfonso and Juanjo act out an imaginary scene in which they pretend to live a carefree life. Choose the statements related to the fantasy.**
02:43 - 05:40

a. ⬭ Van a viajar a Miami.

b. ⬭ Van a tener un yate.

c. ⬭ Van a estar toda la noche de fiesta.

d. ⬭ Han encontrado vuelos por ochenta dólares.

e. ⬭ Van a alojarse en una habitación normal.

f. ⬭ Van a alojarse en una suite con dos camas muy grandes.

g. ⬭ La habitación tiene dos *jacuzzis*.

h. ⬭ Van a comprar una gran casa en Italia.

i. ⬭ Una limusina los va a recoger en el aeropuerto.

DESPUÉS DEL VIDEO

5 👥 **Answer the following questions and then, discuss your answers with your classmates.**

• ¿Quieres ser rico en el futuro?

• ¿Crees que es importante ser rico? ¿Por qué?

• ¿Crees que vas a ser más feliz si eres rico?

• Cuando tienes un mal día, ¿qué haces para relajarte?

• Cuando tienes un mal día, ¿tienes la habilidad de recuperar el buen humor y no pasar todo el día pensando en lo mismo?

• ¿Cuentas a alguien tus problemas? ¿A quién?

6 👥 **You have the opportunity to spend a week at a luxurious hotel. Role play the conversation with a partner. Call the hotel to make a reservation and request all the things you will need. Use some of the following expressions to help you.**

Cliente

• Quería hacer una reservación.

• Una suite con gimnasio/jacuzzi…

• ¿Tienen piscina cubierta/servicio de restaurante…?

• A nombre del señor/señora…

• Para el tres de diciembre hasta el…

Recepcionista del hotel

• ¿Habitación doble, individual?

• Muy bien…

• Sí, tenemos…/No, no tenemos…, lo siento.

• ¿A nombre de quién?

• ¿Para qué fechas?

MORE IN ELETECA: EXTRA ONLINE PRACTICE

1 Look at the following images and fill in the blanks with the correct verb from the list. Start with the ones you already know and make your best guess at the others.

hacer o jugar o esquiar o patinar o montar o ir

.... de camping

.... senderismo

.... en bicicleta

.... de tapas

.... surf

.... a caballo

....

.... *puenting*

.... al tenis

....

.... a los videojuegos

.... al ajedrez

el senderismo = el trekking, la caminata
las tapas = las boquitas (Centro y Sudamérica), las picadas (Colombia)

2 🎧 51 Listen to the audio and check your answers.

3 👥 Complete the chart with at least two activities you frequently do, and two you feel like doing. Then share your experiences and preferences in small groups. Include other details to make your descriptions more interesting.

Modelo: A menudo juego al ajedrez con mi abuelo. Tengo ganas de nadar en una piscina infinita.

- To talk about what you feel like doing or something you are eager to do, use the expression **tener ganas de** + infinitive.

  » Tengo ganas de hacer puenting.
  I'm eager to go bungee jumping.

A menudo...	Tengo ganas de...
jugar al ajedrez	nadar en una piscina infinita

4 🎧 52 **Follow along as you listen to the conversation.**

Recepcionista: Hostal Las Marismas, ¿dígame?

Cliente: Hola, buenos días, quería **reservar** una habitación para esta noche.

R.: ¿Para cuántas personas?

C.: Somos tres.

R.: ¿Cuántas noches van a estar?

C.: Dos.

R.: Tenemos una habitación libre con una cama doble y una individual.

C.: Perfecto, ¿cuánto cuesta?

R.: Son setenta dólares por noche con **media pensión**.

C.: Nosotros solo queríamos **alojamiento** y desayuno.

R.: Esta es una oferta que tenemos ahora en noviembre por ser **temporada baja**, les va a costar lo mismo solo el alojamiento que la media pensión.

C.: ¿La media pensión incluye el desayuno y el almuerzo o el desayuno y la cena?

R.: Pueden elegir lo que quieran.

C.: Pues, mejor la cena porque pensamos estar todo el día fuera.

R.: Muy bien. ¿A nombre de quién va a hacer la reservación?

C.: Póngala a nombre de Roberto Sánchez.

R.: ¿Me puede dar un número de contacto, por favor?

C.: El 611 11 11 11.

R.: De acuerdo, pues ya queda hecha su reservación, les esperamos esta noche.

C.: Muchas gracias, hasta luego.

5 **Read the following statements and indicate if each sentence is true (T) or false (F), according to the conversation.**

	T	F
a. El cliente ha pedido tres habitaciones.	☐	☐
b. En noviembre no va mucha gente.	☐	☐
c. En el precio se incluyen dos comidas al día.	☐	☐
d. El cliente solo quiere saber si hay habitación.	☐	☐

6 **Find the sentence in Activity 5 that corresponds to each topic listed below.**

1. ☐ alojamiento   **2.** ☐ media pensión   **3.** ☐ reservar   **4.** ☐ temporada baja

el alojamiento = el hospedaje

7 👥 **Explain to your partner the meaning of the following terms with examples in Spanish. Your partner will guess the correct expression.**

Estudiante 1

- temporada baja
- pensión completa
- habitación doble

Estudiante 2

- temporada alta
- media pensión
- habitación individual

8 **Match each word to the correct image.**

1. ⬜ maletas
2. ⬜ llave
3. ⬜ escalera
4. ⬜ recepción
   c
5. ⬜ ascensor
6. ⬜ cliente
7. ⬜ botones
8. ⬜ recepcionista

el ascensor = el elevador

9 👥 **With a partner, arrange the following sentences into a logical sequence.**

⬜ Sí, tenemos una habitación doble con camas individuales, pero no tiene baño.

① Buenos días, ¿tienen una habitación para esta noche?

⬜ Treinta y ocho dólares por día.

⬜ Doble. Pero necesitamos dos camas individuales.

⬜ No, pero enfrente hay una cafetería.

⬜ Perfecto. Aquí tienen la llave, ya pueden subir su equipaje.

⬜ Nos parece bien. ¿Aceptan tarjeta de crédito o cheques de viajero?

⬜ Sí, claro. ¿Doble o individual?

⬜ ¿Me dan su pasaporte, por favor?

⬜ ¿Está incluido el desayuno?

⬜ ¿No tiene baño? ¿Y cuánto cuesta?

⬜ Aceptamos solo tarjeta de crédito.

⬜ Muy bien, entonces pagamos con tarjeta.

⬜ Aquí están los pasaportes.

⑮ Muchas gracias.

10 👥 **Role play a similar conversation with your partner. One of you will be the receptionist and the other is the client who wants to make a reservation for two nights. Then switch roles.**

MORE IN ELETECA: EXTRA ONLINE PRACTICE

1. THE PRESENT PERFECT

■ We use the present perfect to talk about actions that have taken place in the past but are connected with the present.

■ The present perfect is formed with the present tense of **haber** and the past participle of the main verb.

		-AR	-ER	-IR
yo	he			
tú	has			
usted/él/ella	ha	**viaj**ado	com**ido**	dorm**ido**
nosotros/as	hemos			
vosotros/as	habéis			
ustedes/ellos/ellas	han			

■ To form the past participle of a verb, drop the ending of the infinitive and add **–ado** for **–ar** verbs and **–ido** for **–er** and **–ir** verbs.

viaj**ar** ➙ viaj**ado**   *Mi hermano **ha viajado** mucho. My brother has traveled a lot.*

com**er** ➙ com**ido**   *Los niños ya **han comido**. The children have already eaten.*

dorm**ir** ➙ dorm**ido**   *Yo nunca **he dormido** en un saco de dormir. I have never slept in a sleeping bag.*

■ The present perfect is often used with the following time expressions that refer to a recent past:

• **hoy** *(today)*
  ***Hoy** me he levantado muy tarde.*

• **últimamente** *(lately)*
  ***Últimamente** ha llovido bastante.*

• **este mes / fin de semana año**… *(this month /…)*
  ***Este año** hemos viajado mucho.*

• **esta mañana / tarde / semana**… *(this morning /…)*
  ***Esta semana** he trabajado en casa.*

• **ya** *(already)*
  ***Ya** he comido tapas.*

• **todavía no** *(not yet)*
  ***Todavía no** he ido a San Juan.*

Hoy me he levantado muy tarde.

1 **Complete the sentences with the forms of the present perfect to describe what Sara has done today.**

a. (Levantarse)................. a las ocho.

b. (Ir)................. a la escuela a las nueve.

c. (Correr)................. por el parque.

d. (Acostarse)................. a las diez y media.

e. (Comer)................. pollo con papas.

f. (Desayunar)................. café y tostadas.

g. (Hablar)................. por Internet.

h. (Regresar)................. de la escuela en bici.

2 Work with a partner to fill out the chart below. Indicate when Sara did the things mentioned in the activity above by listing each under the correct heading.

Esta mañana...	Esta tarde...	Esta noche...
Se ha levantado a las ocho.		

3 What about you? Work with a partner and take turns saying what you have already done this morning and what you haven't done yet. Keep going to see who runs out of activities first. *¡Atención!* Use *ya* and *todavía no* in your responses.

4 Complete the following e-mail from Anselmo to his friend Louise telling her about his flight cancellation. Use the present perfect and the verbs in parenthesis.

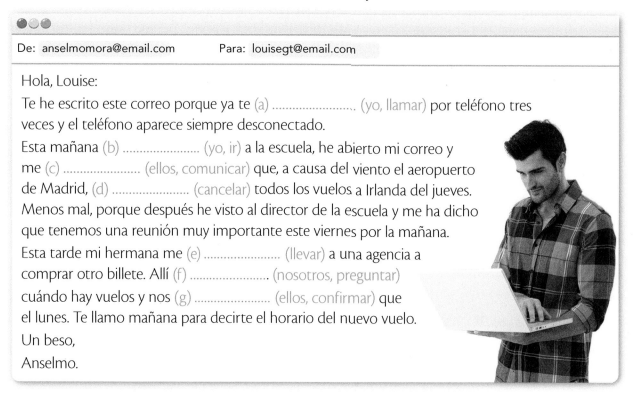

De: anselmomora@email.com   Para: louisegt@email.com

Hola, Louise:

Te he escrito este correo porque ya te (a) .... (yo, llamar) por teléfono tres veces y el teléfono aparece siempre desconectado.

Esta mañana (b) .... (yo, ir) a la escuela, he abierto mi correo y me (c) .... (ellos, comunicar) que, a causa del viento el aeropuerto de Madrid, (d) .... (cancelar) todos los vuelos a Irlanda del jueves. Menos mal, porque después he visto al director de la escuela y me ha dicho que tenemos una reunión muy importante este viernes por la mañana.

Esta tarde mi hermana me (e) .... (llevar) a una agencia a comprar otro billete. Allí (f) .... (nosotros, preguntar) cuándo hay vuelos y nos (g) .... (ellos, confirmar) que el lunes. Te llamo mañana para decirte el horario del nuevo vuelo.

Un beso,
Anselmo.

5 Some verbs have irregular past participles. Review the e-mail with a partner and look for the irregular past participle to complete the chart below.

INFINITIVE	PARTICIPLE		INFINITIVE	PARTICIPLE
abrir	➡		morir	➡ muerto
decir	➡		poner	➡ puesto
descubrir	➡ descubierto		romper	➡ roto
escribir	➡		ver	➡
hacer	➡ hecho		volver	➡ vuelto

6 Complete the sentences with the correct present perfect form of verbs listed below.

> escribir ○ romper ○ poner ○ morir ○ volver ○ hacer

a. Elena todavía no .... a casa.

b. El perro de Sara .... esta tarde.

c. Juan, ¿dónde .... las llaves?

d. Ellos .... los cristales de mis gafas.

e. ¿Qué (tú) .... este fin de semana?

f. Nosotros .... varias cartas.

7 Complete the sentences with things you have (or have not) done according to the expression given.

a. Hace un rato ....

b. Este año ....

c. Este fin de semana ....

d. Todavía no ....

e. Nunca ....

8 Using the activities prepared above, ask your partner if he/she has ever done these things. Are your responses similar or different?

> ! ■ To ask if a person has ever done something, use:
>
> » **¿Alguna vez** has estado en México?
> *Have you ever been to Mexico?*
>
> » **No, nunca** he estado allí.
> *No, I have never been there.*
>
> » **Sí,** he estado **una vez** / **dos veces** / **muchas veces**...
> *I have been there once / two times / many times...*

2. DIRECT AND INDIRECT OBJECT PRONOUNS

9 Look at the chart below and fill in the missing pronouns.

me		me
te		you
......	replaces	you (formal), him, her, it
nos		us
os		you (plural, Spain)
......		you (plural), them

Remember that we use **direct object pronouns** to refer to someone or something already mentioned. In Spanish, direct object pronouns agree in number and gender with the noun they replace.

*Carmen no encuentra **su celular**. Cree que **lo** ha dejado en la escuela.*
Carmen can't find her cell phone. She thinks she left it at school.

- Indirect object tells us **to whom** or **for whom** the action of the verb is performed. **Indirect object pronouns** are used to replace an indirect object.

me		to or for me
te		to or for you
le	replaces	to or for you (formal), him, her, it
nos		to or for us
os		to or for you (plural, Spain)
les		to or for you (plural), them

- Since the indirect object pronouns **le** and **les** can have more than one meaning, a prepositional phrase is often added to clarify.

Le he dicho a Javier la verdad. I have told **him** the truth.

Siempre les digo la verdad a mis amigos. I always tell **them** the truth.

- Direct and indirect object pronouns can be used together in the same sentence. When that happens, the order of the pronouns is always the same: **indirect object + direct object + conjugated verb**.
  - » ¿Dónde has dejado mi libro? Where did you leave me my book?
  - » **Te lo** he dejado encima de la mesa.
    A ti el libro

- In cases where **le** or **les** precedes **lo, la, los, las**, the indirect object pronoun changes to **se**.
  (El libro, a él) ~~Le lo~~ he dejado encima de la mesa. → **Se lo** he dejado encima de la mesa. I left **it** on the table **for him**.

- Both direct and indirect objects are placed before the conjugated verb.
  Julia me ha regalado muchas cosas. Julia has given me many gifts.
  Yo le regalé a Julia flores para su cumpleaños. I gave her flowers for her birthday.

10 Andrés is in a hurry to go camping. Take turns with a partner asking and answering the questions. Use a direct object pronoun to avoid repetition.

Modelo: ¿Has comprado la linterna? Sí, la he comprado.

a. ¿Llevan todos los sacos de dormir? — Sí, ...
b. ¿Has escuchado el pronóstico del tiempo? — No, ...
c. ¿Has invitado a Berta y a José? — Sí, ...
d. ¿Va a llevar José una linterna? — Sí, ...
e. ¿Quién va a hacer la hoguera (campfire)? — José ....
f. ¿Has preparado bocadillos? — Sí, ...
g. ¿Has visto mi mapa? — No, ...
h. ¿Tienes mis llaves? — No, ...

11 Fill in the blanks with the appropriate indirect object pronoun.

a. (A ella).............. he dado a mi hermana su regalo de cumpleaños.
b. ¿(A mí) .... dejas tu diccionario, por favor?
c. La profesora (a nosotros).............. da siempre mucha tarea.
d. A Carlos y a Juan (a ellos) .... dije el día de mi cumpleaños.

12 **Match the sentence to the correct image.**

> **a.** Se lo ha contado.   o   **b.** Se la ha puesto.   o   **c.** Se la ha explicado.   o   **d.** Se las ha regalado.

13 **Ana is angry with her sister. Complete the story using the correct pronouns as indicated in parenthesis to find out why.**

Hoy me he enfadado con mi hermana. Me ha pedido una camiseta y yo (a ella) .... he dicho que (a ella, la camiseta) .... dejaba, pero si no (la camiseta) .... ensuciaba *(dirty)*.
Ella (a mí) .... ha dicho que vale, pero a los diez minutos (a mi hermana) .... he visto en el sofá comiendo una tarta de chocolate y justo en ese momento… ¡ (la camiseta) .... ha ensuciado de chocolate!

14  **Answer the following questions with a partner about Ana and her sister using object pronouns.**

a. ¿Quién pidió la camiseta? ....
b. ¿A quién le pidió la camiseta? ....
c. ¿Quién le dejó la camiseta a la hermana? ....
d. ¿Dónde comía la tarta? ....
e. ¿Quién ensució la camiseta? ....
f. ¿Con qué ensució la camiseta? ....

15  **Think of a similar situation you have had lending something to a friend or family member. Then take turns with a partner asking and answering questions about what happened. Use the cues below to get started.**

Modelo: E1: Una vez le dejé… a mi…
         E2: ¿Qué pasó? / ¿Por qué se lo/la dejaste? / ¿Qué le dijiste?

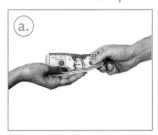

COMPRENSIÓN DE LECTURA

1 Before you complete the reading, review the strategy in Destrezas and follow the suggestion.

Destrezas

Looking for context and key words

Look for clues in the surroundings of each message and other details pictured. What do you see?

Look for key words in each sign that point to the main idea of the message. List these words along with your conclusion about the message.

Key words	Main idea
a.	a. ....
b.	b. ....
c.	c. ....
d.	d. ....
e.	e. ....
f.	f. ....
g.	g. ....

2 Now match the sign to the sentence that best describes its message. ¡*Atención!* Not all the images will be used.

1. ☐ No va a abrir durante el mes de agosto.

2. ☐ Solo se puede pagar en efectivo.

3. ☐ El cajero no funciona.

4. ☐ Hay que pagar con el dinero justo.

COMPRENSIÓN AUDITIVA

3 Before you listen to the conversation, review the strategy in Destrezas and follow the suggestion.

Destrezas

Listen for context and key words

Pay attention to the context of the conversation. Read the questions ahead of time and note key words you will need to listen for.

4 🎧 53 Listen to the conversation between the receptionist and a client. Select the best response to complete each statement.

1. La mujer prefiere...
  a. la casa con piscina.
  b. la casa con barbacoa.
  c. la casa compartida.

2. La oferta que prefiere la mujer es...
  a. la excursión a caballo por el río.
  b. el paseo en barca por el río.
  c. la pensión completa.

3. La mujer pregunta...
  a. si puede pagar con tarjeta.
  b. si admiten animales.
  c. si hay animales en el jardín.

4. La reserva no se puede hacer sin...
  a. el número de teléfono.
  b. el número de la tarjeta de crédito.
  c. la dirección de su casa.

PRONUNCIACIÓN Las letras *g* y *j*

1 🎧 54 Listen and repeat the following words.

2 🎧 55 Listen to the following pairs of words that vary in only one sound. Select the one you hear first.

a. ☐ casa / ☐ gasa
b. ☐ mago / ☐ majo
c. ☐ coco / ☐ cojo

d. ☐ goma / ☐ coma
e. ☐ lijar / ☐ ligar
f. ☐ rasgar / ☐ rascar

g. ☐ gato / ☐ cato
h. ☐ cota / ☐ jota
i. ☐ miga / ☐ mica

3 🎧 56 Listen to the pronunciation of the following words.

El sonido /j/	El sonido /g/
• g + e, i: *ge*nte, *gi*rasol	• g + a, o, u: *ga*lleta, *go*rdo, *gu*apo
• j + a, ,e, i, o, u: *ja*món, *je*fe, *ji*rafa, *jo*ven, *ju*eves	• gu + e, i: Mi*gue*l, *gui*tarra

4 👥 With a partner, fill in the blanks with *g*, *gu*, or *j* to form words you know.

a. ca ☐ ón
b. o ☐ o
c. má ☐ ico

d. ☐ ema
e. ☐ irasol
f. ☐ untos

g. ima ☐ en
h. traba ☐ o
i. ☐ ato

j. ☐ orro
k. ☐ errero
l. á ☐ ila

m. ☐ usano
n. ☐ afas
ñ. ☐ ía

o. ☐ ersey
p. abri ☐ o
k. a ☐ ua

 **MORE IN ELETECA:** EXTRA ONLINE PRACTICE

EL DÍA DE SAN VALENTÍN

Esta celebración de origen anglosajón es también muy importante en los países de habla hispana.

LOS TOP 5 DE...

¡EL DÍA DE SAN VALENTÍN!

El Día de San Valentín es una tradición anglosajona, pero hoy en día se celebra en todo el mundo. Muchos países lo celebran de forma distinta y, a veces, el nombre de la celebración es diferente.

✓ En algunos países, como en España, se llama el Día de San Valentín o el Día de los Enamorados. En algunos países latinoamericanos como México, República Dominicana, Costa Rica, Ecuador, Puerto Rico y Colombia, se llama el Día del Amor y la Amistad. En Guatemala se llama el Día del Cariño.

✓ En muchos países latinoamericanos el catorce de febrero también celebran el Día del Amigo Secreto. Durante ese día, los amigos se preparan regalos de forma secreta.

✓ San Valentín fue famoso por realizar (perform) bodas entre soldados y sus novias, en contra de los deseos (wishes) del ejército.

✓ Esta celebración tiene su origen en la Edad Media. En ese periodo comenzó la tradición de cortejar (to court). En el Reino Unido, los hombres regalaban flores, chocolates y tarjetas a sus amadas, con mensajes secretos. Ese fue el origen de las tarjetas de San Valentín.

✓ Las tarjetas de San Valentín se producen comercialmente desde el siglo XIX.

Feliz Día de San Valentín

Tarjeta típica del Día de San Valentín

El Día de la Amistad se celebra en América Latina.

Los bombones siguen siendo un regalo tradicional entre parejas o amigos.

¿Quién es tu amigo secreto?

¡Qué interesante! EL DÍA DEL AMIGO

✓ El Día del Amigo se inventó para celebrar la amistad.

✓ Inicialmente se festejaba solo en Argentina y Uruguay, donde eligieron el aniversario de la llegada del hombre a la Luna (veinte de julio de 1969) para celebrarlo. Más tarde, otros países se unieron a este evento, si bien (although) eligieron otras fechas del calendario para hacerlo.

✓ En 2011, la Asamblea General de las Naciones Unidas propuso extender esta celebración al resto de los países del mundo. Al treinta de julio se le llamó el Día Internacional de la Amistad.

El Café Tortoni, en Buenos Aires, es uno de los lugares más típicos para celebrar el Día de la Amistad.

🎧 57 Mi experiencia

«Me llamo Susana Sánchez y vivo en Barcelona. En mi comunidad, Cataluña, el Día de San Valentín se celebra poco. En su lugar *(instead)* celebramos el Día de Sant Jordi, también llamado Día de los Enamorados o Día del Libro y la Rosa. Según la tradición, los familiares, amigos o parejas se regalan una rosa o un libro. Antiguamente *(in the old days)* el hombre le regalaba una rosa a su amada y la mujer le regalaba un libro a él. Pero hoy en día todo el mundo compra una rosa y un libro a la persona que quiere. En el año 2013, en un solo día ¡se vendieron más de un millón y medio de libros!».

Puestos *(books stands)* de libros y rosas, durante el Día de Sant Jordi de 2013, en Barcelona, España

Las Ramblas, una de las calles más largas de Barcelona, España, con puestos de libros

¿COMPRENDISTE?

Decide if the following sentences are true (T) or false (F).

1. El Día de San Valentín no tiene origen en los países latinos. T ○ F ○
2. El Día de la Amistad es lo mismo que el Día de San Valentín. T ○ F ○
3. El Día del Libro y la Rosa se celebra en toda España. T ○ F ○
4. Las ventas de libros en España descienden durante esta celebración. T ○ F ○
5. Algunas palabras en español cambian de significado según el país. T ○ F ○

AHORA TÚ

What's it like for you? Answer these questions. Discuss in class.

1. ¿Celebras el Día de San Valentín? ¿Cómo?
2. ¿Prefieres este día o el Día Internacional de la Amistad? ¿Por qué?
3. ¿Te gustaría celebrar el Día del Libro? ¿Crees que es una buena idea? ¿Por qué?
4. Mucha gente dice que el Día de San Valentín es comercial. ¿Tú qué crees?
5. En tu opinión, ¿crees que es importante tener un día que celebre el amor o la amistad? ¿Por qué?

VOCES LATINAS ▶ ME GUSTA LEER

El rincón del lenguaje

El español es una lengua muy variada. Hay muchas palabras que se usan en algunos países hispanos que en otros no se conocen. Muchas veces hay malentendidos *(misunderstandings)* entre amigos de varios países porque los significados de una misma palabra pueden variar de un país a otro. Así, unas palabras que se consideran bonitas en algunos países pueden llegar a ser insultos en otros. La palabra «amigo» se entiende en todos los países de habla hispana y en todos ellos es muy bonita. Pero tiene muchas variantes según el país en que se use. En México, por ejemplo, también se usa «cuate», «compa», «mano» o «camarada». En Colombia, «compadre», «hermano» o «parcero». En Bolivia, «pariente» o «fiera»; en Ecuador, «compinche» y en Cuba, «asere». Pero algunas de estas palabras... ¡pueden ser insultos en otros países!

A veces hay malentendidos entre amigos que hablan español.

Fuentes: Oficinas de Turismo de México, Argentina y España, *LA VANGUARDIA*, *El País, La Nación, El Mercurio.*

1 **Match the terms on the left with the correct definition on the right.**

1. puesta de sol
2. ermitaño
3. decapitar
4. albergue
5. monstruo
6. la voluntad
7. Vía Láctea
8. tumba

a. Conjunto de estrellas.
b. Personaje fantástico y que da miedo.
c. Lugar donde puedes dormir y que suele ser muy barato o gratis.
d. Cantidad de dinero que voluntariamente das a alguien o que pagas por un servicio.
e. Cortarle la cabeza a alguien.
f. Persona que vive sola y aislada, sin relacionarse con el mundo.
g. Lugar donde se mete el cuerpo de un muerto.
h. Cuando se termina el día y el sol se esconde.

2 🎧 58 **Read the text.**

1 de julio

Querido diario:

Como ya sabes, hoy he empezado el Camino de Santiago. Voy a estar un mes haciendo la ruta que va desde Roncesvalles hasta Santiago de Compostela.

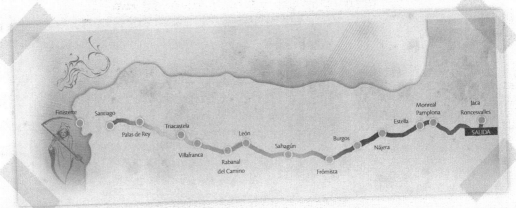

Esta ruta coincide con la Vía Láctea *(Milky Way)* y, desde hace mucho, las personas la siguen porque es un camino mágico, lleno de leyendas y misterios. Los hombres venían de toda Europa y se dirigían hacia Finisterre. En aquella época se pensaba que ahí terminaba el mundo al ser el punto situado más al oeste de Europa, donde moría el sol. Creían que en esas aguas había monstruos. Hoy en día esa zona se conoce con el nombre de *Costa da Morte*, que en español significa "Costa de la Muerte".

Hoy ha empezado mi aventura. He caminado veinticinco kilómetros, estoy cansadísimo y ¡todavía me falta mucho! Ahora estoy en el albergue, que está muy bien. A lo largo de toda la ruta hay un montón de albergues donde puedes dormir y comer algo sin pagar nada o solo la voluntad *(at your discretion)*.

Durante la comida, una señora mayor nos ha contado la leyenda de Santiago *(St. James)*. Santiago era uno de los doce apóstoles de Jesucristo que vino a Hispania para cristianizarla. En aquella época estaba prohibido predicar *(preach)* la religión cristiana, así que cuando volvió a su casa, a Palestina, fue decapitado por el rey Herodes. Dos apóstoles robaron el cuerpo y lo llevaron de nuevo a Galicia, a un pueblo que hoy se llama Padrón. Ahí vivía una reina muy mala que se llamaba Lupa. Cuando los apóstoles bajaron del barco, la reina, para reírse de ellos, les dio dos toros salvajes *(wild)* para que tiraran *(pull)* del carro donde transportaban a Santiago. Dice la leyenda que, inexplicablemente, los toros lo llevaron tranquilamente hasta un bosque donde los apóstoles lo enterraron *(buried)*. Siglos más tarde, un ermitaño *(hermit)* vio una fuerte luz sobre aquel bosque y encontró la tumba. A ese lugar le llamaron *Compostela*, que significa "campo de las estrellas". A partir de entonces la gente empezó a hacer el camino para ver la tumba del apóstol que hoy se encuentra en la Catedral de Santiago, y muchos continúan la ruta hasta Finisterre para ver la puesta de sol *(sunset)*.

La verdad es que ha sido una historia interesantísima. Creo que en este viaje voy a aprender mucho. Ahora ya me voy a dormir que mañana va a ser un día duro...

3 **Answer the following questions about the reading.**

a. ¿En qué ciudad ha empezado la ruta? ....

b. ¿Cuándo empieza su viaje? ....

c. ¿Qué estación del año es? ....

d. ¿Por qué la gente empezó a hacer esta ruta? ....

e. ¿Dónde está escribiendo? ....

f. ¿Quién le ha contado la historia de Santiago? ....

g. ¿Cuánto le ha costado el alojamiento? ....

h. ¿Cómo murió Santiago? ....

4 **With a partner, make a list of the things our friend needs to do before starting his walk to Santiago. Here are some ideas. Be sure to explain why.**

Modelo: *Necesita llevar una cantimplora porque es un viaje largo y...*

curitas

cantimplora

crema

bastón

TALKING ABOUT YOUR EXPERIENCES

1 Did you have a good time? Classify the expressions from best to worst.

> ni fu ni fa ○ de miedo ○ mal ○ bien ○ muy bien ○ fatal

a. .... b. .... c. .... d. .... e. .... f. ....

SUPERLATIVES

2 Write a superlative to describe each means of transportation.

Es el más... ....

Es... ....ísimo.

Es el más... ....

Es... ....ísimo.

Es... ....ísimo.

THE PRESENT PERFECT

3 Match the explanations on the left with the sentences on the right.

1. Describir o narrar acciones sucedidas en un pasado reciente.
2. Describir o narrar acciones sucedidas en un periodo de tiempo no terminado.
3. Expresar la realización o no de un hecho hasta el presente.
4. Valorar una actividad o periodo de tiempo.
5. Hablar del número de veces que se ha hecho algo.

a. *La película que hemos visto ha sido genial.*
b. *He ido muchas veces de acampada.*
c. *Hace un rato he visto a Juan.*
d. *Esta semana he estudiado mucho en el instituto.*
e. *Nunca he viajado en barco.*

4 Write the sentence with the correct indirect object pronoun (*le/les*) and the verb in the present perfect tense.

Modelo: Julio / dar / un libro / a mi primo. ➡ Julio le ha dado un libro a mi primo.

a. Yo / leer / el libro / a Isabel ➡ ....
b. Alejandro / llevar / las flores / a Ester y a Ania. ➡ ....
c. Los meseros / servir / más sopa / a María. ➡ ....
d. Ustedes / enseñar / los libros / a los niños. ➡ ....
e. ¿Quién / hacer / la reserva / a ustedes? ➡ ....

5 **Match the sentences on the left with the antecedents for the pronouns on the right.**

1. Se la diré.
2. Se lo daré.
3. Te los he traído.
4. Me lo ha contado.
5. Nos la ha explicado.

a. Los videojuegos que me pediste.
b. Que Pedro y Ana se han enfadado.
c. La lección en clase.
d. La verdad a mis padres.
e. El libro a Luis.

LAS ACTIVIDADES DE TIEMPO LIBRE Y EL HOTEL

6 **Fill in the blanks with the correct word from the list.**

> patinar ○ saco ○ montar ○ hacer ○ alojamiento ○
> jugar ○ temporada baja ○ ir ○ tienda ○ reserva

a. Como no hemos desayunado, comido ni cenado, en el hotel solo hemos pagado el ....

b. Yo siempre prefiero viajar en .... porque en esa época todo es más económico.

c. Será muy difícil encontrar alguna habitación libre durante un puente. Ya te dije que era mejor hacer la .... antes de venir.

d. » A mí, los deportes que más me gustan son .... a caballo y .... surf.
   » Pues a mí, ... y .... al tenis.

e. Para .... de camping, necesitas una .... de campaña y un .... de dormir.

CULTURA

7 **Answer the following questions according to the information you learned in** *El Día de San Valentín.*

a. ¿Con qué otros nombres se conoce el Día de San Valentín en el mundo hispano?

b. ¿Cuáles son algunas tradiciones que hace la gente ese día?

c. ¿Qué tradición tienen en Cataluña?

d. ¿En qué países se originó la celebración del Día de la Amistad? ¿Qué organización la promociona?

e. ¿Qué hacen los argentinos ese día?

 MORE IN ELETECA: EXTRA ONLINE PRACTICE

En el hotel

el alojamiento *lodging*

el ascensor *elevator*

la habitación doble *double room*

la habitación individual *single room*

la llave *key*

media pensión *half board*

pensión completa *full board*

la propina *tip*

el/la recepcionista *receptionist*

el recuerdo *souvenir*

la reservación / la reserva *reservation*

la temporada alta *high season*

la temporada baja *low season*

Actividades de tiempo libre

hacer *puenting* *to go bungee jumping*

hacer senderismo *to go hiking*

hacer surf *to surf*

ir de camping *to go camping*

jugar al ajedrez *to play chess*

Descripciones

aburridísimo *extremely boring*

¿Cómo / Qué tal te ha ido? *How was it?*

¿Cómo / Qué tal te lo has pasado? *Did you have a good time?*

de miedo *awesome*

divertidísimo *hilarious*

estupendamente *marvelously*

estupendo *marvelous*

fatal *awful*

genial *great*

más o menos *more or less*

ni fu ni fa *so-so*

regular *okay*

superbién *super*

un desastre *a disaster*

Verbos

contar (o > ue) *to tell, to count*

dejar *to leave, to lend*

ensuciar *to dirty*

intentar *to try*

mandar *to order, to send*

morir (o > ue) *to die*

regresar *to return*

romper *to break*

tener ganas de *to feel like (doing something)*

Expresiones temporales

alguna vez *ever*

una vez *once, one time*

dos veces *twice, two times*

todavía no *not yet*

últimamente *lately*

ya *already*

THE SUPERLATIVE

(See page 173)

- The superlative expresses the best and the worst within a group.

el/la/los/las	+	noun ø	+	**más** **menos**	+	adjective	+	**de** + noun
								que + verb

*Mis sobrinas son las niñas **más** guapas **de** la familia.*

THE PRESENT PERFECT

(See page 179)

- The present perfect is formed with the present tense of **haber** + past participle.

yo	he			
tú	has		viajado (–AR)	
usted/él/ella	ha		comido (–ER)	
nosotros/as	hemos		vivido (–IR)	
vosotros/as	habéis			
ustedes/ellos/ellas	han			

Irregular past participles			
morir ➡ **muerto**	escribir ➡ **escrito**
abrir ➡ **abierto**	ver ➡ **visto**
poner ➡ **puesto**	hacer ➡ **hecho**
decir ➡ **dicho**	volver ➡ **vuelto**
romper ➡ **roto**	

- The present perfect describes actions that have recently occurred. It is often used with the following expressions of time:

• esta mañana / tarde / semana / noche	• últimamente
• este mes / año / fin de semana / verano	• hace diez minutos / dos horas / un rato
• hoy	

- » *¿Qué ha hecho tu padre **esta tarde**?*
- » *Ha visto una película de DVD.*

- The present perfect is also used to ask or say how many times an action has taken place and uses the following expressions:

• ya	• aún no	• nunca	• (n.º) veces
• todavía no	• alguna vez	• varias veces	• jamás

- » *¿Has viajado **alguna vez** en avión?*
- » *No, **nunca**. Me da miedo.*

DIRECT AND INDIRECT OBJECT PRONOUNS

(See page 181)

	Direct object pronouns	Indirect object pronouns
yo	me	me
tú	te	te
usted/él/ella	lo / la	le (se)
nosotros/as	nos	nos
vosotros/as	os	os
ustedes/ellos/ellas	los / las	les (se)

- Order of the pronouns:
  indirect object + direct object
  Te (a ti) **lo** (el libro) *he dejado encima de la mesa.*

- **le / les + lo, la, lo, las ➡ se + lo, la, los, las**
  (El libro, a él) ~~te~~ **lo** *he dejado encima de la mesa.* ➡ **Se lo** *he dejado encima de la mesa.*

1 🎧 59 **Listen to four people talking about their trips. Fill in the following chart with the missing information.**

	¿Con quién fue?	¿Dónde?	¿Cuándo?	¿Qué hizo?	¿Lo pasó bien?
Pepe					
Ana					
Iván					
Eva					

2 🎧 59 **Listen to the conversation again and write the superlatives that you hear.**

a. ....   d. ....

b. ....   e. ....

c. ....   f. ....

3 **Fill in the blanks with the appropriate direct and indirect object pronouns according to the information in the sentence.**

1. Ana compró un Empire State de plata y .... regaló a su madre.

2. Mi abuela tiene muchas fotos de cuando estuvo en Ibiza y siempre que vamos a su casa .... enseña.

3. Pepe dice que comió insectos fritos pero yo no .... creo.

4. Iván es muy exagerado, seguro que no .... pasó tan mal.

4 **Read this blog from a famous Spanish adventurer. Fill in the blanks with the present perfect form of the verbs in parenthesis.**

Mi pasión nació en mi tierra, en el corazón de los Picos de Europa, y (a) .... (desarrollarse) especialmente en el Himalaya. A Nepal, donde (b) .... (ser) guía de montaña durante más de dieciséis años, ¡(c) .... (viajar) más de cuarenta veces! A mis expediciones más importantes, como la del Everest en 2005, empecé a llevarme una cámara y a filmar. Con ese material se inició *Desafío extremo*, que (d) .... (convertirse) en un programa de éxito y va ya por su tercera temporada. Enseguida empezó a acompañarme Emilio Valdés, amigo y alpinista, que registra con su cámara todo lo que nos pasa. Como (e) .... (ustedes, poder) ver en temporadas anteriores de *Desafío extremo*, (f) .... (yo, culminar) los picos más altos de cada continente: Elbrus, Everest, Pirámide de Carstenz, McKinley, Vinson y Aconcagua. (g) .... (Llegar) a la cima, además, de otros dos ochomiles, el Cho Oyu y el Lhotse, y (h) .... (alcanzar) el Polo Norte. Además de la montaña, me apasionan las motos; (i) .... (ir) en dos ocasiones al rally de los Faraones en Egipto. También me gusta volar y soy piloto de avionetas. Últimamente (j) .... (empezar) a practicar el submarinismo, un deporte de aventura que te permite conocer la extraordinaria vida marina. Esa no es mi especialidad y de momento mis amigos, que son expertos submarinistas, siempre me (k) .... (acompañar) y me (l) .... (ayudar).

(Adaptado de *www.jesuscalleja.es*)

5 Read this text about an adventurer who lived in Spain a long time ago. Fill in the blanks with the words from the list below and use the preterit of the verbs in parenthesis to complete the text.

entonces o nadie o de adolescente o allí o porque o en 1635 o 1607 o más tarde

Doña Catalina de Erauso .... (nacer) en San Sebastián, España, en 1592.
(a) .... sus padres la .... (meter) en un convento, pero en (b) .... se
.... (escapar), (c) .... no soportaba (*tolerate*) la vida de religiosa. Se ....
(disfrazar) de hombre y se .... (ir) en un barco rumbo a América. Años (d) ....,
.... (luchar) como soldado por la conquista de Chile. .... (ser) tan valiente que
.... (decidir) nombrarla alférez (*lieutenant*). (e) .... (descubrir)
que era una mujer hasta que en 1624, durante un duelo, ... (sufrir) una herida y no
.... (tener) más opción que confesarlo. (f) .... inmediatamente ....
(regresar) a España para recuperarse y el rey Felipe IV le .... (dar) una recompensa por
su valentía. (g) .... (volver) a vestirse de hombre y .... (viajar) de
nuevo a América. .... (morir) (h) .... en Veracruz, México.

6 Answer these questions about the text in Activity 5.

a. ¿De dónde se escapó Catalina? ....

b. "Convento" significa...　☐ la casa donde viven los religiosos.
　　　　　　　　　　　　　☐ es una prisión.

c. "Disfrazarse" significa...　☐ vestirse para parecer otra cosa.
　　　　　　　　　　　　　☐ vestirse bien.

d. ¿Por qué Catalina confesó que era una mujer? ....

e. ¿Cuántas veces fue Catalina a América? ....

7 Write a text (about 100 words) about your best trip ever. Where did you go, when, and with whom? What did you do? Did you have a good time?

8 👥 Tell your story to a partner and make up two events about your trip. Have your partner guess what is true and what is not true.

¡QUÉ CURIOSO!

Unos jóvenes jugando a las cartas.

>> ¿Qué está haciendo este grupo de muchachos?

>> ¿Sabes jugar a este juego?

>> ¿Qué otros juegos conoces?

>> ¿Qué hiciste el verano pasado?

In this unit, you will learn to:

- Talk about facts, information, and trivia
- Share what you know and react to what others tell you
- Talk about some of the things you did in your free time
- Describe your volunteer experiences

Using

- The imperfect and the preterit
- Indefinite pronouns and adjectives

Cultural Connections

- Share information about daily routines and volunteering in Hispanic countries, and compare cultural similarities

¡ACCIÓN!

- Historias maravillosas

1 Look at the image and answer the questions based on what you see or can infer from the image.

a. ¿Qué tienen las muchachas en la mano?

b. ¿Crees que han visto una película o la van a ver?

c. ¿Te gusta el cine extranjero?

d. ¿Cuál es la última película que viste?

e. ¿Conoces alguna película de Penélope Cruz? ¿Cuál?

f. ¿Sigues la vida de tus actores favoritos? ¿Cómo?

2 How well do you know Penélope Cruz? Fill in the blanks in this text about her life with the appropriate time expression from the list below.

durante su vida o en los años ochenta o en 2010 o durante cuatro años o
hasta ahora o en 1974 o este año o desde los cinco hasta los dieciocho

Nació (a) .... en Madrid. (b) .... años estudió ballet. Sus primeros trabajos fueron (c) .... con anuncios publicitarios, videos musicales, televisión... En 1991 empezó a trabajar en el cine y (d) .... no ha parado de hacer películas. (e) ...., de 2001 a 2004, fue novia de Tom Cruise, antes de ganar un Oscar.

(f) .... ha tenido que aprender varios idiomas para filmar películas en Italia, Francia, Estados Unidos... (g) .... se casó con Javier Bardem y tienen dos hijos. (h) .... ha dicho que está en un momento muy feliz de su vida.

3 🎧 ⁶⁰ **Listen to the conversation between Irene and Paula about the Spanish actress Penélope Cruz. Fill in the blanks with the missing words.**

> **Irene:** Me apetece mucho ver esta película. Además, Penélope Cruz me encanta.
>
> **Paula:** Pues ayer leí una (a) .... suya muy interesante.
>
> **Irene:** ¡Ah!, ¿sí? Cuenta, cuenta…
>
> **Paula:** ¿Sabías que se llama Penélope porque a sus padres les gustaba mucho una (b) .... que se titula así?
>
> **Irene:** ¡Qué curioso! La verdad es que no es un nombre muy común. Me gusta, es (c) ...., aunque un poco largo…
>
> **Paula:** Pues a su familia creo que también, porque la llaman Pe.
>
> **Irene:** ¡Qué gracioso!
>
> **Paula:** Y es una actriz muy preparada. Ha estudiado trece años ballet, interpretación… ¡y habla cuatro (d) ....!
>
> **Irene:** ¡Qué envidia! ¡Me encantaría poder hablar tantos idiomas!
>
> **Paula:** A mí, también. Y también leí que colabora con varias ONG. Incluso grabó una canción para un (e) .... benéfico. ¡Esta muchacha sabe hacer de todo!
>
> **Irene:** Desde luego. Yo la he oído cantar en algunas (f) .... y lo hace muy bien. También hizo una serie de televisión de una escuela de baile.
>
> **Paula:** ¡Pero si no era ella! Era su (g) .... pequeña, Mónica Cruz, que también es actriz y se parecen un montón.
>
> **Irene:** ¡No me digas! ¡Son idénticas!
>
> **Paula:** Ya ves, incluso en una peli de la saga *Piratas del Caribe* Mónica hizo de doble de su hermana.
>
> **Irene:** Pues sí que se parecen: las dos son guapas, ricas, (h) ....…

4 **Complete the sentences with the correct information about Penélope Cruz.**

a. .... una serie sobre una escuela de baile.

b. Las dos hermanas se parecen ....

c. Penélope colaboró en un ....

d. Mónica fue .... de su hermana en una película.

5 👥 **Here are some questions from the interview that Paula read. Answer the questions as Penélope Cruz would, according to the information above. Then, with a partner, take turns playing the role of Penélope and the interviewer.**

a. Penélope no es un nombre muy común, ¿por qué te lo pusieron?

b. ¿Tu familia te llama de alguna forma especial? ¿Por qué?

c. ¿Es verdad que te gusta mucho cantar y bailar?

d. ¿Cómo es la relación con tu hermana?

e. ¿Es cierto que realizas acciones solidarias?

f. ¿Hablas idiomas?

COMUNICA

TALKING ABOUT INTERESTING FACTS AND ANECDOTES

- To talk about interesting facts or trivia use:
  - **¿Sabías que...?** *Did you know...?*
  - **¿Sabes...?** *Do you know...?*
  - **Dicen que**... *They say that...*
  - **Cuentan que**... *They say that...*

- To react or show interest, use the following expressions:
  - **Cuenta, cuenta**... *Tell me, tell me...*
  - **¿De verdad?** *Really?*
  - **¡No me digas!** *No way!*
  - **¡Qué curioso!** *How interesting / strange!*

1 🎧 61 **Listen to these conversations and fill in the blanks with words from the list. Then match the conversations with the images.**

> sabes ○ de verdad ○ cuenta, cuenta ○ qué curioso ○ sabías que ○ cuentan que

a. Elena: ¿(a) .... el **Chupa Chups** lo inventó un español?

Javier: ¿(b) ....?

Elena: Sí, se llamaba Enric Bernat y tuvo la idea de colocarle un palo (*stick*) a un caramelo porque veía que los niños se ensuciaban (*dirty*) las manos. Se hizo tan popular que hoy en día podemos encontrarlo en cualquier parte del mundo.

b. Irene: ¿(c) .... cuál es el origen de la **siesta**?

Jorge: No, (d) ....

Irene: Pues se trata de una antigua costumbre de guardar reposo y silencio después del mediodía, al ser la hora de más calor. Por eso, entre las tres y las cinco de la tarde, no está bien visto en España llamar a nadie por teléfono.

c. Alicia: ¿Sabes qué es un **botijo**?

Marta: ¿Un botijo? No, cuenta, cuenta...

Alicia: Es un recipiente de barro (*clay*) cocido que sirve para contener agua, y si lo colocas al sol el agua se enfría.

Marta: ¡(e) ....!

Alicia: Sí, (f) .... procede del tiempo en el que los romanos dominaban la Península Ibérica.

2 👥 **Using your own experiences (real or imaginary) and the expressions above, tell your partner about an incident that happened to you relating to each of the images. Your partner will react to your story.**

Estudiante 1

Estudiante 2

DESCRIBING PERSONAL EXPERIENCES

- To ask about personal experiences use the following:

  ¿Has estado **alguna vez** en Panamá? *Have you ever been to Panama?*

  ¿Has comido **alguna vez** chiles rellenos? *Have you ever eaten chiles rellenos?*

- To respond in the affirmative:

  Sí, he estado **muchas veces** / **varias veces** / **dos veces** / **una vez**... en Panamá.

  Sí, he comido **muchas veces** chiles rellenos.

- To respond in the negative:

  No, no he estado **nunca** en Panamá, or No, nunca.

  No, no he comido **nunca** chiles rellenos, or No, nunca.

- When you want to express an action that has been completed, use the expression:

  Ya he comido. *I have already eaten.*

- When you have the intention of doing something, but you have not done it yet, use the expressions:

  Todavía / **Aún no** he comido. *I haven't eaten yet.*

- In Spanish, **ya**, **todavía no**, and **aún no** can be placed before or after the verb. But, in contrast to English, they can never be placed between the auxiliary verb and the preterit.
  Ya he comido chiles rellenos. He comido **ya** chiles rellenos.

3 👥 **Talk to your partner about the following things and ask if he / she has already done them. If so, mention how many times and, if not, use *nunca* or *todavía no*.**

Modelo: E1: ¿Has ido alguna vez a un concierto?
E2: Sí, he ido dos veces, ¿y tú?

Plantar un árbol

Ir a un concierto

Enamorarse

Aprender a tocar un instrumento

Tener una mascota

Ir a una discoteca

Escalar una montaña

Cruzar el Atlántico

Hacer un viaje sin padres

Hacer submarinismo

Viajar en barco

Ganar un premio

 MORE IN ELETECA: EXTRA ONLINE PRACTICE

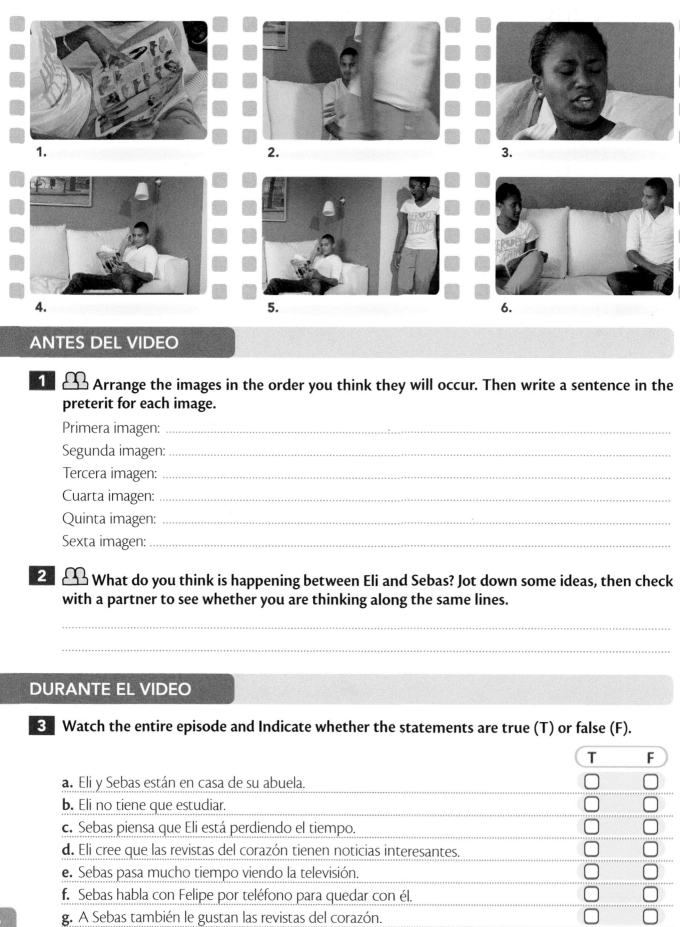

1.

2.

3.

4.

5.

6.

ANTES DEL VIDEO

1 🔍 Arrange the images in the order you think they will occur. Then write a sentence in the preterit for each image.

Primera imagen: ....

Segunda imagen: ....

Tercera imagen: ....

Cuarta imagen: ....

Quinta imagen: ....

Sexta imagen: ....

2 🔍 What do you think is happening between Eli and Sebas? Jot down some ideas, then check with a partner to see whether you are thinking along the same lines.

....

....

DURANTE EL VIDEO

3 Watch the entire episode and Indicate whether the statements are true (T) or false (F).

	T	F
a. Eli y Sebas están en casa de su abuela.	☐	☐
b. Eli no tiene que estudiar.	☐	☐
c. Sebas piensa que Eli está perdiendo el tiempo.	☐	☐
d. Eli cree que las revistas del corazón tienen noticias interesantes.	☐	☐
e. Sebas pasa mucho tiempo viendo la televisión.	☐	☐
f. Sebas habla con Felipe por teléfono para quedar con él.	☐	☐
g. A Sebas también le gustan las revistas del corazón.	☐	☐

4 **Who says the following things in the episode? Eli or Sebas?**

a. "A nadie le debe interesar la vida de los famosos".

b. "Leer revistas es perder el tiempo".

c. "A veces en las revistas se descubren escándalos sobre políticos".

d. "Tú pierdes el tiempo jugando a los videojuegos".

e. "Las revistas son para gente boba".

5 **Watch the following segment and answer the questions.**

02:50 - 04:15

a. ¿De qué actriz es el reportaje que está viendo Sebas?

b. ¿Dónde está la actriz?

c. ¿Qué es lo que más le gusta a Sebas de las fotos?

d. ¿Con quién está la actriz?

6 **Arrange the sentences in the order in which they appeared. Then match them to the images on page 202.**

a. Sebas aprovecha para hojear la revista y contar por teléfono los detalles de un reportaje a su amigo Felipe.

b. Sebas se sienta junto a ella y le aconseja no leer revistas de ese tipo.

c. Eli se enfada y abandona el salón dejando la revista en el sofá.

d. Eli está en el sofá leyendo una revista cuando llega su hermano Sebas.

e. Eli parece muy molesta por las palabras que utiliza su hermano.

f. Eli regresa y descubre que su hermano está leyendo sus revistas a escondidas.

1. d, imagen 1   **2.** _____   **3.** _____   **4.** _____   **5.** _____   **6.** _____

DESPUÉS DEL VIDEO

7 **What can you conclude from this episode? Select only one of the options below.**

a. Los hermanos y otros miembros de la familia discuten habitualmente.

b. A los jóvenes les interesan mucho las revistas del corazón.

c. Las revistas del corazón interesan a todo tipo de gente.

d. La vida privada de los famosos no debería aparecer en las revistas.

e. Sebas esconde su interés por las revistas porque cree que es algo malo.

f. El interés por la vida de los famosos no es una cuestión de géneros ni de edad.

g. A los jóvenes normalmente les gusta perder el tiempo.

8 **Check your answer with your classmates. Do you agree?**

MORE IN ELETECA: EXTRA ONLINE PRACTICE

1 Read the following text and fill in the blanks with a word from the list below.

> teléfono o televisión o mensajes de texto o juegos de mesa o computadora o
> videojuegos o Facebook y Twitter o culturales o Internet o hacer deporte

Un reciente estudio realizado a los jóvenes españoles de entre quince y dieciocho años sobre sus prioridades en la vida concluye que el tiempo libre es una de sus prioridades y son la primera generación de españoles que dedica más tiempo a (a) .... que a la televisión. Los (b) .... son otro de sus pasatiempos.

Las actividades que más practican son: usar la (c) ...., escuchar música o la radio, salir o reunirse con amigos y ver la (d) .... En segundo lugar se sitúan actividades como ir a discotecas, (e) ...., asistir a conciertos o leer libros. En último lugar se encuentran actividades como visitar museos o exposiciones, colaborar con una ONG o asistir a conferencias.

Atrás quedaron algunos de los más populares (f) .... de otros tiempos, como el parchís, la oca o las cartas.

En general, lo que más les gusta es salir del entorno familiar y estar con los amigos, ya sea presencialmente o mediante redes sociales como (g) ...., y lo que menos practican son las actividades (h) .... porque las consideran actividades escolares y no de ocio.

Lo que más diferencia a los nuevos adolescentes es el uso de las nuevas tecnologías, principalmente las interactivas, motivo por el que Internet y el (i) .... celular están desplazando a la televisión y los (j) .... al correo electrónico.

Pero, aunque la adolescencia tiene mala fama y algunas personas dicen que los jóvenes no tienen principios ni control, según el psiquiatra Luis Rojas Marcos la mayoría de ellos son bondadosos, curiosos, inquietos y altruistas.

2 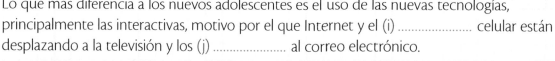 62 Now listen to the audio and check your answers.

3 With a partner, complete the chart with examples from the text above and other activitities you know that fit the topics.

Juegos de mesa	Nuevas tecnologías (actividades)
dominó, Trivial,	chatear,

Actividades al aire libre	Actividades educativas
montar a caballo, rafting,	talleres,

4 Answer the following questions about the reading. Then, in small groups, discuss your answers. Be prepared to present your information to the class.

a. ¿Te sientes identificado/a con el texto? ¿Por qué?

b. ¿Cuáles son tus hábitos de tiempo libre?

c. ¿Se parecen los jóvenes españoles y los de tu país? ¿En qué sí y en qué no?

5 Volunteering is another way in which teenagers spend their free time. Select the letter of the correct action below to complete the captions under each image.

a. ayuda humanitaria
b. recoger basura
c. la rehabilitación de casas

d. un comedor público
e. dar clases privadas
f. la recolección de alimentos y ropa

g. recaudar fondos
h. una residencia de ancianos

.... de las calles y los parques.

Servir comida en ....

Participar en ....

Trabajar como voluntario/a en ....

Colaborar en ....

.... para una ONG.

Ofrecer ....

....

! • ONG = Organización No Gubernamental (NGO)

■ la residencia = el asilo

■ los ancianos = los mayores, las personas mayores

6 🎧 63 Listen to this group of students talk about their volunteer experiences over the summer. Then answer the questions below.

a. ¿Qué hacía Sonia en la residencia de ancianos?
b. ¿Qué es lo que más le gustaba a Tomás de su trabajo de voluntario?
c. ¿Por qué trabaja como voluntario Darío?

7 What kinds of volunteer experiences have you had? Write about what volunteer activities you have participated in and the kinds of things you would do as a volunteer.

¿Qué tipo de trabajo voluntario has hecho?	¿Qué hacías?
 He trabajado como monitor (counselor) en un campamento de verano.	 Jugaba al ajedrez con los niños, íbamos de excursión, daba clases privadas...

🔄 Use the imperfect to describe repeated actions in the past.

ayudaba, ayudabas,...   **servía, servías,...**

8 👥 Ask four classmates about their volunteer activities. Record their names and responses in a chart. Then summarize the results of your interviews to see what activities are the most popular.

Modelo: Muchos en mi grupo...

Nombre	Tipo de trabajo voluntario	¿Qué hacía?

9 Trivia games (*curiosidades*), whether on television or in class, are always popular. Match each word with its definition.

1. inventar
2. desembarcar
3. creador
4. conseguir
5. pico
6. lograr

a. Llegar a un lugar en barco con la intención de iniciar una actividad.

b. Sinónimo de conseguir y alcanzar.

c. Alcanzar lo que se pretende o desea.

d. Cumbre, punto más alto de una montaña.

e. Persona que hace algo nuevo o encuentra una nueva manera de hacer algo.

f. Idear algo nuevo artística o intelectualmente.

10 The following questions contain each of the words from Activity 9. Work with a partner to check that you selected the correct definitions above. Use context clues to help you.

a. ¿Sabes con qué otro nombre se conoció al creador del Quijote, Miguel de Cervantes?

b. ¿Con el gol de qué futbolista consiguió la selección española de fútbol ganar el Mundial de Sudáfrica? ¿Contra qué otra selección jugaban?

c. ¿Qué actor español de fama internacional ha logrado ganar un Oscar? ¿Con qué película?

d. ¿Sabes quién inventó el submarino?

e. ¿Sabes cuál es el pico más alto de América del Sur y dónde se encuentra?

f. ¿En qué isla desembarcó Colón en su primer viaje al Nuevo Mundo?

11 64 Let's play. How good are you at trivia? In the boxes below, write the letter of the question above that corresponds to the correct trivia card. Then take turns choosing a category and answering the trivia questions with a partner. Listen to the audio to check your answers. Who was the winner?

Historia
- Pregunta: ☐
- Respuesta: ....

Geografía
- Pregunta: ☐
- Respuesta: ....

Arte y literatura
- Pregunta: ☐
- Respuesta: ....

Cine y espectáculos
- Pregunta: ☐
- Respuesta: ....

Ciencia
- Pregunta: ☐
- Respuesta: ....

Deportes
- Pregunta: ☐
- Respuesta: ....

MORE IN ELETECA: EXTRA ONLINE PRACTICE

1. CONTRASTING THE IMPERFECT AND THE PRETERIT

The imperfect

- Recall that we use the imperfect to describe ongoing or habitual actions in the past. It describes:

  - What used to be.
    Julio **trabajaba** de monitor todos los veranos. *Julio used to work as a counselor every summer.*

  - What was going on at a certain time.
    Ana **escribía** mensajes de texto mientras **veía** la televisión. *Ana was texting while she was watching television.*

  - What was happening (provides the background information in a story).
    Era muy idealista y **quería** ayudar a los más necesitados. *She was very idealistic and wanted to help the needy.*

- **Time expressions** used with the imperfect:
  - Todos los días / años / veranos...
  - Antes...
  - Siempre / a menudo...
  - Muchas veces / a veces...

The preterit

- The preterit tense is used to talk about specific actions that began and ended at a fixed point in the past. It describes:

  - A series of completed actions.
    Ayer **vimos** una película y después **fuimos** a cenar. *Yesterday, we watched a movie and then went out for dinner.*

  - What happened (main actions and events).
    El verano pasado **trabajé** en un campamento de verano. *Last summer, I worked at a summer camp.*

    De repente, **oí** un ruido extraño y **empecé** a correr. *Suddenly, I heard a strange noise and started to run.*

- **Time expressions** used with the preterit:
  - La semana / primavera... pasada
  - El fin de semana / año / mes... pasado
  - Hace tres días / dos años...
  - Ayer / anoche / el otro día...
  - En verano / otoño / 1980...
  - Una vez...

---

1 **Complete the text about José Luis's volunteer experience last summer with the correct preterit form of a verb from the list.**

> cambiar ○ conocer ○ crear ○ donar ○ organizar ○ pintar ○ plantar ○ poder ○ reciclar ○ recoger ○ ser ○ trabajar

El verano pasado José Luis (a) .... de voluntario varias semanas en el parque de su barrio. Con el dinero que (b) .... los comercios del barrio, José Luis (c) .... comprar plantas y latas de pintura. Después (d) .... un grupo de voluntarios para ayudarlo. El primer día todos (e) .... toda la basura del parque y (f) .... los plásticos. Después, un grupo (g) .... flores, árboles, arbustos y plantas, y otro (h) .... un mural en una de las paredes. El parque (i) .... completamente de aspecto. Además, (j) .... una experiencia muy buena para José Luis. (k) .... a mucha gente y entre todos (l) .... un espacio bonito para su comunidad.

2 👥 With a partner, describe what was going on in the photos when they were taken. Include the following information about each and use the clues as a guide. ¡Atención! What tense will you be using, preterit or imperfect?

- when was it ➡ **ser**
- how many people were there ➡ **haber**
- who were they ➡ **ser**

- where were they ➡ **estar**
- what were they doing ➡ **acción**
- how were they feeling ➡ **estar / tener**

3 👥 With a partner, use elements from all three columns to describe a camping vacation you took with friends. ¡Atención! Be sure to use the correct form of the imperfect or the preterit.

Modelo: Un día, un grupo de amigos y yo fuimos de excursión a la montaña.

¿Cuándo?	¿Quién?	¿Qué?
• por las tardes	• un grupo de amigos y yo	• ir de excursión a la montaña
• un día	• yo	• dormir en tiendas de campaña
• a menudo	• Paquita y Rosa	• nadar en el lago
• por primera vez	• José	• tomar el sol
• muchas veces		• ver unos ciervos (deer) cerca del campamento
• el primer día		• hacer una hoguera (campfire)
• de repente		• asar hamburguesas en la barbacoa
• por las mañanas		• jugar al monopolio y otros juegos de mesa
• el último día		• contar historias de miedo

4 Organize the sentences in Activity 3 into a logical order to create a journal entry about your trip. Be sure to include additional information about what you did and what the experience was like for you.

2. INDEFINITE PRONOUNS AND ADJECTIVES

■ Use indefinite pronouns and adjectives to refer to an unspecified person or thing.

PRONOUNS

People	Things
alguien ≠ nadie	**algo ≠ nada**

People

» ¿**Alguien** sabe dónde está mi teléfono? *Does anybody know where my phone is?*

» No, **nadie**. *No, no one (nobody).*

Things

» ¿Quieres **algo** de comer? *Do you want something to eat?*

» No quiero **nada**, gracias. *I don't want anything, thank you.*

PRONOUNS

People and things

■ Some indefinite pronouns have masculine and feminine forms as well as singular and plural forms, and as such must agree with the nouns they replace.

• **alguno/a/os/as** *some, any*

• **ninguno/a** *none, not any*

Ninguno de los vasos está roto. *None of the glasses is broken.*

» ¿Hay algún estudiante de Francia? *Is there any student from France?*

» **Ninguno.** *None.*

Algunos de mis amigos hablan francés. *Some of my friends speak French.*

ADJECTIVES

People and things

■ Like most other adjectives, indefinite adjectives agree in number and gender with the nouns they modify.

• **algún / alguna / algunos / algunas** *some, any*

• **ningún / ninguna** *no, none, not any*

No hay **ningún** estudiante de Francia. *There is no student from France.*

Tengo **algunos** libros que te van a gustar. *I have some books that you will like.*

 ■ The plural forms **ningunos / ningunas** are rarely used as adjectives, only **ningún** and **ninguna**.

■ If negative words such as **nada** and **nadie** follow the verb in a sentence, **no** or another negative word must precede the verb.

>> *¿Compras esos zapatos?* Are you buying these shoes?

>> *No, **no** compro **nada**.* No, I'm not buying anything.

>> *¿Hay alguien allí?* Is anyone there?

>> *No, **no** hay **nadie**.* No, there isn't anyone. / There is no one.

>> *¿Están todos los estudiantes en clase?* Are all the students in the class?

>> *No, **no** hay **ninguno** / **nadie**.* No, there isn't anyone. / There is no one.

5 **Match the opposite expressions. Then complete the sentences with a word that matches its opposite in the sentence. ¡Atención! Remember that adjectives and pronouns must agree with the noun.**

1.	alguna	a.	ningún
2.	algún	b.	nada
3.	alguien	c.	ninguno
4.	alguno	d.	ninguna
5.	algo	e.	ninguna
6.	algunas	f.	nadie

a. Algunos fueron a protestar pero .... volvió contento.

b. Alguien llamó por teléfono pero .... contestó.

c. Ninguno de los voluntarios pidió dinero, pero .... pidieron menos horas.

d. Algunos de los mensajes de texto no llegaron, pero .... texto era para mí.

e. No conocemos a ninguna de tus amigas. Debes invitar a .... a casa.

6 **Arturo had a terrible experience at David's birthday party. Complete his description using *nada, nadie* or *ninguno/a*.**

El fin de semana pasado fui a la fiesta de David. La fiesta fue un desastre porque no conocía a (a) .... y (b) .... me hablaba. Tenía hambre pero no había (c) .... de comer. Vi a una muchacha con un plato de tacos, pero no me ofreció (d) .... Decidí salir de allí, pero no encontraba (e) .... puerta de salida. Cuando preguntaba dónde estaba la puerta, no me contestaba (f) .... No quería ayudarme (g) .... de los invitados. Estaba desesperado, cuando de repente oigo a David que me dice: «Vamos, que es hora del almuerzo». Entonces me despierto y veo que estoy en clase y no en (h) .... fiesta.

7 With a partner, take turns asking and answering *no* to the following questions. Be sure to use the appropriate indefinite adjective or pronoun.

 a. ¿Hiciste algo este fin de semana?
 b. ¿Invitaste a alguien a tu casa?
 c. ¿Viste alguna película?
 d. ¿Comiste algo bueno ayer?
 e. ¿Oíste alguna canción nueva?
 f. ¿Ha ido alguno de tus amigos al concierto de Enrique Iglesias?

8 Fill in the blanks using the right indefinite adjective (*algún, alguna, algunos, algunas, ningún, ninguna*).

 a. ¿Estás tomando .... medicamento?
 b. En esta panadería tienen .... postres deliciosos.
 c. No puedo jugar al tenis .... día de esta semana.
 d. .... muchachas de mi clase van a la escuela en bicicleta.
 e. No tengo .... caramelo para los niños.
 f. .... episodio de la serie está repetido, por eso hay pocos.

9 Complete the following conversations with the pronouns *alguien, nadie, algo* or *nada*. Then practice the conversations with a partner.

a.	b.	c.
» ¿Qué tal llevas el examen? » Fatal, no he estudiado .... porque ayer me encontraba fatal.	» Me voy al supermercado, ¿quieres ....? » No, no necesito ...., gracias.	» ¿..................... ha visto a Marta? Tengo que decirle .... muy importante. » No, ... la ha visto.

10 Fill in the blanks with *ningún, ninguno, ninguna, algún, alguno* or *alguna*. Then identify it as a pronoun or an adjective.

	Pronoum	Adjective
a. » ¿No hay .... tren para Mendoza?	☐	☐
» Seguro que hay	☐	☐
b. No conozco a .... muchacha argentina en esta escuela.	☐	☐
c. ¿..................... de ustedes tiene hambre?	☐	☐
d. » ¿Tienes .... libro de Historia del Arte?	☐	☐
» Yo no tengo	☐	☐

 MORE IN ELETECA: EXTRA ONLINE PRACTICE ⬤ **GRAMMAR TUTORIALS 13 AND 14**

1 Before you begin to write, review the strategies in Destrezas.

Destrezas

Selecting and sequencing details
Use the images and these questions to help you prepare the content.

- ¿Dónde estuviste?
- ¿Qué actividades hiciste?
- ¿A quién conociste?
- ¿Cómo lo pasaste?
- ¿Cómo te sentiste?

2 Write a post card to a friend (about 80 words) telling him/her about your experiences.

EXPRESIÓN E INTERACCIÓN ORALES

3 In this activity, you will have to speak about the activities that you do in your free time. Read the strategy in Destrezas to help you prepare.

Destrezas

Planning what you want to say

Use the following questions to help you get ready for your talk. Jot down some key expressions you will need.

- ¿Cuántas horas a la semana dedicas a las actividades de ocio?
- ¿Qué actividades de tiempo libre practicas más? ¿Cuáles menos?
- ¿Con quién haces esas actividades?
- ¿Cuáles crees que son las actividades más adecuadas para alguien de tu edad?
- ¿Hay alguna actividad que te gustaría practicar y aún no te permiten tus padres?

4 Speak for 3 to 5 minutes on the topic.

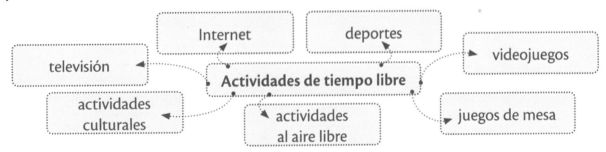

PRONUNCIACIÓN La entonación en las frases enunciativas e interrogativas

1 **65** Listen carefully to the following sentences and repeat after the speaker.

Declarative statements have the following basic form of intonation:

- *Jaime quiere ir a la playa.*

Interrogatives have two basic forms of intonation:

- *¿Quieres algo?*   - *¿Dónde vives?*

2 **66** Listen to the following sentences with *porque* and *por qué*. For each one, indicate whether it's an interrogative (I) or a declarative statement (D).

a. ☐ I   ☐ D   b. ☐ I   ☐ D   c. ☐ I   ☐ D   d. ☐ I   ☐ D

- **¿Por qué?** is used to ask the question (*why*). It is written as two separate words with a written accent on the **e**. It is pronounced with the stress on the **e**.
- **Porque** is used to answer (*because*). It is written as one word without a written accent. The stress is on the **o**.

 MORE IN ELETECA: EXTRA ONLINE PRACTICE

HISTORIAS MARAVILLOSAS

HISTORIAS CURIOSAS DE LATINOAMÉRICA

Animales fantásticos, volcanes tristes y personajes misteriosos... ¡Las historias de la región son increíbles!

Los países hispanoamericanos son ricos en tradiciones y en imaginación. Para explicar el origen del mundo y los fenómenos naturales, las culturas prehispánicas imaginaron historias maravillosas. En muchas de ellas los animales de la región como el jaguar, el quetzal y la llama, son los protagonistas.

Escultura en piedra de un jaguar, en Chichén Itzá, México

✓ El jaguar es el felino más grande de América. Era un animal sagrado *(sacred)* para las culturas precolombinas, ya que simbolizaba el poder y la fuerza. Es protagonista de muchas leyendas. Una de ellas cuenta que el jaguar saltó *(jumped)* al cielo para agarrar el sol, pero el águila *(eagle)* se lo quitó. Los dos animales pelearon y, al día siguiente, el jaguar despertó con manchas *(spots)* en la piel, resultado de las quemaduras *(burns)* del sol.

✓ El quetzal es el pájaro nacional de Guatemala. Tiene plumas *(feathers)* coloridas y una larga cola *(tail)*. En la época prehispánica sus plumas eran tan valiosas que se usaban como moneda *(currency)*. Una de las leyendas dice que, cuando los indios lucharon *(fought)* contra los conquistadores españoles, hubo un río de sangre *(blood)*. El quetzal bajó de los árboles a mirar y parte de sus plumas verdes se volvieron rojas por la sangre.

✓ La llama es un animal muy importante en la zona de los Andes. Está presente en la vida diaria: se usa para el transporte, por su lana y por su carne. Los antiguos habitantes de la región llamaron «Yakana» (la llama) a una de las constelaciones en la parte sur de la Vía Láctea *(Milky Way)*. De acuerdo con la leyenda, Yakana vive en el cielo y el veintiocho de octubre (cuando la constelación está cerca del horizonte) baja la cabeza y bebe el océano.

Dos niños andinos con llamas bebé

El jaguar es un símbolo de fuerza y poder.

El quetzal es el pájaro nacional de Guatemala.

¡Qué interesante!

El volcán extinguido *(extinguished)* Cuicocha está a ciento veinte kilómetros de Quito, en Ecuador. Hay una leyenda sobre él. Cuicocha era un volcán joven, impulsivo y lleno de energía. Era el hijo de otros dos volcanes del país: Pichincha (el padre) y Cotachachi (la madre). Cuando sus padres se separaron, el joven volcán entró en erupción y desapareció. Su madre, muy triste, lloró tanto por su hijo que creó la laguna de Cuicocha.

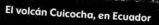

El volcán Cuicocha, en Ecuador

🎧 67 Mi experiencia

«Mi nombre es Katia y me interesa la arqueología. Vivo muy cerca del lago Titicaca. Este enorme lago está entre Bolivia y Perú. Era un lugar sagrado *(sacred)* para los incas y otras culturas prehispánicas andinas. En el lago hay muchas islas. Para ir de una isla a la otra se usan botes *(boats)* hechos de totora, una planta acuática de la zona.

De acuerdo con la leyenda, el lago se formó con las lágrimas *(tears)* del dios Inti, que estaba triste porque los hombres eran desobedientes.

En 2013, un grupo de investigadores bolivianos y belgas encontró objetos arqueológicos en el agua del lago, como trozos *(pieces)* de cerámica y figuras de plata. También encontraron parte de una ciudad muy antigua *(old)* dentro del lago. Esa ciudad se llamaba Tiahuanaco».

Katia, sentada en una estructura de totora

Un bote de totora en el lago Titicaca

¿COMPRENDISTE?

Indicate true, false, or not stated.

1. El quetzal se usa como medio de transporte. T ◯ F ◯ NS ◯

2. La leyenda dice que el jaguar se quemó con el sol. T ◯ F ◯ NS ◯

3. Los pueblos andinos prehispánicos veían una llama en el cielo. T ◯ F ◯ NS ◯

4. Hay una ciudad antigua cerca del lago Titicaca. T ◯ F ◯ NS ◯

5. La Llorona existe solamente en México. T ◯ F ◯ NS ◯

AHORA TÚ

What's it like for you? Answer these questions. Discuss in class.

1. ¿El águila es un animal importante en EE.UU.? ¿Qué valores representa?
_____

2. Después de leer las leyendas de estas páginas, ¿cuál es tu favorita y por qué?
_____

3. ¿Qué historias o leyendas de terror, similares a la Llorona conoces?
_____

4. Investiga sobre una leyenda relacionada con un lugar cercano a donde vives. Prepara un resumen.
_____

VOCES LATINAS ▶ LEYENDAS DEL LAGO TITICACA

El rincón de la mitología LA LLORONA

El mito de la Llorona existe en muchos países hispanoamericanos. Algunos detalles *(details)* son diferentes de acuerdo con la región, pero la historia es muy similar. La Llorona es, en teoría, el fantasma *(ghost)* de una mujer llamada María. Después de una tragedia María pierde *(loses)* a sus hijos. Desde entonces va vestida de blanco y llorando de noche.

Una versión ilustrada del fantasma de la Llorona

Fuentes: Ministerio de Cultura de Guatemala, Agencia Andes, *La Nación*.

1 Alberto and David, two friends from Spain, are taking a trip along the Pan-American Highway from Buenos Aires to Mexico City. First read about this famous network of roads, then using the map, list the names of the countries they will pass through. Compare your answers with a partner.

La Ruta Panamericana es un conjunto de diferentes carreteras que atraviesan toda América del Sur y la conectan con América del Norte. Llega hasta Prudhoe Bay en Alaska. En total son aproximadamente unos veintiocho mil kilómetros. La ruta pasa por Argentina, Chile, Perú, Ecuador, Colombia, Panamá, Costa Rica, Nicaragua, Honduras, El Salvador, Guatemala, México, Estados Unidos y Canadá, y atraviesa todo tipo de climas y paisajes: desiertos, montañas, selvas...

Muchos viajeros, a lo largo de la historia, han decidido hacer esta ruta en automóvil, motocicleta o con el transporte público de cada zona. No todos los viajeros deciden hacer el recorrido completo; muchos de ellos van de Estados Unidos a México o hasta Panamá, por ejemplo.

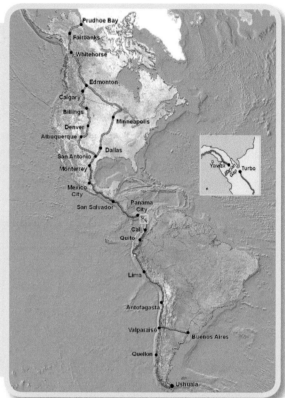

PAÍSES

2 🎧 68 Read Alberto's blog about their stop in Colombia.

Colombia en moto

Ayer fuimos a Risaralda a visitar a los tíos de Isabela, nuestra amiga colombiana; son dos abuelitos encantadores que tienen un cafetal (*coffee plantation*) familiar. Nos lo pasamos muy bien ("chévere" como dicen aquí). Los tíos de Isabela nos prepararon una comida típica colombiana con muchos platos. Uno de los platos era la bandeja paisa, que llevaba de todo: frijoles, arroz, carne, chorizo, plátano, huevo frito, aguacate... También había ajiaco (una sopa típica con pollo y patatas), patacón (que me recordó a la patata frita, aunque es plátano frito), tamales de carne y verduras que estaban envueltos en las hojas verdes del plátano y, bueno, muchas más cosas. ¡Qué bueno estaba todo! Antes no sabía que muchos alimentos que comemos normalmente son originarios de Latinoamérica. ¡No puedo imaginarme una vida sin tomates o sin patatas! Después de comer, el abuelo de Isabela nos habló del Imperio inca. ¡Qué interesante! Resulta que el Imperio inca se extendió desde Colombia, pasando por Ecuador, Perú y Bolivia, hasta cubrir gran parte de Chile

Tomamos un delicioso café en el cafetal de los tíos de Isabela.

y de Argentina. Tenían una población de más de doce millones de habitantes unidos todos por una sola lengua, el quechua.

Los incas adoraban al Sol. Su dirigente, llamado Inca, era considerado como descendiente directo del Sol y era tratado como un dios. Por esta razón no podía tocar el suelo y lo llevaban en alto.

Utilizaban la piedra para construir edificios públicos, templos, esculturas, etc. Lo increíble es saber cómo transportaron esas inmensas piedras si los incas no conocían la rueda (wheel). Además, unían estas piedras sin nada para pegarlas, como puzles que encajaban a la perfección con otras piezas.

El abuelo nos enseñó unas fotos preciosas del Machu Picchu, "La ciudad perdida de los incas", perfectamente conservada y que fue descubierta en 1911.

Se nos hizo de noche hablando de estas y otras cosas. Nos despedimos de ellos con pena y prometimos volver algún día a visitarlos. Hoy nos espera otra jornada excitante; nos vamos a Costa Rica. ¡Seguiremos en contacto!

¿Te gustaría probar la bandeja paisa?

El abuelo nos habló de la historia del Imperio inca.

3 **Answer the following questions.**

a. ¿Qué alimentos de origen latinoamericano se mencionan en el texto?

....

b. Analiza la parte del texto resaltada en verde y elige la opción correcta:

    1. ☐ Se usa el imperfecto porque se habla de costumbres en el pasado sin indicar límite de tiempo.

    2. ☐ Se usa el imperfecto porque se habla de costumbres en un pasado relacionado con el presente.

c. ¿Por qué en la frase "Nos despedimos de ellos con pena y prometimos volver algún día a visitarlos" no se usa el imperfecto?

....

d. ¿Qué aspecto de los que se mencionan en el texto te ha sorprendido más de la cultura inca? ¿Por qué?

....

4 **Post a comment on Alberto's blog about what you learned from following his travels online. Include an anecdote about your own experiences traveling to a new place, what you saw and did.**

EVALUACIÓN

1 Complete the following expressions with the missing vowels.

a. ¿S□b□□s q□□...?

b. C□□nt□n q□□...

c. ¡Q□□ c□r□□s□!

d. ¡N□ m□ d□g□s!

e. ¿D□ v□rd□d?

f. C□□nta, c□□nt□...

2 Match the following trivia to its corresponding trivia card.

1. En América, antes de llegar los españoles existían más idiomas que en todo el resto del mundo.

2. Los dinosaurios se extinguieron hace más de sesenta y cinco millones de años por un meteorito que cayó en la península de Yucatán.

3. Venezuela quiere decir "pequeña Venecia" y los españoles le pusieron este nombre al país porque las construcciones de los indígenas en el lago Maracaibo les recordaban a los canales de Venecia.

4. El apellido más popular en España es García. Lo llevan un millón y medio de personas. En Estados Unidos lo llevan casi un millón.

5. En Jalisco, México, hay un árbol que se llama *mariachi*. Con su madera se hacen guitarras. Por eso, los guitarristas de canciones tradicionales mexicanas se llaman *mariachis*.

Curiosidad n.º: □

a. La Tierra estuvo varios meses en la oscuridad.

Curiosidad n.º: □

b. Los apellidos hispanos más comunes en EE. UU. son: García, Rodríguez, Martínez, Hernández, López y González, y se cuentan entre los veinticinco nombres prinicipales de todo el país.

Curiosidad n.º: □

c. Otra teoría dice que el nombre es autóctono y correspondía al nombre que los indígenas daban a una zona.

Curiosidad n.º: □

d. Las canciones se llaman *rancheras*.

Curiosidad n.º: □

e. Existían más de un millón.

3 Give examples of activities relating to each category.

a. Juegos de mesa ➡ ....

b. Actividades al aire libre ➡ ....

c. Nuevas tecnologías ➡ ....

d. Actividades educativas ➡ ....

e. Actividades solidarias ➡ ....

THE IMPERFECT AND THE PRETERIT

4 **Choose the correct verb form in each sentence.**

a. El jueves pasado **venían** / **vinieron** mis primos de Colombia.

b. Cuando **estaba** / **estuve** en Costa Rica, iba de excursión todas las tardes.

c. Ayer **comíamos** / **comimos** espaguetis con salsa de tomate.

d. De pequeña siempre **veía** / **vi** las películas de Disney en el cine.

e. Nosotros **hacíamos** / **hicimos** deporte todas las mañanas en el parque.

f. Javier Bardem **nacía** / **nació** en Las Palmas de Gran Canaria en 1969.

g. En 2011 España **ganaba** / **ganó** el Mundial de Fútbol.

5 **Write sentences in imperfect or preterit explaining what you used to do and what you did in the summer.**

a. Muchas veces ....

b. El primer día de vacaciones ....

c. Una vez ....

d. Siempre ....

INDEFINITE PRONOUNS AND ADJECTIVES

6 **Fill in the blanks with *alguien, algo, nadie* or *nada*.**

» ¡Hola! ¿Están dando (a) .... interesante en la tele?

» ¡Qué va! Estoy zapeando porque no hay (b) ....

» Por cierto, ¿me ha llamado (c) .... por teléfono?

» Mientras yo he estado en casa no te ha llamado (d) ....

» ¿Qué tal si ponemos una película y pedimos (e) .... para cenar?

» ¡Vale!

7 **Choose the correct option for each sentence.**

a. ¿Tienes **algún** / **alguno** libro de ciencia ficción?

b. ¿**Ninguna** / **ningún** clase tiene computadoras?

c. Mañana no va **nadie** / **alguien** a la fiesta.

d. » ¿Tienes algunos libros para dejarme?

   » No, no tengo **ningunos** / **ninguno**.

CULTURA

8 **Answer the questions according to the information you learned in *Historias maravillosas*.**

a. ¿Qué tres animales son protagonistas de leyendas prehispánicas? ¿Cuál es el propósito de crear estas historias?

b. Además de animales, ¿qué otros fenómenos naturales protagonizan estas historias?

c. ¿De qué están hechos los botes y las islas del lago Titicaca? ¿Dónde está el lago?

d. ¿Por qué llora María, la del cuento de la Llorona?

 **MORE IN ELETECA:** EXTRA ONLINE PRACTICE

El tiempo libre

las actividades solidarias
volunteer activities

la ayuda humanitaria
humanitarian relief

el campamento de
verano *summer camp*

el comedor público *soup kitchen*

los juegos de mesa *board games*

los mensajes de texto *text
messages*

ONG (Organización No
Gubernamental) *NGO (non-
governmental organization)*

la recolección de alimentos y
ropa *food and clothes drive*

las redes sociales *social networks*

la rehabilitación de casas
building and restoring homes

la residencia de ancianos *home
for senior citizens*

Verbos

colaborar *to work together*

colocar *to place*

dar clases privadas *to tutor*

donar *to donate*

enamorarse *to fall in love*

escalar *to climb*

hacer submarinismo *to go scuba
diving*

lograr *to achieve*

ofrecer *to offer*

parecerse a *to be similar to, to
look like (someone)*

recaudar fondos *to raise money*

reciclar *to recycle*

recoger basura *to pick up
garbage*

Hablar de hechos curiosos

Cuenta, cuenta… *Tell me, tell
me…*

Cuentan que… *They say that…*

¿De verdad? *Really?*

Dicen que… *They say that…*

¡No me digas! *No way!*

¡Qué curioso! *How interesting!*

¿Sabes…? *Do you know…?*

¿Sabías que…? *Did you know
that…?*

CONTRASTING THE IMPERFECT AND THE PRETERIT

(See page 207)

The imperfect

- Use the imperfect to describe ongoing or habitual actions in the past.

  *Aquel día **llovía** mucho.*

  *Antes yo siempre **iba** a la playa de vacaciones.*

- The imperfect is often used with the following time expressions:

  Todos los días / años / veranos…

  Antes…

  Siempre…

  A menudo…

  Muchas veces…

  A veces…

  *Todos los veranos **íbamos** de camping.*

  *Antes **era** más común escribir cartas.*

The preterit

- Use the preterit to talk about specific actions that began and ended at a fixed point in the past.

  *Ayer **fui** en bici a clase.*

  *El año pasado **fui** de vacaciones a Puerto Rico.*

- The preterit is often used with the following time expressions:

  La semana / primavera… **pasada**

  El fin de semana / año / mes… **pasado**

  Hace tres días / dos años…

  Ayer / **anoche** / **el otro día**…

  En verano / otoño / 1980…

  Una vez…

  ***Ayer** vimos una peli muy buena.*

  ***El otro día** no fui a clase.*

  ***En marzo** viajé a Bélgica.*

INDEFINITE PRONOUNS

(See page 209)

People	Things	People and things
alguien ≠ **nadie**	**algo** ≠ **nada**	**alguno/a/os/as** ≠ **ninguno/a**
» *¿**Alguien** ha visto mi libro?*	» *¿Quieres **algo** de comer?*	» *¿**Algún** chico es de Francia?*
» *No, **nadie**.*	» *No quiero **nada**, gracias.*	» ***Ninguno**.*
		***Algunos** de mis amigos hablan francés.*

INDEFINITE ADJECTIVES

(See page 209)

People and things

algún/alguna/unos/unas ≠ **ningún/ninguna**

*No hay **ningún** chico de Francia.*

*Tengo **algunos** libros que te van a gustar.*

- The plural forms **ningunos** / **ningunas** are rarely used as adjectives, only **ningún** and **ninguna**.

Unos muchachos en un concierto

⟫ ¿Qué hacen estos muchachos? ¿Por qué?

⟫ ¿Cómo lo están pasando?

⟫ ¿Has ido alguna vez a un concierto? ¿Cuándo fue?

⟫ ¿A quién fuiste a ver?

In this unit, you will learn to:

- Talk about what happened
- Describe the steps leading up to an event
- Make apologies and excuses
- Accept apologies

Using

- Preterit, imperfect and present perfect
- *Soler* + infinitive

Cultural Connections

- Share information about typical stories and writings in Hispanic countries, and compare cultural similarities

¡ACCIÓN!

SABOR HISPANO

- ¡Viva la música latina!

1 Look at the headline and photo of Marcos on stage playing the guitar at a concert. What do you think happened? Choose from the options below.

Cultura y ocio

ESPECTACULAR CONCIERTO DEL GRUPO MOVIDA

a. ◯ Marcos era amigo de la cantante.

b. ◯ La cantante invitó a Marcos a subir al escenario con ella.

c. ◯ Marcos forma parte del grupo y toca en todos los conciertos.

d. ◯ Marcos llevaba su guitarra por si acaso *(in case)* le pedían tocar con el grupo.

2 Arrange the words to form sentences about what really happened at the concert.

a. de *Movida* / Marcos / en el estadio de fútbol. / fue al concierto ➡...

....

b. lanzó su guitarra / La cantante / agarró *(caught)*. / al público / y Marcos / la ➡...

....

c. agarró la guitarra. / al escenario porque / Marcos subió ➡...

....

d. su canción / Marcos / favorita. / cantó con ellos ➡...

....

e. guitarra firmada. / El grupo / a Marcos la / le regaló ➡...

....

3 🎧 69 **Listen to the conversation between Marcos and Elena about what happened at the concert. Then fill in the blanks.**

Marcos: ¿Has visto, Elena? ¡Salgo en el (a) ....!

Elena: ¡Sí? ¡¿Qué dices?!

Marcos: Mira, mira…

Elena: ¡Es verdad! Es el (b) .... de *Movida*, ¿no?

Marcos: Sí, estuvo genial. Pero lo mejor de todo fue lo que me pasó allí. ¡Ha sido la mejor (c) .... de mi vida!

Elena: ¿Qué te pasó?

Marcos: Pues resulta que **a mitad** del concierto la cantante **lanzó** su guitarra al **público** y dijo que si una persona la agarraba, iba a tener una (d) .... Yo no podía imaginar que esa persona iba a ser yo, pero cuando la lanzó, no sé, vino directamente hacia mí y ¡la agarré!

Elena: ¡Qué fuerte!

Marcos: Entonces la (e) .... dijo que la sorpresa era subir al (f) .... y cantar un **tema** con ellos.

Elena: ¡Qué **apuro**!

Marcos: Pues la verdad es que al principio sí, pero después me olvidé *(forgot)* de que había tanta gente mirándonos y solo pensaba en que estaba al lado… ¡del (g) .... *Movida*! y que podía cantar con ellos. ¡Fue maravilloso!

Elena: Me lo imagino…

Marcos: Y además, después del concierto me firmaron la guitarra, me la (h) .... y me hicieron una (i) .... que hoy sale en todos los periódicos. Mira, mira lo que pone en la guitarra: "Para Marcos, una joven promesa del rock".

Elena: ¡Qué pasada! ¡Esta sí es una **historia** para contársela a tus (j) ....!

4 **Look at the highlighted words in the conversation above and match them with their synonyms below.**

a. anécdota ➡ ....

b. canción ➡ ....

c. vergüenza ➡ ....

d. tiró ➡ ....

e. en medio ➡ ....

f. espectadores ➡ ....

5 **Work with a partner and answer the following questions.**

a. ¿Por qué crees que Elena le dice a Marcos que es una historia para contar a los nietos?

b. ¿Por qué no tenía vergüenza Marcos?

c. ¿Qué le escribieron en la guitarra a Marcos? ¿Qué crees que significa?

d. ¿Has vivido alguna experiencia parecida?

e. ¿Conoces a algún grupo que lanza cosas al público? ¿Qué grupo es y qué hacen?

f. ¿Conoces a algún cantante que invita al público a subir al escenario? ¿Qué les pide hacer en el escenario?

COMUNICA

MAKING APOLOGIES AND EXCUSES

- Para **pedir disculpas**:

  Perdón. *Excuse me. Forgive me.*

  Perdona (tú) / **perdone** (usted).

  Perdóname (tú) / **perdóneme** (usted).

  Lo siento (mucho / muchísimo / de verdad).
  I am (so /very / really) sorry.

  ¡Cuánto lo siento! *You don't know how sorry I am!*

  Siento (mucho)...

- Para **justificarse** cuando pedimos disculpas:

  Es que… *It's just that...*

  No lo voy a volver a hacer más. *I won't do it again.*

  Perdóname (tú) / **perdóneme** (usted).

  No va a volver a pasar. *It won't happen again.*

  Ha sido sin querer. *I didn't mean to!*

  Yo no lo sabía. *I didn't know.*

> **Perdón** por llegar tarde, **es que** el metro no funcionaba bien.
>
> *Excuse me for being late, the subway didn't work.*
>
> **Siento mucho** haber usado tu celular sin permiso. **No lo voy a volver a hacer más**.
>
> *I'm sorry I used your cell phone without asking. I won't do it again.*

1 Match each numbered image to the action most logically associated with it. Then, using the expressions above, write what you think the people would say to excuse or justify their action.

1. ....

2. ....

3. ....

2 🎧 70 Listen to the following conversations. Then write down what you think happened.

Diálogo 1: ....
....

Diálogo 2: ....
....

3 👥 With a partner, talk about situations where you had to apologize to someone and someone had to apologize to you.

a. ¿Cuándo fue la última vez que pediste perdón? ¿A quién se lo pediste?
¿Pusiste alguna excusa para justificarte? ¿Te perdonó?

b. ¿Cuándo fue la última vez que te pidieron perdón a ti? ¿Quién fue?
¿Te puso alguna excusa? ¿Le perdonaste?

pedir perdón =
pedir disculpas

ACCEPTING APOLOGIES

- Para **aceptar disculpas** de alguien:
  No te preocupes. *Don't worry.*
  Tranquilo/a, no pasa nada. *Don't worry, it's Ok.*
  No tiene importancia. *It's not important.*
  Te perdono. *I forgive you.*

- Para **aceptar disculpas con una condición**:
  Te perdono, pero no lo vuelvas a hacer más.
  I forgive you, but don't do it again.

4 🎧 **71 Listen to the conversations and match each one to the appropriate image.**

 1. ☐
 2. → ☐
 3. ☐

5 🎧 **71 Listen again to the conversations and fill in the blanks.**

a. Gabriel: ¡Eh! ¡Mira por dónde vas! ¡Me has dado con la mochila en la cabeza!
Álex: .... tengo prisa y no te he visto.
Gabriel: Bueno, ..., pero ten cuidado.

b. Olga: ¡Llevo más de media hora esperando!
Álvaro: .... el autobús tardó mucho en venir.
Olga: ¡Siempre me pones la misma excusa!
Álvaro: ¡Pero es verdad! Mira, tardó tanto que, mientras esperaba el autobús, te compré las flores que tanto te gustan.
Olga: Bueno, ..., pero porque me trajiste flores, que si no…

c. Óscar: .... llamarte a estas horas, pero necesito para mañana el libro de Historia, ¿me lo puedes llevar mañana a clase?
Carlos: Sí, claro, ..., mañana te lo llevo ...., intenta acordarte *(remember)* de las cosas antes, ¡son las doce de la noche!
Óscar: Ya, lo siento, ...

6 👥 **Choose a card to role play the situations with a partner. Follow the instructions on your card.**

Estudiante 1

- **Situación 1. Empiezas tú.**
  Invita a tu compañero a una fiesta. Acepta sus disculpas por no asistir a tu fiesta.
- **Situación 2. Empieza tu compañero.**
  Tu compañero te ha dejado su pantalón favorito y dice que se lo has devuelto roto. Pídele perdón y justifícate.

Estudiante 2

- **Situación 1. Empieza tu compañero.**
  Tu mejor amigo te ha invitado a una fiesta. Discúlpate y ponle una excusa para no ir.
- **Situación 2. Empiezas tú.**
  Le dejaste tu pantalón favorito a tu compañero y te lo devolvió roto. Díselo. Luego, acepta sus disculpas.

 MORE IN ELETECA: EXTRA ONLINE PRACTICE

1.

2.

3.

4.

5.

6.

ANTES DEL VIDEO

1 Have you ever met or seen a celebrity in person? Describe the experience to your partner.

2 With your partner, choose a celebrity you would both like to meet and spend time with. Then individually, create your own description of the meeting. Where did you see him/her? What did you do? Compare stories with a partner to see what you have in common.

3 Match the sentences to the appropriate images.

   a. Lorena cuenta que ha conocido a Brad Pitt.
   b. Lorena envía un mensaje a Eli para decirle que va a llegar tarde.
   c. Lorena llega con unas bolsas en la mano.
   d. Lorena entrega unos regalos a sus amigos.
   e. A Juanjo le sorprende la historia de Lorena.
   f. Los muchachos están esperando a Lorena.

- Imagen 1
- Imagen 2
- Imagen 3
- Imagen 4
- Imagen 5
- Imagen 6

DURANTE EL VIDEO

4 Watch the entire episode and write the number of the image in the correct order it appeared.

Primera imagen: ....
Segunda imagen: ....
Tercera imagen: ....

Cuarta imagen: ....
Quinta imagen: ....
Sexta imagen: ....

5 In the episode, the friends reminisce about the good times they shared during the course of the year. Watch the episode again and explain why these moments stand out.

   a. Eli conoció a Lorena.
   b. Los muebles que compró Alfonso para la habitación.

c. El día que Alfonso y Juanjo fueron al festival.

d. El día que Lorena y Eli fueron al restaurante.

6 **Lorena tells her friends about meeting Brad Pitt. Which of the following versions is correct?**

a. Lorena iba por la calle y, de repente, Brad Pitt le preguntó si conocía algún café. Lorena lo acompañó y Brad la invitó a tomar algo con él.

b. Lorena estaba en la calle y, de repente, Brad Pitt le preguntó si conocía alguna tienda de regalos. Lo acompañó y le ayudó a elegir unos regalos para su familia.

c. Lorena estaba comprando en una tienda; Brad Pitt se acercó a ella y le pidió consejo sobre un regalo. Lorena le aconsejó y Brad le hizo varios regalos para agradecerle su ayuda.

d. Lorena estaba en la puerta de casa cuando Brad Pitt pasó por allí. Estaba un poco perdido y Lorena lo ayudó a llegar al metro.

7 **How did Lorena's friends react to her story? Match the person to what he/she said.**

Alfonso

Eli

Juanjo

a. ¡Dime que es una broma!

b. No te creo.

c. Eso es mentira.

DESPUÉS DEL VIDEO

8 **Indicate which of the following events you would like to celebrate with your friends. Choose only one and be prepared to explain why.**

a. El final del curso.

b. La victoria de un equipo.

c. El cumpleaños de un amigo.

d. La llegada del verano.

e. La salida de un amigo del hospital.

f. El aniversario de una amistad.

9 **With a partner, discuss what three qualities you consider to be the most important in a friendship.**

10 **In small groups, discuss your thoughts about friends and celebrating friendships based on the notes you prepared in Activities 8 and 9. What event was the most popular? What qualities did you agree on the most?**

MORE IN ELETECA: EXTRA ONLINE PRACTICE

1 Read the following extracts and match them to the correct text type listed at the end of this activity.

a.

Había una vez una niña que vivía con su madre en una casita en el bosque. Un día su madre le dijo:
— Hija mía, tienes que ir a casa de tu abuelita para llevarle...

(*Caperucita roja*, Anónimo)

- el cuento = la historia, el relato
- la noticia = el suceso

b.

Anoche cuando dormía soñé, ¡bendita ilusión!, que una fontana fluía dentro de mi corazón.

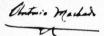

(*Anoche cuando dormía*, Antonio Machado)

c.

Dicen que en un país muy lejano había un dragón que se comía a las jóvenes del lugar.
Las chicas se elegían por sorteo y un día le tocó a la hija del rey.
Pero un apuesto caballero llegó en su caballo blanco...

d.

CARLOS RUIZ ZAFÓN

LA SOMBRA DEL VIENTO

«Todavía recuerdo aquel amanecer en que mi padre me llevó por primera vez a visitar el Cementerio de los Libros Olvidados...».

(*La sombra del viento*, Carlos Ruiz Zafón)

e.

Robo en un chalé de Marbella

La policía está investigando el misterioso robo ocurrido ayer por la noche en un lujoso chalé de Marbella.

f.

Había una vez una cigarra y una hormiga que vivían en el mismo prado. En verano, mientras la hormiga trabajaba, la cigarra cantaba...

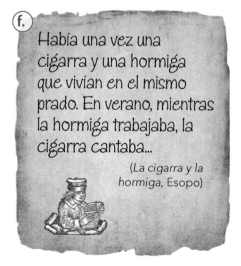

(*La cigarra y la hormiga*, Esopo)

g.

El otro día estaba en el metro y estaba tan cansada que corrí para sentarme, pero había otro hombre que también se iba a sentar y al final, sin querer, me senté encima de él. ¡Qué vergüenza!

1. ☐ novela
2. ☐ noticias
3. ☐ cuento
4. ☐ fábula
5. ☐ poema
6. ☐ anécdota
7. ☐ leyenda

2 👥 **Complete the definitions with the appropriate text type they describe. Check your answers with a partner.**

a. La .... es una historia inventada. Los protagonistas siempre son animales y el final de la historia es moral, didáctico. Este final es la *moraleja*.

b. La .... es una historia divertida o curiosa que nos ha pasado en nuestra vida, aunque después de contarla muchas veces es habitual introducir elementos nuevos inventados.

c. La .... es una historia inventada, aunque siempre se dice que tiene algo de realidad. Es muy antigua y no se sabe quién es el autor porque nos ha llegado de forma oral.

d. La .... es un relato que puede ser sobre un hecho real o inventado. No es para niños.

e. El .... suele estar escrito en verso y rimar.

f. Encontramos las .... en los periódicos.

g. El .... es un relato para niños.

3 🎧 **72** **Listen to the audio and determine each type of text.**

a. .... **b.** .... **c.** ....

4 **Read the following news article. Then answer the questions that follow.**

Incendio en Buenavista

Ayer a las tres de la tarde una vecina del barrio Buenavista vio humo saliendo por una ventana y en seguida llamó por teléfono a los bomberos, que fueron los primeros en llegar. Solamente una persona resultó herida y los paramédicos la llevaron rápidamente al hospital en ambulancia. La policía llegó también al lugar del incendio para investigar las causas.

Todavía no se sabe con exactitud, pero todo parece indicar que la chimenea del cuarto piso fue la causa del incendio.

a. ¿Dónde ocurrió el incendio?

b. ¿A qué hora?

c. ¿Quién llamó a los bomberos?

d. ¿Alguno resultó herido?

e. ¿Quién llegó primero?

f. ¿Cuáles fueron las causas del incendio?

5 **Read this fable and answer the questions that follow.**

Fábula de la cigarra y la hormiga

Había una vez una cigarra (*cicada*) y una hormiga (*ant*) que vivían en el mismo prado. En verano, mientras la hormiga trabajaba, la cigarra cantaba y se reía de la pobre hormiguita.

–¿Por qué trabajas tanto y no disfrutas del verano? –le decía la cigarra.

Pero llegó el duro invierno y la cigarra no tuvo nada que comer, dejó de cantar y fue a casa de la hormiga para pedirle ayuda. Cuando entró en la casa, la cigarra vio a la hormiga calentita y rodeada (*surrounded*) de comida. La cigarra le pidió algo de comer, pero la hormiga le respondió:

–¿Ya no cantas ni te ríes? Pues ahora no quiero compartir contigo lo que tanto trabajo a mí me ha costado.

Y así fue como el trabajo de la hormiga se vio recompensado.

(Adaptado de *La cigarra y la hormiga*, fábula de Esopo)

a. ¿Para qué trabaja tanto la hormiga durante el verano?

b. ¿Por qué la hormiga no ayuda a la cigarra?

c. ¿Por qué la cigarra tiene hambre y frío en invierno?

6 **Change the fable above into a news article. Remember to follow the correct format for writing an article. Exchange articles with a partner.**

- **TITULAR.** Tiene que ser corto y destaca (*highlights*) lo más importante de la noticia.
- **ENTRADA.** Resume (*Summarizes*) la noticia y responde a: *¿Qué? ¿Quién? ¿Cómo? ¿Dónde? ¿Cuándo? ¿Por qué?*
- **CUERPO.** Texto que narra los acontecimientos más importantes de la noticia en orden de mayor a menor importancia.

25 de noviembre

 MORE IN ELETECA: EXTRA ONLINE PRACTICE

1. USING THE PRETERIT, IMPERFECT, AND PRESENT PERFECT

Preterit

- Use the preterit tense to **talk about actions** that were **completed** at a fixed point in the past.

  *Ayer **llevé** la bici a clase.*

  *El año pasado **fui** de vacaciones a Ecuador.*

Imperfect

- Use the imperfect to **describe** ongoing or habitual actions in the past.

  *Cuando **tenía** ocho años, **vivía** en San Juan y **llevaba** pantalones cortos todos los días.*

  *Antes yo siempre **iba** a Florida de vacaciones.*

Present Perfect

- Use the present perfect **to say** what a person **has done**. You generally use it in the same way you use its English equivalent. To form the present perfect in Spanish, combine the present of the auxiliary verb **haber** plus the past participle of the main verb.

  *Ya **he aprendido** mucho de mi profesor de Matemáticas.*

  *Luis y Rob **han comido** aquí.*

1 👥 **Two friends are going to a concert for the first time. Fill in the blanks with the present perfect of the verbs in parenthesis to complete their conversation. Then practice the conversation with a partner.**

Sandra: Hola, Silvia, ¿(a) .... (traer) la cámara de fotos?

Silvia: Sí, ya la (b) .... (poner) en mi mochila.

Sandra: ¿Y (c) .... (comprar) una botella de agua?

Silvia: Sí, aquí la tengo.

Sandra: Por cierto, ¿(d) .... (meter) un suéter por si acaso hace frío?

Silvia: No, nunca tengo frío.

Sandra: ¡Ah! ¿Y la comida? ¿(e) .... (comer) algo antes de salir?

Silvia: Sí, comí un sándwich en casa. No te preocupes, Marta, no me (f) .... (olvidar) de nada.

Sandra: Entonces no hace falta que te pregunte si te (g) .... (acordar) de traer las entradas.

Silvia: ¡Oh no, las entradas! ¡Me las (h) .... (olvidar)!

2 **Fill in the blanks with the correct form of the verbs in the preterit.**

a. El año pasado Silvia y Sandra no (ir) .... a la fiesta de fin de curso.

b. ¿(Ver, ustedes) .... el partido anoche?

c. Ayer te (llamar, yo) .... dos veces por teléfono.

d. Miguel (ganar) .... en la competencia de natación.

e. El mes pasado Alberto y Mónica (estar) .... enfermos.

f. El martes pasado José (cortarse) .... el pelo muy corto.

g. Nosotros (hacer) .... un pastel para mamá.

3 **Read the questions and compare what you used to do in your childhood to what you do now. Then use the questions to interview a classmate. Do you have similar responses?**

Modelo:

Antes yo era muy travieso. Ahora soy tranquilo y un poco serio.

- ¿Cómo eras?
- ¿Dónde vivías?
- ¿Qué leías?
- ¿Qué te gustaba comer?
- ¿A qué jugabas?
- ¿Qué querías ser?
- ¿Qué programas veías en la televisión?

4 The imperfect is also used to set the scene for the main action. Look at the images below and, with a partner, describe what was happening in the first image that led to the main action in the second image. Use the imperfect and preterit appropriately.

To set the scene	Main action
• Where were they?	
• How old were they?	
• What day / time was it?	
• What were they doing?	
• Were they happy, sad, bored, etc.?	

Modelo: Mayra y su hijo Fernando...

De repente, Fernando vio...

5 With a partner, work together to complete the following story about *El ratoncito Pérez*, the Spanish version of the Tooth Fairy. Fill in the blanks with the correct preterit, imperfect, or present perfect form of the verbs in parenthesis.

El ratoncito Pérez

Había una vez un príncipe llamado Ruby que (a) .... (vivir) en un palacio. Sus padres (b) .... (ser) muy ricos y casi todos los días le (c) .... (regalar) algo. Un día, se le (d) .... (caer) su primer diente y su madre le (e) .... (decir):

—Si pones el diente bajo la almohada *(pillow)*, el ratoncito Pérez te lo cambiará por un regalo.

Ruby así lo (f) .... (hacer) y mientras esperaba la llegada del ratoncito, (g) .... (dormirse). De repente, algo lo (h) .... (despertar) y (i) .... (ver) sobre la almohada a un pequeño ratón que (j) .... (llevar) una mochila llena de dientes.

—¿(k) .... (Venir) para darme un regalo? Es que se me (l) .... (caer) un diente —(m) .... (decir) Ruby.— Tu regalo va a ser venir conmigo —(n) .... (responder) el ratón.

Entonces el ratón (ñ) .... (pasar) su cola (*tail*) por la nariz del niño y al instante:

—¡Oh! ¡ (o) .... (Convertirse, yo) en un ratón como tú! —(p) .... (exclamar) Ruby.

De esta forma los dos (q) .... (salir) del palacio para llevar un regalo a un niño que

(r) .... (vivir) en una casa muy vieja y que (s) .... (ser) muy pobre.

(Basado en el cuento *Ratón Pérez* de Luis Coloma)

> **!** ■ Remember:
> - main events ➡ **Preterit**
> - ongoing action or description ➡ **Imperfect**
> - what has happened ➡ **Present Perfect**

6 **Review the following sentences from the story and select what each one expresses.**

	Acción sin relación con el presente	Descripción de la situación	Acción en un pasado reciente	Acción habitual
a. Vivía con sus padres.	☐	☐	☐	☐
b. Me he convertido en un ratón.	☐	☐	☐	☐
c. Se le cayó su primer diente.	☐	☐	☐	☐
d. Casi todos los días le regalaban algo.	☐	☐	☐	☐

2. *SOLER* + INFINITIVE

■ Use the verb **soler** in the present tense plus infinitive to indicate that someone **does** something as a habit or customary practice.

> **!** ■ soler (o ➡ ue): suelo, solemos

Yo **suelo ir** *en autobús a la escuela, pero a veces, cuando hace buen tiempo, voy en bici.*

I tend to take the bus to school, but sometimes, when it's nice out, I ride my bike.

■ Use the **imperfect** of the verb **soler** + infinitive to indicate that someone did something as a habit or customary practice.

Antes **solía** *comer en la escuela, pero ahora como en casa de mis abuelos.*

Before, I tended to eat at school, but now I eat at my grandparent's.

7 **Fill in the blanks with *soler* in present or imperfect form plus infinitive.**

a. Antes .... levantarme a las siete de la mañana, pero desde que vivo cerca de la escuela .... levantarme a las ocho.

b. ¿Qué .... (tú) hacer ahora los domingos por la tarde?

c. Cuando voy al cine .... ver las películas en versión original.

d. Mamá, ¿este no es el restaurante donde .... (tú) celebrar mi cumple cuando era pequeño?

8 Talk with a partner about things you used to do and that you don't do anymore.

Modelo: Antes solía ir a jugar al fútbol cada fin de semana,
pero ahora prefiero jugar al vóleibol.

- deportes
- con la familia
- en la escuela
- hábitos

9 Use your imagination to create a story for one of the following people. Imagine what their life was like before, what happened on a particular day, and how they are now. Write their story using the imperfect, the preterit, the present perfect and the verb *soler* with the following expressions.

conocer a ○ alguien ○ hacerse médico ○ tener un accidente ○ reencontrarse

Antes	5 de julio de 2005	Este año

Escribe su historia

Antes	Tres de marzo de 1985	Este año

Escribe su historia

MORE IN ELETECA: EXTRA ONLINE PRACTICE

GRAMMAR TUTORIALS 15 AND 16

COMPRENSIÓN AUDITIVA

1 In this audio segment, you will listen to a radio report that will be played twice. Before you listen, read the strategy in Destrezas and follow the suggestion.

Destrezas

Listening for specific details

Before the listening activity begins, review the questions you will need to answer after listening. Then focus on the specific parts that are relevant to the task. Listening for the answers will reduce the amount of information you need to remember with longer segments.

2 🎧 73 **Listen to the audio and choose the right option.**

1. La noticia es sobre…
   a. el Mundial de Fútbol.
   b. una encuesta sobre cómo se vio en el mundo la final de España.
   c. una encuesta sobre cómo se vio en España la final del Mundial.

2. La mayoría vio la final…
   a. en casa.
   b. en un bar.
   c. en la calle.

3. La mayoría vio la final…
   a. sola.
   b. con más gente.
   c. con su familia.

4. La mayoría de los que vieron la final en las pantallas gigantes…
   a. tenía entre veinticinco y treinta y cuatro años.
   b. tenía entre catorce y veinticuatro años.
   c. estaba en grupos de más de cinco personas.

5. El estudio se realizó preguntando…
   a. a personas de más de catorce años.
   b. al 88,1% de los españoles.
   c. a ochocientas personas.

6. La final…
   a. fue en Sudáfrica y jugó España contra Holanda.
   b. la vio el 40,3 % de los españoles.
   c. no se vio en los bares.

EXPRESIÓN E INTERACCIÓN ESCRITAS

3 Think about what it would be like to move to another city. Before you begin to write, review the strategy in Destrezas.

Destrezas

Organizing language and structures

The more vocabulary and grammar you learn, the more options you will have to express yourself. Prepare by identifying the vocabulary and tenses you will need to use to get your message across. Jot down infinitive constructions and identify the tense you need to use. How would you answer the following?

- How does your new city compare to where you used to live?
- Describe your new home.
- What are the people like in your new city?

4 Write an e-mail to a friend (about 80 words) telling him/her about your experiences of moving to a new city.

● ● ●	Mensaje nuevo
De:	Para:

PRONUNCIACIÓN Frases interrogativas y exclamativas

1 🎧 **74** Listen to the following sentences and decide whether they are interrogative or exclamatory sentences.

	a.	b.	c.	d.	e.	f.
Interrogación	☐	☐	☐	☐	☐	☐
Exclamación	☐	☐	☐	☐	☐	☐

2 Write the correct punctuation in Spanish in the following sentences.

a. Cuál es tu color favorito
b. Oye, vas a ir a la fiesta
c. Qué bonita tu camiseta
d. No sé dónde he dejado el libro
e. El concierto de ayer fue genial
f. Cuántos años tienes

 MORE IN ELETECA: EXTRA ONLINE PRACTICE

¡VIVA LA MÚSICA LATINA!

¡LOS RITMOS LATINOS!

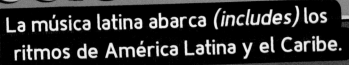

La música latina abarca (*includes*) los ritmos de América Latina y el Caribe.

Merengue, bachata, salsa, cumbia, tango, milonga, habanera... seguro que has escuchado muchos de estos ritmos. Quizás no conozcas sus nombres, pero su influencia se encuentra en muchas canciones de hoy en día.

✓ Los géneros de la música latina se encuentran desde el norte de México hasta el sur de Argentina y Chile, pasando por toda América Latina. No hay país en esta región sin su propia variante o ritmo.

✓ Los ritmos latinos tienen influencia africana, europea e incluso de géneros como el *rock*, el *hip-hop* o el *jazz*.

✓ La característica más importante de la música latina es la síncopa, una composición que rompe la pauta (*pattern*) natural del ritmo.

✓ Muchos ritmos latinos, como la bachata o el tango, empezaron siendo polémicos y hasta prohibidos. El *reggaeton* también ha sido polémico. ¿Cuál será el próximo ritmo prohibido?

✓ Los cantantes contemporáneos también utilizan fórmulas tradicionales latinas. Ejemplos son Enrique Iglesias, Shakira, Ricky Martin, Juanes o Christina Aguilera.

La salsa es uno de los ritmos latinos más famosos. Se baila sobre todo en el Caribe.

Un percusionista cubano toca los bongos, un instrumento típico de la música latina.

Enrique Iglesias, uno de los famosos cantantes que usan ritmos latinos en sus canciones.

El tango es una música y un baile típicos de Argentina.

¡Qué interesante! *CHICO Y RITA*

✓ *Chico y Rita* es una película española de animación. Se estrenó en 2010.

✓ La película es un homenaje a los ritmos cubanos y estuvo nominada a un premio Oscar. Además, ganó muchos premios internacionales (premios Goya, del Cine Europeo y de Annecy).

✓ En Cuba es común ver a músicos callejeros y hay muchos músicos cubanos famosos. La película rinde homenaje a Mario Bauzá y Chano Pozo, leyendas del *jazz* cubano-americano. Estos músicos fueron muy famosos en Nueva York en los años treinta y cuarenta.

✓ En la película aparecen muchos instrumentos típicos de los ritmos caribeños como el bongo, las maracas y el güiro.

Una escena de la película

🎧 75 Mi experiencia

«Soy Rosana y tengo diecisiete años. Mi pasión es la música, sobre todo la música de Puerto Rico, mi país. Toco la trompeta y el saxofón. Empecé a estudiar cuando era pequeña: a los cinco años mi mamá me dio una flauta. Hoy en día toco en una banda. Cantamos en bodas, comuniones y fiestas familiares. Puerto Rico es un país musical. Mucha gente allí baila, canta o toca algún instrumento. Los ritmos puertorriqueños tienen influencia española y africana. Los más famosos son el bolero, el merengue, la salsa y, sobre todo, el *reggaeton*. Daddy Yankee y Don Omar son de mi país».

Rosana, con un saxofón

Músicos callejeros tocan rumba en las calles de La Habana, Cuba.

¿COMPRENDISTE?

Combine the following sentences.

1 La salsa

2 Celia Cruz

3 Don Omar

4 *Chico y Rita*

5 Los ritmos africanos

a rinde homenaje a la música cubana.

b es un cantante de *reggaeton* de Puerto Rico.

c es un ritmo, un baile y una música del Caribe.

d tuvieron influencia en la música latina.

e fue una cantante cubana muy famosa.

AHORA TÚ

What do you think? Answer the following questions and discuss your ideas with other students.

1 ¿Te gusta la música latina? ¿Por qué?

2 ¿Por qué crees que la música es tan importante en los países latinos?

3 ¿Hay zonas más musicales que otras en Estados Unidos? ¿Qué zonas son y qué tipo de música tienen?

4 ¿Piensas que la música tiene una función en la cultura de un país? ¿Qué refleja la música sobre una cultura o un país?

5 ¿Qué ritmos o estilos famosos hay en Estados Unidos?

VOCES LATINAS ▶ CUBA, VIDA Y MÚSICA

El rincón de la música

«La música es poesía con ritmo. La música de mi país es poesía con ritmo y pasión», solía decir la cantante cubana Celia Cruz. Celia Cruz nació en La Habana, Cuba, en 1925 y fue una de las cantantes más famosas de salsa cubana. La cantante tenía los apodos *(nicknames)* de la Reina de la Salsa y la Reina de la Música Latina. Se especializó en salsa, bolero y chachachá y ganó muchísimos premios musicales. En sus actuaciones siempre gritaba «¡azúcar!»: era su símbolo. Una de las canciones que solía cantar era *Guantanamera*, una canción patriótica basada en poemas de José Martí. Jennifer López rindió homenaje a esta cantante en los American Music Awards de 2013. Cruz murió en el año 2003.

Celia Cruz, en un sello conmemorativo de 2011

Fuentes: Oficinas de Turismo de Cuba y Puerto Rico, página oficial de *Chico y Rita, Diario de Cuba,* Fundación José Martí.

1 **Look at the images below and match them with their definition.**

a. la Tierra b. la sabiduría c. los gemelos

d. el maíz e. malvado y engañoso f. el fraile

1. ☐ Una persona con malas inclinaciones y malas intenciones.
2. ☐ Hermanos que nacen a la vez.
3. ☐ Planta con granos gruesos y amarillos nativa de América Central.
4. ☐ Planeta que habitamos.
5. ☐ Conocimiento profundo en ciencias, letras y arte.
6. ☐ Hombre que forma parte de una orden religiosa y que está al servicio de la iglesia.

2 🎧 76 👥 **Based on the images and definitions, what time period or event do you think the reading is about? Talk about it with your partner.**

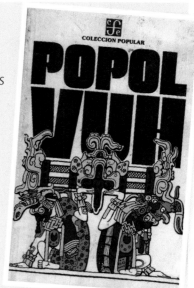

COLECCION POPULAR

POPOL VUH

El Popol Vuh

"He aquí el relato de cómo todo estaba en suspenso, en silencio, todo inmóvil, callado [...], no existía nada [...], y los dioses creadores se juntaron para crear el mundo...".

Así comienza el libro *Popol Vuh*, una narración que trata de explicar el origen del mundo, de la civilización maya (pueblo que habitaba mayoritariamente la zona de Guatemala) y de los fenómenos de la naturaleza, así como la historia de los mayas hasta *(up to)* la época de la conquista. De un gran valor histórico y espiritual, se da en el libro una mezcla de religión, mitología, historia, costumbres y leyendas.

De autor desconocido y sin una versión original, se cree, por datos aparecidos en la obra, que fue escrito en 1544 en lengua maya y que más tarde fue transcrito al latín por Fray Alonso del Portillo de Noreña.

En el libro se distinguen tres partes. La primera es una descripción de la creación del mundo y del origen del hombre. Primero se creó la Tierra, después los animales y finalmente los hombres que fueron hechos de maíz, el alimento que constituía la base de la alimentación maya. Estos hombres eran buenos, hermosos y muy listos, así que los creadores, temerosos *(fearful)* de ser superados en sabiduría, disminuyeron su vista e inteligencia.

La segunda parte trata de las aventuras de los jóvenes semidioses Hunahpú e Ixbalanqué. Estos héroes gemelos, caracterizados por su astucia y humildad, molestaron con su juego de pelota el descanso de los señores del sombrío reino (*kingdom*) de Xibalbá, que eran malvados y engañosos. Estos quisieron destruir a los dos hermanos, pero los jóvenes consiguieron derrotarlos (*defeat them*). Así es como los señores del mal se convirtieron en la Luna y el Sol.

La tercera parte es una historia detallada sobre el origen de los pueblos indígenas de Guatemala, sus emigraciones, su distribución en el territorio, sus guerras y el predominio de esta raza (*race*) sobre las otras hasta poco antes de la llegada de los conquistadores.

Hay arqueólogos que señalan (*point out*) que es un libro con conceptos y contenidos occidentales (*western*), y compuesto por historias que seguramente no eran mayas. Además, señalan que la obra se utilizó en su día para evangelizar a los indígenas. Además, su semejanza (*similarity*) con el "Génesis" de la Biblia hace pensar en una escritura dirigida por los frailes.

Adaptado de www.guiascostarica.com/mitos/popol_vuh.pdf

3 **Choose the correct option.**

1. El *Popol Vuh* trata sobre...
- **a.** ☐ la creación del mundo, de los hombres y de los animales.
- **b.** ☐ la creación del mundo y las aventuras de los semidioses.
- **c.** ☐ la creación del mundo, las aventuras de los semidioses y la historia de los mayas hasta la época colonial.

2. Según el texto, ¿por qué estaban enfadados los señores del mal con Hunahpú e Ixbalanqué?
- **a.** ☐ Porque eran héroes.
- **b.** ☐ Porque les molestaban jugando a la pelota.
- **c.** ☐ Porque eran más inteligentes que ellos.

3. ¿Qué crees que significa la expresión "*la obra se utilizó para evangelizar a los indígenas*"?
- **a.** ☐ Que se utilizó para enseñarles a leer y a escribir en latín.
- **b.** ☐ Que se utilizó para convertirlos a la religión católica.
- **c.** ☐ Que se utilizó para enseñarles costumbres de la cultura occidental.

4 **Find examples of verbs in the Preterit (P) and the Imperfect (I) form in the reading. Write the sentence as it appears in the text and explain its use.**

	Ejemplo	Uso
P		
I		

5 According to the reading, *el Popol Vuh* is "un libro con conceptos y contenidos occidentales y compuesto por historias que seguramente no eran mayas". In groups of three, exchange stories and legends you know that share many of the same characteristics. How many did you list?

EVALUACIÓN

MAKING APOLOGIES AND EXCUSES

1 **Match each apology with the right excuse.**

1. Perdona por no haber contestado tu llamada por teléfono,
2. Perdóname por haberme comido todo el pastel,
3. Siento no haberte llamado últimamente,
4. Perdone por no cederle el asiento, señora,
5. Perdóname por haber hecho una fiesta en casa el fin de semana sin avisarte,

a. te prometo que no lo volveré a hacer sin tu permiso.
b. es que no he visto que estaba usted de pie.
c. es que estaba en clase y no podía hablar.
d. es que he estado muy ocupado con los exámenes finales.
e. no sabía que tú no lo habías probado.

ACCEPTING APOLOGIES

2 **Write a sentence accepting each apology from the activity above.**

a. ....
b. ....
c. ....
d. ....
e. ....

TIPOS DE TEXTOS

3 **Decide if the following statements are true (T) or false (F). Then rewrite the false statements as correct statements.**

	T	F
a. Una leyenda es una historia divertida o curiosa que nos ha pasado en nuestra vida.	☐	☐
b. Las noticias aparecen en los periódicos.	☐	☐
c. La fábula suele estar escrita en verso y rimar.	☐	☐
d. La novela es un relato que puede tratar de hechos reales o inventados. No es para niños.	☐	☐
e. La anécdota es una historia anónima, inventada, pero que se dice que tiene algo de realidad.	☐	☐
f. Un cuento es un relato para niños en el que los protagonistas siempre son animales.	☐	☐
g. Un poema tradicional está escrito en verso y rima.	☐	☐

....
....

4 **Look at the following three terms naming the main parts of a news article. Then write each term next to its correct definition below.**

> El cuerpo ○ El titular ○ La entrada

a. .... Texto que narra los acontecimientos más importantes de la noticia en orden de mayor a menor importancia.

b. .... Tiene que ser corto y destaca lo más importante de la noticia.

c. .... Resume la noticia y responde a: *¿Qué? ¿Quién? ¿Cómo? ¿Dónde? ¿Cuándo? ¿Por qué?*

THE PRETERIT, IMPERFECT, AND PRESENT PERFECT

5 **Fill in the blanks using the preterit, the imperfect, or the present perfect form of the verbs in parenthesis.**

> Cuando (a) .... (ser) pequeña siempre (b) .... (ir) de vacaciones a la playa. Recuerdo que un año mi padre (c) .... (decidir) ir a la montaña y (d) .... (pasar, nosotros) el verano en Colorado. Al principio no me (e) .... (gustar) porque (f) .... (aburrirse) y no (g) .... (conocer) a nadie, pero después (h) .... (hacer) muchos amigos y desde entonces (i) .... (ir) a Colorado muchas más veces.

> Pues yo de pequeña nunca (j) .... (poder) ir de vacaciones porque mi padre (k) .... (trabajar) siempre en verano. La primera vez que (l) .... (ir) de vacaciones (m) .... (tener) ya quince años. Eso sí, desde entonces (n) .... (viajar) mucho.

SOLER + INFINITIVE

6 **Look at the images and write what Álex used to do when he was younger.**

....

CULTURA

7 **Answers the following questions with the information you learned in *¡Viva la música latina!***

a. ¿Qué bailes no estaban bien vistos cuando empezaron?

b. ¿Conocías a los cantantes que se mencionaban en la sección? ¿A cuáles conocías? ¿A qué otros conoces?

c. ¿De qué trata la película *Chico y Rita*? ¿La has visto o has oído de ella?

d. ¿Qué dice Rosana de su país y qué influencias tiene?

e. ¿Quién es la "Reina de la Salsa"? ¿Qué expresión solía usar?

 **MORE IN ELETECA:** EXTRA ONLINE PRACTICE

En el concierto

el escenario *stage*

los espectadores *spectators*

el grupo *group*

el público *audience*

el tema *topic, musical composition*

Tipos de textos

la anécdota *anecdote*

el autor *author*

el cuento *tale*

la fábula *fable*

la leyenda *legend*

la moraleja *moral*

la noticia *news*

la novela *novel*

el periódico *newspaper*

el poema *poem*

el relato *short story*

la rima *rhyme*

Verbos

acordarse de (o > ue) *to remember*

agarrar *to catch, to grab*

caerse (i > y) *to fall*

convertirse (e > ie / e > i) *to change into, to become*

dejar de *to stop doing something*

firmar *to sign*

lanzar *to throw*

olvidarse de *to forget*

quitar(se) *to take away (to take off)*

soler (o > ue) *to tend to do something*

tirar *to throw*

Pedir disculpas y justificarse

¡Cuánto lo siento! *You don't know how sorry I am!*

Ha sido sin querer. *I didn't mean to.*

Lo siento (mucho / muchísimo / de verdad). *I am (so / very / really) sorry.*

No lo voy a volver a hacer más. *I won't do it again.*

No va a volver a pasar. *It won't happen again.*

Perdón. *Excuse me. Forgive me.*

Aceptar disculpas

No te preocupes. *Don't worry.*

No tiene importancia. *It's not important.*

pero *but*

Te perdono. *I forgive you.*

Tranquilo/a, no pasa nada. *Don't worry, it's Ok.*

Palabras y expresiones útiles

herido/a *hurt*

incendio *fire*

¡Qué apuro! *How embarrassing!*

¡Qué vergüenza! *How embarrassing!*

USING THE PRETERIT, IMPERFECT AND PRESENT PERFECT

(See page 233)

Preterit

▪ Use the preterit tense to talk about actions that were completed at a fixed point in the past.

Ayer **llevé** *la bici a clase.*

El año pasado **fui** *de vacaciones a Ecuador.*

Imperfect

▪ Use the imperfect to describe ongoing or habitual actions in the past.

Cuando **tenía** *ocho años,* **vivía** *en San Juan y* **llevaba** *pantalones cortos todos los días.*

Antes yo siempre **iba** *a Florida de vacaciones.*

Present Perfect

▪ Use the present perfect to say what a person has done. You generally use it in the same way you use its English equivalent. To form the present perfect in Spanish, combine the present of the auxiliary verb **haber** plus the past participle of the main verb.

Ya **he aprendido** *mucho de mi profesor de Matemáticas.*

Luis y Rob **han comido** *aquí.*

SOLER + INFINITIVE

(See page 236)

▪ Use the verb **soler** in the present tense plus infinitive to indicate that someone does something as a habit or customary practice.

Yo **suelo ir** *en autobús a la escuela, pero a veces, cuando hace buen tiempo, voy en bici.*

I tend to take the bus to school, but sometimes, when it's nice out, I ride my bike.

▪ Use the **imperfect** of the verb soler + infinitive to indicate that someone did something as a habit or customary practice.

Antes **solía** *comer en la escuela, pero ahora como en casa de mis abuelos.*

Before, I tended to eat at school, but now I eat at my grandparent's.

1 🎧 **77** **Listen to the conversation and choose the correct option.**

1. Casa Botín...

    a. es el mejor restaurante del mundo.

    b. es el edificio más antiguo del mundo.

    c. es el restaurante más antiguo del mundo.

2. "Me da un poco de cosa" significa...

    a. me da risa.

    b. me da miedo.

    c. no me lo creo.

3. ¿Dónde está el edificio más alto del mundo?

    a. En Madrid.

    b. En Dubai.

    c. En la playa.

4. ¿Qué le aconseja Alberto a Sofía?

    a. Ir a esquiar.

    b. Ir a bucear.

    c. Ir a un restaurante.

2 **Read the news article and fill in the blanks with the verbs from the list and in the correct form indicated.**

Present Perfect	Preterit	Imperfect
confesar • convertirse	poder • falsificar	dudar • hacer

29 de agosto. Este fin de semana la española Edurne Pasabán (a) .... oficialmente en la primera mujer en escalar los catorce "ochomiles", es decir, las catorce cumbres más altas del mundo. Este título lo tenía la escaladora Eun Sun conocida como Miss Oh, pero se ha demostrado que la alpinista (b) .... unas fotos en las que decía estar en la cima del Kanchenjunga. Tal como ella misma (c) ...., esas fotos fueron tomadas desde más abajo. Según ella, no (d) .... tomar las fotos en la cumbre porque (e) .... muy mal tiempo. Tanto Edurne Pasabán y todo su equipo, como la Federación de Alpinismo, (f) .... sobre la subida de Eun Sun. Miss Hawley, la juez mundial del alpinismo, ha investigado el tema.

3 👥 **Here is the evidence that Miss Hawley has gathered on this case. With a partner, take a close look at the pictures and reconstruct the final veredict for this investigation using the Modelo on the next page.**

Pruebas de otros alpinistas

Pruebas de Edurne Pasabán

Pruebas de Miss Oh

Modelo:

Miss Hawley tomó declaración a varios alpinistas que alcanzaron la cima en esas fechas y aseguraron que...

4 🎧 **78** Now listen to the conclusions that Miss Hawley reached and compare them to what you wrote.

5 Imagine you are Miss Oh and that you regret what you have done. Write a letter of apology to Edurne and explain your actions.

Querida Edurne:

6 👥 These images represent a traditional tale. Number them to reflect the correct sequence of events. Then tell the story to a partner.

7 🎧 **79** Now listen to the story and check your answers to see if you agree with the sequence of the events. Are they similar to the tale you imagined?

APÉNDICES

- Resumen y expansión gramatical
- Tabla de verbos
- Glosario

RESUMEN GRAMATICAL

THE PRETERIT (REGULAR VERBS)

	-AR	-ER	-IR
	VIAJAR	**COMER**	**VIVIR**
yo	via**jé**	com**í**	viv**í**
tú	via**jaste**	com**iste**	viv**iste**
usted/él/ella	via**jó**	com**ió**	viv**ió**
nosotros/as	via**jamos**	com**imos**	viv**imos**
vosotros/as	via**jasteis**	com**isteis**	viv**isteis**
ustedes/ellos/ellas	via**jaron**	com**ieron**	viv**ieron**

■ Use the preterit to talk about specific actions that began and ended at a fixed point in the past.
Ayer por la tarde **estudié** *en la biblioteca.*
La semana pasada **comí** *en casa de mis abuelos.*

■ The preterit is often used with the following time expressions:

ayer (por la mañana / al mediodía / por la tarde / por la noche)

anteayer / **antes de ayer**

anoche

el otro día

la semana pasada (el lunes pasado / el sábado pasado)

el mes pasado

hace dos meses

en enero (del año pasado / de hace dos años)

el veinticinco de septiembre de 1982

THE PRETERIT (IRREGULAR VERBS)

	SER / IR	**DAR**
yo	fui	di
tú	fuiste	diste
usted/él/ella	fue	dio
nosotros/as	fuimos	dimos
vosotros/as	fuisteis	disteis
ustedes/ellos/ellas	fueron	dieron

■ Verbs with irregular stems:

poner ➡ **pus**	
poder ➡ **pud**	-e
venir ➡ **vin**	-iste
querer ➡ **quis**	-o
hacer ➡ **hic/z**	-imos
andar ➡ **anduv**	-isteis
estar ➡ **estuv**	-ieron
tener ➡ **tuv**	

	ESTAR	**HACER**
yo	estuve	hice
tú	estuviste	hiciste
usted /él/ella	estuvo	hizo
nosotros/as	estuvimos	hicimos
vosotros/as	estuvisteis	hicisteis
ustedes/ellos/ellas	estuvieron	hicieron

LONG FORM POSSESSIVES

	Singular		Plural		
	Masculine	Feminine	Masculine	Feminine	
yo	**mío**	**mía**	**míos**	**mías**	*my, (of) mine*
tú	**tuyo**	**tuya**	**tuyos**	**tuyas**	*your, (of) yours*
usted /él/ella	**suyo**	**suya**	**suyos**	**suyas**	*your/his/her, (of) yours/his/hers*
nosotros/as	**nuestro**	**nuestra**	**nuestros**	**nuestras**	*our, (of) ours*
vosotros/as	**vuestro**	**vuestra**	**vuestros**	**vuestras**	*your, (of) yours (Spain)*
ustedes/ellos/ellas	**suyo**	**suya**	**suyos**	**suyas**	*your/their, (of) yours/theirs*

■ Long form possessives always follow the noun. They also function as pronouns.

>> Es un error **tuyo**. (adjetivo)

>> **¿Mío?** (pronombre)

>> Sí, **tuyo**. (pronombre)

EXPANSIÓN GRAMATICAL

Possessive adjectives:

	Singular		Plural		
	Masculine	Feminine	Masculine	Feminine	
yo	**mi** carro	**mi** casa	**mis** carros	**mis** casas	*my*
tú	**tu** carro	**tu** casa	**tus** carros	**tus** casas	*your*
usted /él/ella	**su** carro	**su** casa	**sus** carros	**sus** casas	*your, his, her*
nosotros/as	**nuestro** carro	**nuestra** casa	**nuestros** carros	**nuestras** casas	*our*
vosotros/as	**vuestro** carro	**vuestra** casa	**vuestros** carros	**vuestras** casas	*your (Spain)*
ustedes/ellos/ellas	**su** carro	**su** casa	**sus** carros	**sus** casas	*your , their*

UNIDAD 3

SER AND ESTAR

■ Use the verb **ser** to talk about:

what a person or a thing is	Madrid **es** una ciudad.
physical characteristics	Isaac **es** guapísimo.
what an object is made of	La mesa **es** de madera.
what a person or an object is like	Carmen **es** muy simpática.
someone's nationality	Carlo **es** italiano.
what time it is	**Son** las tres de la tarde.
someone's profession	Francisco **es** profesor.

- Use the verb **estar** to talk about:

where a person or an object is located	*Javi no **está** en casa.* *La Puerta del Sol **está** en Madrid.* *Mi casa **está** lejos de la escuela.*
temporary situations or conditions	*Laura **está** enferma.* *Luis **está** muy triste.* *La biblioteca **está** cerrada los fines de semana.*

- Some adjectives in Spanish change meaning when used with **ser** or **estar**.

ADJECTIVE	SER	ESTAR
aburrido/a	*Ese libro es aburrido.* That book is boring.	*Estoy aburrido.* I am bored.
abierto/a	*Soy una persona abierta.* I am a sincere, candid person.	*La tienda está abierta.* The store is open.
listo/a	*¡Qué listo eres!* You are so smart!	*Ya estoy listo, vámonos.* I'm ready, let's go.
malo/a	*Ese gato no es malo.* That cat is not bad /evil.	*Ese gato está malo.* That cat is sick.
rico/a	*Carlos Slim tiene mucho dinero, es muy rico.* Carlos Slim has a lot of money. He's very rich.	*¡Las arepas que preparaste están muy ricas!* The arepas you prepared taste great!

PRESENT PROGRESSIVE TENSE

- Use *estar* + present participle to express an action in progress or the continuity of an action.

  To form the present participle:

Verbs in **-ar** ➜ **ando**	trabaj-ar ➜ trabaj-**ando**
Verbs in **-er** / **-ir** ➜ **iendo**	corr-er ➜ corr-**iendo** escrib-ir ➜ escrib-**iendo**

Irregular present participles:

dormir ➜ durmiendo   leer ➜ leyendo   oír ➜ oyendo   pedir ➜ pidiendo

INFORMAL COMMANDS

- Use the imperative verb form for **tú** when you want to give a command, to tell someone to do something, or to give advice and suggestions.

- To form the affirmative **tú** command, drop the s from the present-tense form of **tú**:

Infinitive	Affirmative *tú* commands	
habl**ar**	**habla**	→ *Habla más lentamente. Speak more slowly.*
com**er**	**come**	→ *Come despacio. Eat slowly.*
escrib**ir**	**escribe**	→ *Escribe la carta. Write the letter.*
empezar (e → ie)	**empieza**	→ *Empieza la tarea. Start the homework.*
dormir (o → ue)	**duerme**	→ *Duerme bien. Sleep well.*
seguir (e → i)	**sigue**	→ *Sigue las direcciones. Follow the directions.*

■ The following verbs have irregular tú commands in the affirmative:

Infinitive	oír	tener	venir	salir	ser	poner	hacer	decir	ir
Imperative	oye	ten	ven	sal	sé	pon	haz	di	ve

UNIDAD 4

POR QUÉ / PORQUE

■ Use **por qué** to ask the question why:

>> ¿**Por qué** estudias español?

■ Use **porque** to answer and explain why:

>> **Porque** me gusta mucho.

>> Estudio español **porque** me gusta mucho.

THE IMPERFECT

■ Regular verbs:

	HABLAR -AR	COMER -ER	VIVIR -IR
yo	habl**aba**	com**ía**	viv**ía**
tú	habl**abas**	com**ías**	viv**ías**
usted/él/ella	habl**aba**	com**ía**	viv**ía**
nosotros/as	habl**ábamos**	com**íamos**	viv**íamos**
vosotros/as	habl**abais**	com**íais**	viv**íais**
ustedes/ellos/ellas	habl**aban**	com**ían**	viv**ían**

■ Irregular verbs:

	SER	VER	IR
yo	**era**	**veía**	**iba**
tú	**eras**	**veías**	**ibas**
usted/él/ella	**era**	**veía**	**iba**
nosotros/as	**éramos**	**veíamos**	**íbamos**
vosotros/as	**erais**	**veíais**	**ibais**
ustedes/ellos/ellas	**eran**	**veían**	**iban**

- Use the imperfect tense for the following:

  - To refer to actions in the past that occurred repeatedly.
    *Antes **salíamos** todos los fines de semana.*

  - To describe people or circumstances in the past.
    *Mi abuelo **era** muy trabajador.*

  - To "set the stage" for an event that occurred in the past.
    *Aquella tarde yo **estaba leyendo** en el parque cuando empezó a llover.*

- The imperfect form of **hay** is **había**.

- The imperfect is often used with the following time expressions:
  Antes *me gustaba mucho el chocolate, ahora no.*
  Entonces *la vida en España era diferente.*
  De pequeño / **De joven** *jugaba mucho con mis amigos.*
  Cuando *estudiaba en la universidad, no salía mucho.*

UNIDAD 5

VOLVER A + INFINITIVE

- Use **volver a** + infinitive to that an action is repeated, that is being done again.

  *Cristóbal Colón viajó a América en 1492 y **volvió a viajar** allí varias veces más.*
  *Después de tres años, **volví a visitar** el pueblo de mis abuelos.*
  *El próximo curso **vuelvo a estudiar** francés en el instituto.*

PRETERIT OF STEM-CHANGING VERBS

- Only **–ir** verbs that change stem in the present will change stem in the preterit. Stem-changing verbs that end in **–ar** and **–er** do not change stem in the preterit.

	PEDIR	DORMIR	CONSTRUIR
	e ➡ i	o ➡ u	i ➡ y
yo	pedí	dormí	construí
tú	pediste	dormiste	construiste
usted/él/ella	pidió	durmió	construyó
nosotros/as	pedimos	dormimos	construimos
vosotros/as	pedisteis	dormisteis	construisteis
ustedes/ellos/ellas	pidieron	durmieron	construyeron

- Other stem-changing verbs in the preterit:

  - **e → i:**

divertirse →	*divirtió, divirtieron*
mentir →	*mintió, mintieron*
sentir →	*sintió, sintieron*
pedir →	*pidió, pidieron*
medir →	*midió, midieron*
reír →	*rio, rieron*
despedir →	*despidió, despidieron*
elegir →	*eligió, eligieron*
impedir →	*impidió, impidieron*
repetir →	*repitió, repitieron*
seguir →	*siguió, siguieron*

  - **o → u:**

morir →	*murió, murieron*

  - **o → u:**

construir →	*construyó, construyeron*
oír →	*oyó, oyeron*
creer →	*creyó, creyeron*
caer →	*cayó, cayeron*
sustituir →	*sustituyó, sustituyeron*
leer →	*leyó, leyeron*

IRREGULAR VERBS IN THE PRETERIT

	SER / IR	DAR
yo	**fui**	**di**
tú	**fuiste**	**diste**
usted/él/ella	**fue**	**dio**
nosotros/as	**fuimos**	**dimos**
vosotros/as	**fuisteis**	**disteis**
ustedes/ellos/ellas	**fueron**	**dieron**

VERBS WITH IRREGULAR STEMS

estar → **estuv**	saber → **sup**	-e	
andar → **anduv**	caber → **cup**	-iste	
tener → **tuv**	venir → **vin**	-o	
haber → **hub**	querer → **quis**	-imos	
poder → **pud**	hacer → **hic/z**	-isteis	
poner → **pus**	decir → **dij**	-ieron	

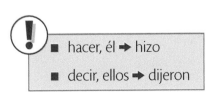

- hacer, él → hizo
- decir, ellos → dijeron

TIME EXPRESSIONS USED WITH THE PRETERIT

■ To talk about an action that started in the past:

- **Antes de** + llegar / salir / empezar...
- Años / días / meses + **más tarde**...
- **A** los dos meses / **a las** tres semanas...

Antes de salir de casa agarré las llaves.

- **Al cabo de** + un mes /dos años...
- **Al** año / **a la** mañana + **siguiente**...
- Un día / mes / año + **después**...

*Empecé a leer un libro y **al cabo de dos horas** lo terminé.*

■ To talk about the duration of an action:

- **De... a / Desde... hasta**

*Estuve estudiando español **desde** las cinco **hasta** las ocho.*

- **Durante**

*Estuve estudiando español **durante** tres horas.*

■ To talk about the end of an action:

- **Hasta** (*que*)

*Estudié español **hasta que** cumplí dieciocho años y viajé a España.*

UNIDAD 6

THE SUPERLATIVE

■ The **superlative** is used to express *most* and *least* as degrees of comparison among three or more people or things.

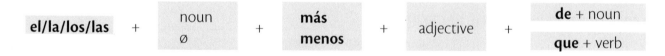

| el/la/los/las | + | noun
∅ | + | más
menos | + | adjective | + | de + noun
que + verb |

*Mis sobrinas son **las niñas más** guapas **de** la familia.*
*Su mujer es **la más** responsable **de** la casa.*
*Este camino es **el menos** conocido **de** la zona.*
*Eres **la persona más** curiosa **que** conozco.*

■ To express the idea of extremely, add **–ísimo/a/os/as** to the adjective.

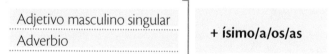

| Adjetivo masculino singular
Adverbio | + ísimo/a/os/as |

EXPANSIÓN GRAMATICAL

Rules for adding to adjectives and adverbs:

Adjectives and adverbs ending in a vowel	➡	Drop the vowel and add: **–ísimo** último ➡ ultim**ísimo** grande ➡ grand**ísimo**
Adjectives and adverbs ending in a consonant	➡	Add: **–ísimo** fácil ➡ facil**ísimo** difícil ➡ dificil**ísimo**
Adverbs ending in –mente	➡	Add **–ísimo** to the adjective and then add **–mente**: rápida**mente** ➡ rapid ➡ rapid**ísima**mente

Irregular forms:

bueno / bien ➡ **óptimo/a**		pequeño ➡ **mínimo/a**	
malo / mal ➡ **pésimo/a**		alto ➡ **supremo/a**	
grande ➡ **máximo/a**		bajo ➡ **ínfimo/a**	

*Creo que es una solución **pésima**.*

*En estos casos, el director tiene la **máxima** responsabilidad.*

*En realidad es de una calidad **ínfima**, por eso no me gusta.*

THE PRESENT PERFECT

■ The present perfect is formed with the present tense of **haber** and the past participle of the main verb.

yo	he
tú	has
usted /él/ella	ha
nosotros/as	hemos
vosotros/as	habéis
ustedes/ellos/ellas	han

visit**ado** (–ar verbs)
com**ido** (–er verbs)
viv**ido** (–ir verbs)

Irregular past participles			
morir ➡ **muerto**		escribir ➡ **escrito**	
abrir ➡ **abierto**		ver ➡ **visto**	
poner ➡ **puesto**		hacer ➡ **hecho**	
decir ➡ **dicho**		volver ➡ **vuelto**	
romper ➡ **roto**			

■ Use the present perfect to talk about actions that have taken place in the past but are connected with the present.

*Esta semana **he tenido** que estudiar mucho.*   *Este año **he ido** a la playa.*

■ The present perfect is often used with the following time expressions:

- **este** fin de semana / mes / verano / año...
- **esta** mañana / tarde / semana...
- **estas** navidades / semanas...
- **estos** días / meses...

- **hace** un rato / un momento / diez minutos...
- **ya**...
- **todavía no**...

DIRECT AND INDIRECT OBJECT PRONOUNS

	Direct object pronouns	Indirect object pronouns
yo	me	me
tú	te	te
usted /él/ella	lo / la	le (se)
nosotros/as	nos	nos
vosotros/as	os	os
ustedes/ellos/ellas	los / las	les (se)

*He agarrado las llaves y **las** he metido en el bolso.*
***Le** he dicho a Javier la verdad.*

- When two object pronons are used in a sentence, the order is always: indirect object + direct object.
  - » *¿Dónde has dejado mi libro?* *Where did you leave me my book?*
  - » ***Te lo** he dejado encima de la mesa.*
    <u>a ti</u> <u>el libro</u>

- When **le/les** comes before **lo, la, los, las,** it changes to **se**:
  le / les + lo, la, lo, las = **se** + lo, la, lo, las

  (El libro, a él) ~~Te lo~~ *he dejado encima de la mesa.* ➡ ***Se lo** he dejado encima de la mesa.*

- Object pronouns are placed before the conjugated verb.
  ***Me lo** ha contado Carolina.*

- Object pronouns are attached to commands, infinitives, and present participles.
  *Cuénta**melo**.*
  *Va a contár**melo**.*
  *Está contándo**melo**.*

UNIDAD 7

INDEFINITE PRONOUNS

People	Things	People and things
alguien	algo	alguno/a/os/as
nadie	nada	ninguno/a

» *¿**Alguien** ha visto mi libro?*	» *¿Quieres **algo** de comer?*	» *¿**Algún** chico es de Francia?*
» *No, **nadie**.*	» *No quiero **nada**, gracias.*	» ***Ninguno**.*
		Algunos de mis amigos hablan francés.

INDEFINITE ADJECTIVES

People and things
algún / alguna / algunos / algunas
ningún / ninguna

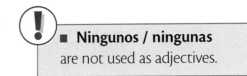

■ Ningunos / ningunas
are not used as adjectives.

≫ No hay **ningún** chico de Francia.

≫ Tengo **algunos** libros que te van a gustar.

CONTRASTING THE IMPERFECT AND THE PRETERIT

THE IMPERFECT	THE PRETERIT
■ Use the imperfect to describe ongoing or habitual actions in the past.	■ Use the preterit to talk about specific actions that began and ended at a fixed point in the past.
*Aquel día **llovía** mucho.*	*Ayer **fui** en bici a clase.*
*Antes yo siempre **iba** a la playa de vacaciones.*	*El año pasado **fui** de vacaciones a Ibiza.*

■ The imperfect is often used with the following time expressions:

• **todos los** días / años / veranos…	• **a menudo**
• **antes**	• **muchas veces**
• **siempre**	• **a veces**

__Todos los__ veranos íbamos de camping.
__Antes__ era más común escribir cartas.

■ The preterit is often used with the following time expressions:

• la semana / primavera… **pasada**	• **ayer / anoche / el otro día**…
• el fin de semana / año / mes… **pasado**	• **en** verano/otoño/1980…
• **hace** tres días / dos años…	• **una vez**…

• **Ayer** vimos una peli muy buena.   • **El otro día** no fui a clase.   • **En marzo** viajé a Bélgica.

UNIDAD 8

CONTRASTING THE PRETERIT, IMPERFECT, AND PRESENT PERFECT

Preterit

■ Use the preterit tense to **talk about specific actions** that began and ended at a fixed point in the past.

*Ayer **fui** en bici a clase.*

*El año pasado **fui** de vacaciones a Ibiza.*

Imperfect

- Use the imperfect to **describe** ongoing or habitual actions in the past.

  *Aquel día **llovía** mucho.*

  *Antes yo siempre **iba** a la playa de vacaciones.*

Present Perfect

- Use the present perfect **to say** what a person **has done**. You generally use it in the same way you use its English equivalent.

  *Últimamente **he tenido** que estudiar mucho.*

  *Este año **he ido** a Ibiza.*

SOLER + INFINITIVE

- Use **soler** + *infinitive* to talk about habitual *acciones* and what people tend to do.

  *Yo **suelo** ir en autobús al instituto pero a veces, cuando hace calor, voy en bici.* (present)

  *Antes **solía** comer en el instituto, pero ahora como en casa de mis abuelos.* (imperfect)

TABLA DE VERBOS

Preterit

Regular verbs

-AR CANTAR	-ER COMER	-IR VIVIR
cant**é**	com**í**	viv**í**
cant**aste**	com**iste**	viv**iste**
cant**ó**	com**ió**	viv**ió**
cant**amos**	com**imos**	viv**imos**
cant**asteis**	com**isteis**	viv**isteis**
cant**aron**	com**ieron**	viv**ieron**

Irregular verbs

ANDAR	CAER	COMENZAR	CONCLUIR
anduve	caí	comen**c**é	concluí
anduviste	caíste	comenzaste	concluiste
anduvo	ca**yó**	comenzó	conclu**yó**
anduvimos	caímos	comenzamos	concluimos
anduvisteis	caísteis	comenzasteis	concluisteis
anduvieron	ca**yeron**	comenzaron	conclu**yeron**

CONSTRUIR	CONTRIBUIR	DAR	DECIR
construí	contribuí	**di**	**dije**
construiste	contribuiste	**diste**	**dijiste**
constru**yó**	contribu**yó**	**dio**	**dijo**
construimos	contribuimos	**dimos**	**dijimos**
construisteis	contribuisteis	**disteis**	**dijisteis**
constru**yeron**	contribu**yeron**	**dieron**	**dijeron**

DESTRUIR	DORMIR	EMPEZAR	ELEGIR
destruí	dormí	empe**c**é	elegí
destruiste	dormiste	empezaste	elegiste
destru**yó**	d**u**rmió	empezó	el**i**gió
destruimos	dormimos	empezamos	elegimos
destruisteis	dormisteis	empezasteis	elegisteis
destru**yeron**	d**u**rmieron	empezaron	el**i**gieron

ESTAR	HACER	IR	JUGAR
estuve	hice	fui	ju**gu**é
estuviste	hiciste	fuiste	jugaste
estuvo	hizo	fue	jugó
estuvimos	hicimos	fuimos	jugamos
estuvisteis	hicisteis	fuisteis	jugasteis
estuvieron	hicieron	fueron	jugaron

LEER	MEDIR	MORIR	OÍR
leí	medí	morí	oí
leíste	mediste	moriste	oíste
le**yó**	m**i**dió	m**u**rió	o**yó**
leímos	medimos	morimos	oímos
leísteis	medisteis	moristeis	oísteis
le**yeron**	m**i**dieron	m**u**rieron	o**yeron**

PEDIR	PESCAR	PODER	PONER
pedí	pes**qu**é	**pude**	**puse**
pediste	pescaste	**pudiste**	**pusiste**
p**i**dió	pescó	**pudo**	**puso**
pedimos	pescamos	**pudimos**	**pusimos**
pedisteis	pescasteis	**pudisteis**	**pusisteis**
p**i**dieron	pescaron	**pudieron**	**pusieron**

QUERER	SABER	SER	SERVIR
quise	**supe**	fui	serví
quisiste	**supiste**	fuiste	serviste
quiso	**supo**	fue	s**i**rvió
quisimos	**supimos**	fuimos	servimos
quisisteis	**supisteis**	fuisteis	servisteis
quisieron	**supieron**	fueron	s**i**rvieron

SONREÍR	TENER	TRADUCIR	TRAER
sonreí	**tuve**	**traduje**	**traje**
sonreíste	**tuviste**	**tradujiste**	**trajiste**
sonr**i**ó	**tuvo**	**tradujo**	**trajo**
sonreímos	**tuvimos**	**tradujimos**	**trajimos**
sonreísteis	**tuvisteis**	**tradujisteis**	**trajisteis**
sonr**i**eron	**tuvieron**	**tradujeron**	**trajeron**

VENIR	VER	HABER
vine	vi	hubo
viniste	viste	
vino	vio	
vinimos	vimos	
vinisteis	visteis	
vinieron	vieron	

Imperfect

Regular verbs

-AR CANTAR	-ER COMER	-IR VIVIR
cantaba	comía	vivía
cantabas	comías	vivías
cantaba	comía	vivía
cantábamos	comíamos	vivíamos
cantabais	comíais	vivíais
cantaban	comían	vivían

Irregular verbs

SER	IR	VER
era	iba	veía
eras	ibas	veías
era	iba	veía
éramos	íbamos	veíamos
erais	ibais	veíais
eran	iban	veían

Present Perfect

Regular verbs

-AR CANTAR	-ER COMER	-IR VIVIR
he cantado	he comido	he vivido
has cantado	has comido	has vivido
ha cantado	ha comido	ha vivido
hemos cantado	hemos comido	hemos vivido
habéis cantado	habéis comido	habéis vivido
han cantado	han comido	han vivido

Irregular past participles

abrir	➜ **abierto**	freír	➜ **frito**	resolver	➜ **resuelto**
absolver	➜ **absuelto**	hacer	➜ **hecho**	revolver	➜ **revuelto**
cubrir	➜ **cubierto**	imprimir	➜ **impreso**	romper	➜ **roto**
decir	➜ **dicho**	morir	➜ **muerto**	ver	➜ **visto**
escribir	➜ **escrito**	poner	➜ **puesto**	volver	➜ **vuelto**

Affirmative **tú** commands

-AR CANTAR	-ER COMER	-IR VIVIR
cant**a**	com**e**	viv**e**

Affirmative **tú** commands

DECIR	IR	PONER	SALIR	SER	TENER	VENIR
di	**ve**	**pon**	**sal**	**sé**	**ten**	**ven**

A

abandonar (5)	to abandon
abierto/a (3)	candid, open
(el) abrigo (0)	coat
aburridísimo (6)	extremely boring
acordarse de (o > ue) (8)	to remember
acostarse (o > ue) (0)	to go to bed
(las) actividades solidarias (7)	volunteer activities
agarrar (8)	to catch, to grab
al año / a la mañana + siguiente... (5)	The next year / morning...
al cabo de + un mes / dos años... (5)	after + one month / two years...
(el) albergue (1)	inn, hostel
alguna vez (6)	ever
(el) alojamiento (6)	lodging
alojarse (1)	to stay (at a hotel)
alto/a (0)	tall (in height)
amable (0)	nice, polite
amarillo (0)	yellow
anaranjado (0)	orange
¡Anda ya! (4)	No way!
andar (1, 2)	to walk (around)
(la) anécdota (8)	anecdote
anoche (1)	last night
antes (4)	before
antes de + llegar / salir / empezar... (5)	before + arriving / leaving / starting...
antipático/a (0)	unpleasant
(el) anuncio (1, 2)	ad / commercial
años / días / meses + más tarde... (5)	years / days / months + later....
(el) apodo (5)	nickname
(el) artículo (1, 2)	article
(el) ascensor (3, 6)	elevator
(el) autor (8)	author
ayer (1)	yesterday
(la) ayuda humanitaria (7)	humanitarian relief
azul (0)	blue

B

bajar (1)	to go down
bañarse (1)	to take a bath, to go for a swim
(el) billete / boleto (1)	ticket
(los) binoculares (1)	binoculars
blanco (0)	white
(las) botas (0)	boots
bromista (4)	jokester
(la) bufanda (0)	scarf
buscar (1)	to look for

C

(la) cabeza (0)	head
caer (i > y) (5)	to fall
caerse (i > y) (8)	to fall
(los) calcetines (0)	socks
callado/a (4)	quiet
(la) cámara digital (1)	digital camera
(la) camisa (0)	shirt
(la) camiseta (0)	t-shirt
(el) campamento de verano (7)	summer camp
(el) canal (1, 2)	channel / network
(la) caña de (1)	fishing pole
cariñoso/a (4)	affectionate
(la) carnicería (3)	meat department / butcher shop
casar(se) (5)	to marry (each other)
cenar (0)	to have dinner
(la) chaqueta (0)	jacket
colaborar (7)	to work together
colocar (7)	to place
(el) comedor público (7)	soup kitchen
comer (0)	to eat
¿Cómo / Qué tal te ha ido? (6)	How was it?
¿Cómo / Qué tal te lo has pasado? (6)	Did you have a good time?
¿Cómo va a pagar? (3)	How are you paying?
comprar (0)	to buy
comprometer(se) (5)	to get engaged (to each other)
conceder (5)	to allow
(el / la) concursante (1, 2)	contestant
conocer (-zc) (0)	to know, to be familiar with
conocer (1)	to meet, to be familiar with
conocer(se) (5)	to meet (each other)
conquistar (5)	to conquer
conseguir (e > i) (5)	to get / obtain / achieve
construir (i > y) (5)	to build, to construct
contar (o > ue) (6)	to tell, to count
convertirse (e > ie / e > i) (8)	to change into, to become
(la) corbata (0)	tie
corto/a (0)	short (in length)
crecer (1)	to grow (things), to grow up (people)
creer (i > y) (0)	to believe
cuando (4)	when
¿Cuánto cuesta? (3)	How much does it cost?
¿Cuánto es? (3)	How much is it?
¡Cuánto lo siento! (8)	You don't know how sorry I am!
(el) cuello (0)	neck
Cuenta, cuenta... (7)	Tell me, tell me...
Cuentan que... (7)	They say that...
(el) cuento (8)	tale
(el) cuerpo de la noticia (1, 2)	main body text

D

dar (1, 2)	to give
dar clases privadas (7)	to tutor
de joven (4)	when... was young
de miedo (6)	awesome
de pequeño/a (4)	when... was a child
de rebajas (3)	on sale
de... a (5)	from... to
¿De parte de quién? (3)	Who is calling?
¿De verdad? (7)	Really?
deber (0)	should
dejar (6)	to leave, to lend
dejar de (8)	to stop doing something
dejar un mensaje (3)	to leave a message
delgado/a (0)	thin
desayunar (0)	to have breakfast
(la) descendencia (5)	descendants
desconocido/a (5)	unknown
descubrir (1, 5)	to discover
desde el lunes / 2010/ marzo (5)	since Monday / 2010 / March...
desde... hasta (5)	from... until / to
desordenado/a (0)	disorganized
destruir (i > y) (5)	to destroy
(las) desventajas (3)	disadvantages
Dicen que... (7)	They say that...
¿Dígame? (3)	Hello (when answering the telephone)
divertidísimo (6)	hilarious
divertido/a (0, 4)	fun
divertirse (e > ie / e > i) (0, 1, 2)	to have fun
(el) documental (1, 2)	documentary
donar (7)	to donate
dormir (o > ue / o > u) (1)	to sleep
dormirse (5)	to fall asleep
dos veces (6)	twice, two times
ducharse (0)	to shower
durante (5)	during

E

(el) ejército (5)	army
empezar (e > ie) (1, 0)	to begin
empezar a (5)	to start doing something
en efectivo (3)	in cash
enamorarse (7)	to fall in love
encantar (0)	to really love something
(el) enemigo (5)	enemy
enojarse (1)	to get angry
ensuciar (6)	to dirty
entonces (4)	then
(la) entrada (1, 2)	introduction
(la) entrada (1, 2)	ticket (for a movie, show)
(la) entrevista (1, 2)	interview
entretenido/a (4)	entertaining, enjoyable
entusiasmado/a (3)	excited
(la) época (5)	era
escalar (7)	to climb
(el) escenario (8)	stage
(la) espalda (0)	back
(los) espectadores (8)	spectators
está nublado (0)	it's cloudy
estar (0)	to be
estar ocupado/a (1, 2)	to be busy

Estoy (en parte / totalmente) de acuerdo con... (4)	I agree (in part / totally) with...	hasta (que)... (5)	until
estresado/a (4)	stressed	herido/a (8)	hurt
estupendamente (6)	marvelously	**I**	
estupendo (6)	marvelous	(el) impermeable (1)	raincoat
(la) excursión (1)	tour trip, outing	impresionante (4)	impressive
explorar (5)	to explore	impuntual (4)	perpetually late
(el) extranjero (1, 2)	abroad	(el) incendio (8)	fire
F		(el) informativo (1, 2)	news brief
(la) fábula (8)	fable	intentar (6)	to try
(la) falda (0)	skirt	(el) intercambio (5)	exchange
(los) famosos (1, 2)	famous people	interesante (4)	interesting
fatal (1, 6)	awful	invadir (5)	to invade
fenomenal (1)	fantastic	(el) invierno (0)	winter
feo/a (0)	unattractive	ir (0)	to go
firmar (8)	to sign	ir de camping (6)	to go camping
(la) floristería (3)	florist	ir de compras (3)	to go shopping
frío/a (4)	cold, distant	**J**	
(la) frutería (3)	fruit and vegetable store	(los) jeans (0)	jeans
		joven (0)	young
fuerte (0)	strong	jubilarse (5)	to retire
G		judío/a (5)	Jewish
(las) gafas de sol (1)	sunglasses	(los) juegos de mesa (7)	board games
ganar (5)	to win	jugar (u > ue) (0)	to play
ganar la batalla / la guerra (5)	to win the battle / the war	jugar al ajedrez (6)	to play chess
		L	
genial (1)	awesome	lanzar (8)	to throw
genial (6)	great	largo (0)	long (in length)
gobernar (e > ie) (5)	to govern	lavar (0)	to wash
gordo/a (0)	fat, overweight	(el) lector (1, 2)	reader
(el) gorro / la gorra (0)	ski hat / baseball cap	levantarse (0)	to get up
grande (0)	big	(la) leyenda (8)	legend
(los) grandes almacenes (3)	department store	(la) librería (3)	bookstore
		licenciarse (5)	to graduate
gris (0)	gray	limpiar (0)	to clean
(el) grupo (8)	group	(la) linterna (1)	lantern, lamp
(los) guantes (0)	gloves	liso/a (0)	straight, smooth
gustar (0)	to like	listo/a (3)	smart, ready
H		llamada perdida (3)	missed call
Ha sido sin querer. (8)	I didn't mean to.	llamarse (0)	to be called
(la) habitación doble (6)	double room	(la) llave (6)	key
(la) habitación individual (6)	single room	llevar (0)	to wear, to take someone or something along
hablador/a (0)	talkative		
hace buen tiempo (0)	it's nice weather	llevar (1)	to take, to wear
hace calor (0)	it's hot	llueve (0)	to rain
hace dos días (1)	two days ago	(la) lluvia (0)	rain
hace frío (0)	it's cold	Lo siento (mucho / muchísimo / de verdad). (8)	I am (so / very / really) sorry.
hace mal tiempo (0)	it's bad weather		
hace sol (0)	it's sunny		
hace viento (0)	it's windy	lograr (7)	to achieve
hacer (0)	to do, to make	luchar (5)	to fight
hacer la compra (3)	to do the food shopping	**M**	
		maleducado/a (0)	rude
hacer puenting (6)	to go bungee jumping	(la) maleta (1)	suitcase
hacer senderismo (6)	to go hiking	malo/a (3)	bad, sick
hacer submarinismo (7)	to go skin diving	mandar (6)	to order, to send
hacer surf (6)	to surf	(las) manos (0)	hands
		marrón (0)	brown
		más o menos (6)	more or less

mayor (0)	old
Me parece (que)... (4)	I think / I believe...
¿Me podría decir el precio? (3)	Could you tell me the price?
media pensión (6)	half board
mentir (e > ie / e > i) (5)	to lie
(el) mes / año pasado (1)	last month / year
mezclar (5)	to mix
montar a caballo (1)	to go horseback riding
(la) moraleja (8)	moral
moreno/a (0)	brunette, dark-haired
morir (o > ue, o > u) (5, 6)	to die
mudarse (1, 2)	to move (to a different address)
musulmán/ musulmana (5)	Muslim
muy divertido (1)	a lot of fun
N	
nacer (5)	to be born
nadar (0, 1)	to swim
negro (0)	black
nervioso/a (0)	nervous
ni fu ni fa (6)	so-so
nieva (0)	to snow
no contesta (3)	no answer
No estoy (totalmente) de acuerdo con... (4)	I don't agree (at all) with...
No lo voy a volver a hacer más. (8)	I won't do it again.
¡No me digas! (7)	No way!
No sé qué decir. (4)	I'm not sure what to say.
No te preocupes. (8)	Don't worry.
No te puedo decir. (4)	I can't say.
No tiene importancia. (8)	It's not important.
No va a volver a pasar. (8)	It won't happen again.
(la) noticia (8)	news
(las) noticias (1, 2)	news
noticias de los famosos (1, 2)	celebrity news
(las) noticias del día (1, 2)	today's news
(la) novela (8)	novel
número equivocado (3)	wrong number
Nunca jamás. (4)	never ever
O	
ocupado/a (3)	busy
ofrecer (7)	to offer
(los) ojos (0)	eyes
olvidarse de (8)	to forget
ONG (Organización No Gubernamental) (7)	NGO (non-governmental organization)

Spanish	English
ordenado/a (0)	organized
orgulloso/a (5)	proud
(el) otoño (0)	fall

P

(la) página (1, 2)	page, web page
(la) panadería (3)	bakery (bread)
(los) pantalones (cortos) (0)	pants (shorts)
¡Para nada! (4)	not at all
parecerse a (7)	to be similar to, to look like (someone)
pasar tiempo (1)	to spend time
(la) pastelería (3)	bakery (cakes and pastries)
patinar (1)	to skate
(el) pecho (0)	chest
pedir (e > i) (0)	to ask for
peligroso/a (4)	dangerous
(el) pelo (0)	hair
pensar (e > ie) (0)	to think
pensión completa (6)	full board
pequeño/a (0)	small
perder(se) (e > ie) (1)	to lose (to get lost)
Perdón. (8)	Excuse me. Forgive me.
perezoso/a (0, 4)	lazy
(la) perfumería (3)	beauty supply shop
(el) periódico (1, 2)	newspaper
(el) periódico digital (1, 2)	digital newspaper
(el / la) periodista (1, 2)	journalist
pero (8)	but
(el) personaje (1, 2)	personality, character
(las) piernas (0)	legs
(los) pies (0)	feet
poder (o > ue / o > u) (0)	to be able to
(el) poema (8)	poem
ponerse (1, 2)	to put on
¿por qué? (4)	why?
¡Por supuesto! (4)	Of course!
porque (4)	because
(la) portada (1, 2)	cover
práctico/a (4)	practical
(la) prensa (1, 2)	press
(la) prensa deportiva (1, 2)	sports publications
(el / la) presentador/a (1, 2)	presenter/broadcaster
(la) primavera (0)	spring
(la) primera página (1, 2)	front page
(el) programa (1, 2)	program
(la) propina (6)	tip
(el) protector solar (1)	sunscreen
(el) público (8)	audience
puntual (4)	punctual

Q

¡Qué apuro! (8)	How embarrassing!
¡Qué curioso! (7)	How interesting!
¡Qué dices! (4)	What are you talking about?
¿Qué opinas/piensas sobre...? (4)	What do you think about...?
¿Qué precio tiene? (3)	What is the price?
¿Qué te parece...? (4)	What do you think about...?
¡Qué va! ¡Que no! (4)	No way!
¡Qué vergüenza! (8)	How embarrassing!
quedar (0)	to meet up with
quitar(se) (8)	to take away (to take off)

R

recaudar fondos (7)	to raise money
(el/la) recepcionista (6)	receptionist
reciclar (7)	to recycle
recoger basura (7)	to pick up garbage
(la) recolección de alimentos y ropa (7)	food and clothes drive
(el) recuerdo (6)	souvenir
(la) red social (1, 2)	social network
(las) redes sociales (7)	social networks
regresar (1, 6)	to return
regular (1, 6)	not so good, okay
(la) rehabilitación de casas (7)	building and restoring homes
reinar (5)	to rule
reírse (e > i) (5)	to laugh
relajante (4)	relaxing
(el) relato (8)	short story
(el) reportaje (1, 2)	report
(la) reservación / reserva (6)	reservation
(la) residencia de ancianos (7)	home for senior citizens
responsable (4)	responsible
(la) revista (1, 2)	magazine
(la) revista de información científica (1, 2)	science news magazine
rico/a (3)	rich/tasty
(la) rima (8)	rhyme
rizado (0)	curly
rojo (0)	red
romper (6)	to break
rubio/a (0)	blonde, light-haired
ruidoso/a (4)	loud, noisy

S

¿Sabes...? (7)	Do you know...?
¿Sabías que...? (7)	Did you know that...?
(el) saco de dormir (1)	sleeping bag
salir (-go) (0)	to go out
saludable (4)	healthy
¿Se encuentra...? (3)	Is... there?
seguro (1, 2)	sure, for sure
(el) senderismo (1)	hiking
silencioso/a (4)	quiet
simpático/a (0)	amusing, nice
(el / la) soldado (5)	soldier
soler (o > ue) (8)	to tend to do something
(la) sombrilla (1)	beach umbrella
soso/a (4)	dull, bland
subir (1)	to go up

(el) subtítulo (1, 2)	lead or subhead
suena ocupado (3)	busy signal
superbién (6)	super
(el) supermercado (3)	supermarket

T

tarjeta de crédito / débito (3)	credit / debit card
tarjeta de regalo (3)	gift card
Te perdono. (8)	I forgive you.
(el) tema (8)	topic, musical composition
(la) temporada alta (6)	high season
(la) temporada baja (6)	low season
tener (-go, e > ie) (0)	to have
tener que (0)	to have to (do something)
terminar (0, 1)	to end, to finish
(la) tienda de campaña (1)	tent
(la) tienda de electrónica (3)	electronics store
(la) tienda de ropa (3)	clothing store
Tienes razón. (4)	You are right.
tímido/a (0)	shy, timid
tirar (8)	to throw
(el) titular (1, 2)	headline
(la) toalla de playa (1)	beach towel
todavía no (6)	not yet
¡Totalmente! (4)	Totally!
trabajador/a (0)	hard-worker
traer (-go) (0)	to bring
(el) traje de baño (1)	bathing suit
tranquilo/a (0, 4)	calm, relaxed
Tranquilo, no pasa nada. (8)	Don't worry, it's Ok.

U

últimamente (6)	lately
un desastre (6)	a disaster
un día / mes / año + después... (5)	a day / month / year + later...
una vez (6)	once, one time

V

vago/a (0)	lazy
vencer (5)	to defeat
venir (-go, e > ie) (0)	to come
(las) ventajas (3)	advantages
ver (0)	to see
(el) verano (0)	summer
verde (0)	green
(el) vestido (0)	dress
vestirse (e > i) (0)	to get dressed
volver (o > ue) (0)	to return
volver a (5)	to do something again

Y

ya (6)	already
¡Yo qué sé! (4)	What do I know?

Z

(la) zapatería (3)	shoe store
(las) zapatillas de deporte (0)	sneakers, athletic shoes
(los) zapatos (0)	shoes

CREDITS

The authors wish to thank to many peoples who assisted in the photography used in the textbook. Credit is given to photographers and agencies below.

We have made every effort to trace the ownership of all copyrighted material and to secure permission from copyright holders. In the event of any question arising as to the use of any material, please let as now and we will be pleased to make the corresponding corrections in future printings.

Page 18, (Sonia - Moodboard. Col. Moodboard) | **Page 19** (Africa Studio. Col. Shutterstock) | **Page 20**, (Raúl - Comstock. Col. Stockbyte) | **Page 21**, (Horsche. Col. iStock / Ariwasabi. Col. iStock / Jupiterimages. Col. Stockbyte / Diana Valujeva. Col. iStock / Catherine Yeulet. Col. iStock) | **Page 22**, (Design Pics. Col. Design Pics / Glenda Powers. Col. iStock / Stock Foundry / Design Pics. Col. Valueline) | **Page 23**, (Tanya Constantine. Col. Blend Images / Ingram Publishing. Col. Ingram Publishing / Dirima. Col. iStock / Wavebreakmedia Ltd. Col. Wavebreak Media) | **Page 24**, (SherryK70. Col. iStock / Ljupco. Col. iStock / Purestock. Col. Purestock / Ilda masa. Col. iStock / Błażej Łyjak. Col. iStock / Majana. Col. iStock) | **Page 25**, (Ingram Publishing. Col. Ingram Publishing / Brian Jackson. Col. iStock / ZoonarRF. Col. Zoonar) | **Page 26**, (Ryan McVay. Col. Digital Vision / gbh007. Col. iStock) | **Page 27**, (targovcom. Col. iStock) | **Page 28**, (Photodisc. Col. Photodisc / Robert Kneschke. Col. iStock / Africa Studio. Col. Shutterstock) | **Page 29**, (Endopack. Col. iStock / Hongqi Zhang. Col. Hemera / tetmc. Col. iStock / Wavebreakmedia Ltd. Col. Wavebreak Media) | **Page 34**, (Fuse. Col. Fuse) | **Page 35**, (Pixland. Col. Pixland / Wojciech Gajda. Col. iStock) | **Page 36**, (Anthony Ong. Col. Photodisc) | **Page 37**, (Eric Gevaert. Col. iStock / Nito100. Col. iStock / Vrabelpeter1. Col. iStock / Mpalis. Col. iStock Editorial / Marvellousworld. Col. iStock / YanLev. Col. iStock / Art-siberia. Col. iStock / Ingram Publishing. Col. Ingram Publishing / Andrew F Kazmierski. Col. iStock) | **Page 38**, (Steve Hix/Fuse. Col. Fuse) | **Page 39**, (Scott Griessel. Col. iStock / Fuse. Col. Fuse / Mike Watson Images. Col. Moodboard / David De Lossy. Col. Photodisc / Pixland - . Col. Pixland) | **Page 40**, (JordiSG. Col. iStock / Luis Fidel Ayerves. Col. iStock) | **Page 41**, (mikosca. Col. iStock / Tombaky. Col. iStock / Thomas Northcut. Col. Photodisc / Ingram Publishing. Col. Ingram Publishing / Chalabala. Col. iStock / Taitai6769. Col. iStock / Wavebreakmedia Ltd. Col. Wavebreak Media) | **Page 42**, (Marek Tihelka. Col. iStock / Stockbyte. Col. Stockbyte / Александр Ковальчук. Col. iStock / NAKphotos. Col. iStock / Talshiar. Col. iStock / Delphine Mayeur. Col. Hemera / Lilyana Vynogradova. Col. iStock / werajoe. Col. iStock / Nathan Cox. Col. iStock / Feng Yu. Col. iStock / Ljupco. Col. iStock / Roman Sigaev. Col. iStock / Chiya Li. Col. iStock) | **Page 43**, (Fuse. Col. Fuse / Ofoto. Col. iStock | **Page 44**, (Wojciech Gajda. Col. iStock / Top Photo Corporation. Col. Top Photo Group / Siri Stafford. Col. Digital Vision / Rolf Brenner. Col. Hemera / Roman_Gorielov. Col. iStock / Col. iStock / Carlos lozano. Col. iStock / Creatas. Col. Creatas / The_guitar_mann. Col. iStock Editorial) | **Page 46**, (Karol Kozlowski. Col. iStock) | **Page 47**, (Prill Mediendesign & Fotografie. Col. iStock / 3dan3. Col. iStock / Juanmonino. Col. iStock) | **Page 48**, (Purestock. Col. Purestock) | **Page 49**, (Ryan McVay. Col. Photodisc / Fuse . Col. Fuse / Boarding1Now. Col. iStock / Christopher Futcher. Col. iStock) | **Page 51**, (Domredriver. Col. iStock / Fuse. Col. Fuse) | **Page 54**, (Tom Tietz. Col. iStock) | **Page 56**, (Scott Griessel. Col. iStock) | **Page 57**, (John Foxx. Col. Stockbyte / Comstock. Col. Stockbyte) | **Page 58**, (Stefan Schurr. Col. Shutterstock / Comstock. Col. Stockbyte / IuriiSokolov. Col. iStock / Anthony Ong. Col. Digital Vision / Schlenz. Col. iStock) | **Page 60**, (Jupiterimages. Col. Stockbyte) | **Page 62**, (Flying Colours Ltd. Col. Photodisc / Buccina Studios. Col. Photodisc) | **Page 63**, (Ljupco. Col. iStock / Fuse. Col. Fuse / Jaren Wicklund. Col. iStock / Wavebreakmedia Ltd. Col. Wavebreak Media / Thinkstock. Col. Stockbyte) | **Page 64**, (Don Bayley. Col. iStock / Draw05. Col. iStock / Brian McEntire. Col. iStock / Péter Gudella. Col. iStock / Mike Watson Images. Col. moodboard) | **Page 66**, (Artur Marciniec. Col. iStock / PressureUA. Col. iStock / Kizilkayaphotos. Col. iStock / Sunstock. Col. iStock) | **Page 68**, (Dejan Ristovski. Col. iStock) | **Page 69**, (Mark Atkins. Col. iStock / George Doyle. Col. Stockbyte / Jupiterimages. Col. Photos.com / Fuse. Col. Fuse) | **Page 70**, (Yuri Arcurs. Col. Hemera) | **Page 71**, (Jupiterimages. Col. Photos.com) | **Page 72**, (YanLev. Col. iStock / Photodisc. Col. Photodisc) | **Page 73**, (Karelnoppe. Col. iStock / Fuse. Col. Fuse / Alexander Raths. Col. iStock / Wavebreakmedia Ltd. Col. Wavebreak Media / Jani Bryson. Col. iStock | **Page 75**, (Wavebreakmedia Ltd. Col. Wavebreak Media) | **Page 76**, (Hemera Technologies. Col. AbleStock.com) | **Page 80**, (Armin Rose. Col. iStock / Standby. Col. iStock / Tan Kian Khoon. Col. iStock) | **Page 81**, (Manueladreams. Col. iStock / Underworld111. Col. iStock) | **Page 84** (Jupiterimages. Col. Goodshoot / Fuse. Col. Fuse / 3Dmask. Col. iStock / Claudia Gabriela Tapuleasa. Col. iStock / Jacob Wackerhausen. Col. iStock / Fuse. Col. Fuse) | **Page 86**, (Murray cohen. Col. iStock / Celso Diniz. Col. iStock) | **Page 88**, (Jose Luiz Pelaez Inc. Col. Blend Images) | **Page 90**, (Milan_Zokic. Col. iStock) | **Page 91**, (Fuse. Col. Fuse / Moodboard. Col. Moodboard / Fuse. Col. Fuse / Shironosov. Col. iStock / Bevangoldswain. Col. iStock) | **Page 92**, (Francesco Ridolfi. Col. iStock / Nidwlw. Col. iStock / Catetus. Col. iStock) | **Page 94**, (AdamGregor. Col. iStock / Serghei Velusceac. Col. Hemera / EllenSmile. Col. iStock / David Benton. Col. Hemera / Zhekos. Col. iStock / Zoonar RF. Col. Zoonar / Zedcor Wholly Owned. Col. PhotoObjects.net) | **Page 96**, (Ryan McVay. Col. Digital Vision / Rayes. Col. Digital Vision / Danilin. Col. iStock) | **Page 97**, (Artemisphoto. Col. iStock / Ridofranz. Col. Ridofranz / shvili. Col. iStock / Noraznen Azit. Col. iStock / Ridofranz. Col. iStock / Wavebreakmedia Ltd. Col. Wavebreak Media) | **Page 99**, (Valua Vitaly. Col. iStock) | **Page 100**, (Shadrin_andrey. Col. iStock / majesticca. Col. iStock / Alan Wong. Col. iStock / Wavebreakmedia Ltd. Col. Wavebreak Media / David Hernandez. Col. iStock / Dirima. Col. iStock / activity 4: Image Source White. Col. Image Source / lolo99. Col. iStock) | **Page 101**, (Mike Watson Images. Col. moodboard) | **Page 102**, (Warren Goldswain. Col. iStock / Mike Watson Images. Col. moodboard / Oksun70. Col. iStock / Jelena Jovanovic. Col. iStock / Michaeljung. Col. iStock / Monkeybusinessimages. Col. iStock / Robert Simon. Col. iStock) | **Page 105**, (Michael Blann. Col. Digital Vision) | **Page 108**, (Maksim Shmeljov. Col. iStock / Lisa F. Young. Col. iStock) | **Page 110**, (Ljupco. Col. iStock) | **Page 112** (Creatas. Col. Creatas / Rayes. Col. Digital Vision) | **Page 114**, (Creatas Images. Col. Creatas) | **Page 116**, (Fuse. Col. Fuse) | **Page 117**, (Hjalmeida. Col. iStock / gmast3r. Col. iStock) | **Page 118**, (vicinef. Col. iStock / Kesu01. Col. iStock) | **Page 121**, (Birgit Prentner. Col. Hemera / Creatas. Col. Creatas / Anna Frajtova. Col. iStock / Nuno Garuti. Col. Hemera / Tatiana Popova. Col. iStock / Aneese. Col. iStock / Tridland. Col. iStock / Michael Shake. Col. iStock | **Page 122**, (Thomas Northcut. Col. Photodisc / Drkskmn. Col. iStock / Saša Prudkov. Col. iStock / Ariwasabi. Col. iStock / Blnd. Col. iStock / Jupiterimages. Col. liquidlibrary / Gpointstudio. Col. iStock / DamonCarter. Col. iStock / LuminaStock. Col. iStock) | **Page 124**, (Andreas Rodriguez. Col. iStock / Dejan Ristovski. Col. iStock) | **Page 125**, (Rarpia. Col. iStock) | **Page 126**, (Rich Legg. Col. iStock / Comstock. Col. Stockbyte) | **Page 127**, (Václav Hroch. Col. Hemera) | **Page 128**, (Jeff Randall. Col. Digital Vision / Fuse. Col. Fuse) | **Page 130**, (William

Perugini. Col. iStock) | **Page 131**, (Picturenet. Col. Blend Images / Hemera Technologies. Col. PhotoObjects.net / Enskanto. Col. iStock) | **Page 134**, (Chile quema libros 1973, Col. Wikipedia.org) | **Page 135**, (Bombardeo de la Casa de la Moneda, Biblioteca del Congreso Nacional de Chile, Wikipedia.org / Bukharin. Col. Wikipedia.org) | **Page 138**, (Ron Chapple Stock. Col. Ron Chapple Studios / Wavebreakmedia Ltd. Col. Wavebreak Media / Wavebreakmedia Ltd. Col. Wavebreak Media / Purestock. Col. iStock / Image Source White. Col. Image Source / repinanatoly. Col. iStock / michaeljung. Col. iStock / thumb. Col. iStock) | **Page 144**, (Elena Snegireva. Col. Hemera / Malekas85. Col. iStock / TonyBaggett. Col. iStock / ViewApart. Col. iStock) | **Page 145**, (David Acosta Allely. Col. iStock) | **Page 149**, (Kharlamova. Col. iStock / Jupiterimages. Col. Goodshoot) | **Page 150**, (Photos.com. Col. Photos. com / Jose antonio Sanchez reyes. Col. Hemera) | **Page 151**, (Brigitte Wodicka. Col. Hemera / Christian Mueringer. Col. Hemera / Viktoria Makarova. Col. iStock / vikif. Col. iStock / Valentyn Volkov. Col. iStock) | **Page 153**, (Georgios Kollidas. Col. iStock) | **Page 154**, (Andrey_Kuzmin. Col. iStock / furtaev. Col. iStock) | **Page 155**, (Fuse. Col. Fuse / Purestock. Col. Purestock / WebSubstance. Col. iStock / Creatas Images. Col. Creatas / Top Photo Corporation. Col. Top Photo Group / fotandy. Col. iStock) | **Page 157**, (Purestock. Col. Purestock / Medioimages / Photodisc. Col. Photodisc / Photick. Col. Photick / Bernhard Ertl. Col. iStock) | **Page 158**, (Wavebreakmedia Ltd. Col. Wavebreak Media) | **Page 159**, (gojak. Col. iStock / Esebene. Col. iStock / Ingram Publishing. Col. Ingram Publishing / Alex Croft. Col. iStock / SerrNovik. Col. iStock / Eric Isselée. Col. iStock) | **Page 162**, (Massonstock. Col. iStock / Filmfoto. Col. iStock) | **Page 166**, (Stock Foundry / Design Pics. Col. Valueline / FelixRenaud. Col. iStock / DAJ. Col. / Monkey Business Images. Col. Monkey Business / Michaeljung. Col. iStock) | **Page 168**, (omgimages. Col. iStock) | **Page 170**, (Thinkstock Images. Col. Stockbyte) | **Page 171**, (A J James. Col. Digital Visio) | **Page 173**, (Bebebailey. Col. iStock / Miriam Elizabeth López. Col. iStock / Oscarcwilliams. Col. iStock / Aroas. Col. iStock / Jorge González. Col. iStock / Hongjiong Shi. Col. Hemera / Frentusha. Col. iStock / Krasyuk. Col. iStock / Vernon Wiley. Col. iStock / Jupiterimages. Col. Creatas) | **Page 177**, (LarsZahnerPhotography. Col. iStock / Kzenon. Col. iStock / Marchcattle. Col. iStock / Stockyimages. Col. iStock) | **Page 179**, (Ana Blazic. Col. iStock) | **Page 180**, (Nyul. Col. iStock) | **Page 181**, (Ingram Publishing. Col. Ingram Publishing / Fuse. Col. Fuse) | **Page 183**, (Joshua Minso. Col. iStock / Denys Prykhodov. Col. iStock / Maxim Sokolov. Col. iStock / BONNINSTUDIO. Col. iStock) | **Page 191**, (Jamie Grill. Col. /

Jupiterimages. Col. Photos.com / Dolgachov. Col. iStock) | **Page 192**, (Kostsov. Col. iStock / Kzenon. Col. iStock / Creatas Images. Col. Creatas / Alina Bobrowska. Col. iStock / Furtaev. Col. iStock / bristenaaa. Col. iStock / Wavebreakmedia Ltd. Col. Wavebreakmedia Media / Fuse. Col. / Jupiterimages. Col. Creatas) | **Page 196**, (Plustwentyseven. Col. Photodisc) | **Page 198**, (Dave Broberg. Col. Hemera / BananaStock. Col. BananaStock / Carlos Álvarez. Col. Getty Images Entertainment / Carlos Álvarez. Col. Getty Images Entertaintment) | **Page 199**, (Digital Vision. Col. Digital Vision.) | **Page 200**, (Pawel Gaul. Col. iStock / Iurii Kovalenko. Col. iStock / MoustacheGirl. Col. iStock) | **Page 204**, (Catherine Yeulet. Col. iStock / Jupiterimages. Col. Creatas / mangostock. Col. iStock / BananaStock. Col. BananaStock / Brand X Pictures. Col. Stockbyte / Gertjan Hooijer. Col. iStock / Brand X Pictures. Col. Stockbyte / Eyecandy Images. Col. Eyecandy Images) | **Page 206**, (Константин Чагин. Col. iStock / cirodelia. Col. iStock) | **Page 207**, (Michaeljung. Col. iStock) | **Page 208**, (YanLev. Col. iStock / Dejan Ristovski. Col. iStock) | **Page 209**, (Jupiterimages. Col. Photos.com / Ferli Achirulli. Col. iStock / Ryan McVay. Col. iStock) | **Page 210**, (Eric Crama. Col. iStock / Design Pics. Col. Design Pics) | **Page 211**, (Monkey Business Images. Col. Monkey Business) | **Page 212**, (Omgimages. Col. iStock / Thinkstock. Col. Stockbyte / Thomas Northcut. Col. Digital Vision) | **Page 216,** (Seaweege. Col. Wikipedia.org / Christina Hanck. Col. iStock) | **Page 217**, (hemeroskopion. Col. iStock / xalanx. Col. iStock) | **Page 220**, (Fuse. Col. / Redes sociales - lightkeeper. Col. iStock / TonyCappucino. Col. iStock / Kraig Scarbinsky. Col. Digital Vision / Dana Neely. Col. digital Vision) | **Page 222**, (Fuse. Col. Fuse) | **Page 224**, (Digital Vision. Col. Digital Vision) | **Page 226,** (Eva Rapoport. Col. Hemera / Digital Vision. Col. Digital Vision / Hemera Technologies. Col. AbleStock.com) | **Page 227**, (Prudkov. Col. iStock) | **Page 229**, (Carla francesca castagno. Col. iStock / Photos.com. Col. Photos.com / Joe Peragino. Col. iStock / JackF. Col. iStock) | **Page 233**, (Maridav. Col. iStock / David franklin. Col. iStock) | **Page 234**, (Ryan McVay. Col. Photodisc / Jani Bryson. Col. iStock / Purestock. Col. Purestock / Jupiterimages. Col. Creatas / SergiyN. Col. iStock / Ableimages. Col. Photodisc) | **Page 235**, (Maria Gritsai. Col. Hemera / Maria Gritsai. Col. Hemera) | **Page 239**, (Nastia11. Col. iStock) | **Page 242**, (m-gucci. Col. iStock / VLADGRIN. Col. iStock / Jose Manuel Gelpi Diaz. Col. Hemera / oticki. Col. iStock / Lakhesis. Col. iStock / Dorling Kindersley. Col. Thinkstock) | **Page 246**, (Michael Blann. Col. Digital Vision / Maurusone. Col. iStock / Robertsrob. Col. iStock / Alan64. Col. iStock / Fuse. Col. Fuse / Сергей Фастов. Col. iStock.)